普通高等教育精品系列教材

旅游规划与开发

LÜYOU GUIHUA
YU KAIFA

（第二版）

主　编◎郭剑英　郑柳青
副主编◎方海川　张春雷

西南财经大学出版社
中国·成都

图书在版编目(CIP)数据

旅游规划与开发/郭剑英,郑柳青主编;方海川,张春雷副主编.--2版.--成都:西南财经大学出版社,2025.7.--ISBN 978-7-5504-6747-7

Ⅰ.F590

中国国家版本馆CIP数据核字第2025LJ0734号

旅游规划与开发(第二版)

郭剑英　郑柳青　主　编

方海川　张春雷　副主编

策划编辑:李邓超　石晓东

责任编辑:李邓超　石晓东

责任校对:雷　静

封面设计:墨创文化

责任印制:朱曼丽

出版发行	西南财经大学出版社(四川省成都市光华村街55号)
网　　址	http://cbs.swufe.edu.cn
电子邮件	bookcj@swufe.edu.cn
邮政编码	610074
电　　话	028-87353785
照　　排	四川胜翔数码印务设计有限公司
印　　刷	郫县犀浦印刷厂
成品尺寸	185 mm×260 mm
印　　张	10.875
字　　数	267千字
版　　次	2025年7月第2版
印　　次	2025年7月第1次印刷
印　　数	1— 1000册
书　　号	ISBN 978-7-5504-6747-7
定　　价	39.80元

第二版前言

党的二十大以来，特别是2024年全国旅游发展大会之后，旅游业发展迎来重大机遇，也提出更高要求。随着新技术、新业态和新媒体的层出不穷，本教材也必须与时俱进：一是理念的更新。在教材中融入习近平文化思想和习近平总书记关于旅游业发展的重要论述，树立“旅游+”融合发展理念。二是内容的更新。在教材中增加最新的旅游政策法规、相关标准等，增加“虚拟旅游”等旅游新业态的内容，使旅游规划编制更科学化、规范化和创新化。三是技术的更新。在教材中引入AE图形视频处理软件、AR、VR、XR以及人工智能等新技术与设备应用，形成CAD+GIS+SU+PS+AE+AI集成式旅游规划数字化技术系统。通过三个更新，实现教材与行业前沿对接。

当前旅游业，新需求、新业态、新特点层出不穷，同时意味着我国旅游专业人才培养与供给也必须顺应新时代旅游业的发展。根据中华人民共和国教育部（简称“教育部”）开展普通高等学校本科专业类教学质量国家标准制定工作的统一部署，2017年教育部旅游管理类教学指导委员会制定了《旅游管理类本科专业教学质量国家标准》，这一文件的出台对我国旅游管理类本科教育具有指导意义，同时也符合行业发展需求。

为使旅游规划教学与旅游业态实现最新对接，根据应用型本科旅游管理专业课程改革和教材建设的需要，我们对教材进行了修订。本教材共分为八章，前两章为基础理论板块：第一章系统阐述了旅游规划的概念体系、类型、主要内容、系统构建和成果形式；第二章主要介绍了旅游规划传统理论、新兴理论、编制的程序及旅游规划与开发的技术方法。后六章为旅游规划技能板块：第三章主要介绍了旅游资源的调查与评价；第四章主要阐述了旅游市场分析与预测；第五章重点介绍了旅游空间布局规划；第六章探讨了旅游产品与线路设计；第七章重点研究了旅游主题定位与形象设计；第八章主要介绍了旅游保障体系规划。

本教材的特色与创新之处在于突出应用性和可操作性，把理论应用于实际规划操作中。可以说，本教材并不是在书斋中写出来的，而是编写团队在进行大量的实地旅游规划工作的基础上，为落实新课标、践行新课改、对标新国标做出的积极探索。本教材系统地阐述了旅游规划与开发的理论与方法，介绍了旅游规划文本编制的技术与范式，突出旅游规划与开发在实践环节的编制思路。本教材所有规划案例均为编写团队主持或主研的四川旅游发展研究中心系列规划成果，从而使本教材能更好地做到理论与实践相统一，旨在培养学生全面规划、创意策划、系统设计的能力，最终能够综合运用所学知识从事旅游规划与开发的实践工作。

本教材是乐山师范学院“旅游管理”国家一流专业建设成果，是“旅游规划与开发”省级应用品牌课程建设成果，也是乐山师范学院2024年高质量教材培养项目成果。本教材的主编为郭剑英、郑柳青，副主编为方海川、张春雷，郑柳青编写第一、四、五、六、七、八章，郭剑英编写第二章，方海川编写第三章，郭剑英和张春雷对全书内容进行校对。

本教材在编写过程中参考并吸收了许多专业人士在旅游规划方面的研究成果，由于篇幅所限，恕不能一一列举。

由于时间和编者水平的限制，本书尚存在有待完善之处，敬请读者不吝指正。

编者

2025年1月

目录

第一章　旅游规划概述

第一节　旅游规划与开发的概念体系

国家《“十四五”文化和旅游发展规划》（文旅政法发〔2021〕40 号）中指出，文化和旅游发展为全面建成小康社会提供了强有力的支撑。我国文化和旅游发展仍然处于重要战略机遇期，但机遇和挑战都有新的变化。从国内看，发展面临着一系列新特征新要求，必须准确把握新发展阶段，深入贯彻新发展理念，加快构建新发展格局。推动高质量发展，需要加快转变文化和旅游发展方式，促进提档升级、提质增效，更好实现文化赋能、旅游带动，实现发展质量、结构、规模、速度、效益、安全相统一。这就要求旅游规划必须与时俱进，更新理论观念，提高规划质量，注重规划实效，通过旅游规划更好地引领和推动旅游经济发展，满足旅游者不断增长的对追求美好生活的需求。

一、旅游规划

（一）旅游规划的概念

词典对“规划”的解释如下：规划是制订或实施计划的过程，尤其是作为一个社会或经济单元（企业、社区等）确立目标、政策与程序的过程。

关于什么是旅游规划，中外许多学者提出了各自的观点。其中比较典型的有：

甘恩认为，规划作为对未来的预测，处理可预见的事件是唯一能使旅游业获得好处的方法（C. A. Gunn，1989）。盖茨认为，旅游规划是在调查研究与评价的基础上寻求旅游业对人类福利及环境质量的最优贡献过程（Getz，1987）。墨菲认为，旅游规划是预测与调整旅游系统内的变化，以促进有秩序的开发，从而扩大开发过程的社会、经济与环境效益，这是一个连续的操作过程，以达到某一目标或平衡几个目标（Murphy，1985）。亚太旅游协会（PATA）高级副总裁格里芬（Griffin）的视角则放在作为规划两翼的资源和市场上，主张"创造市场营销和旅游规划的统一"，并构造出"旅游地管理系统（DMS），是作为未来旅游发展规划的一种有效手段"。澳大利亚学者道林（Dowling）从环境适应角度对旅游规划进行了探讨，并构筑了一个环境适应性旅游规划框架，以促进环境保护，进而使旅游的潜力得以发挥。因斯基普（Inskeep）则认为旅游规划应该是从供需两方面来进行系统分析，并提出了整体的、可持续发展的、可控的规划方法。

因此，旅游规划是对未来旅游发展状况的构想和安排，以追求最佳的经济效益、社会效益和环境效益。从旅游系统的视角，旅游规划是指在旅游系统发展现状调查评价的基础上，结合社会、经济和文化的发展趋势以及旅游系统的发展规律，以优化总体布局、完善功能结构以及推进旅游系统与社会和谐发展为目的的战略设计和实施的动态过程（马勇，2006）。中华人民共和国国家标准《旅游规划通则》（GB/T 18971-2003）中指出，旅游发展规划是"根据旅游业的历史、现状和市场要素的变化所制定的目标体系，以及为实现目标体系在特定的发展条件下对旅游发展的要素所做的安排"。旅游区规划是指"为了保护、开发、利用和经营管理旅游区，使其发挥多种功能和作用而进行的各项旅游要素的统筹部署和具体安排"。

经验和教训告诉人们，旅游目的地要实现健康的发展，需要科学合理的规划，一个好的旅游发展规划是旅游目的地发展必不可少的。

（二）旅游规划的作用

旅游规划具有战略性的指导意义，它明确地提出了旅游发展的方向、规模、速度和目标，以及实现目标的对策和措施。旅游业是世界上一支非常重要的社会经济力量，我们必须权衡经济利益和未来可能出现的自然资源的退化问题。同时，旅游规划与开发必须在旅游政策法规的框架下开展。健全的发展政策可以使一个日益发展的旅游行业日渐强大，同时也将保护旅游目的地的自然资源和文化资源。规划对于可持续发展和环境保护至关重要（查尔斯·R. 戈尔德耐 等，2003）。旅游规划能够保证旅游发展向着扩大旅游优势、减少旅游劣势的方向发展。

旅游规划的作用主要表现在以下几个方面：

1. 为旅游发展提供产业指导

旅游规划在旅游开发建设方面起着指导作用。它能够全面分析规划区旅游业发展的历史与现状、优势与制约因素，以及与相关规划的衔接；预测规划期内客源市场需求总量、地域结构、消费结构及其他结构；提出规划区的旅游发展战略；提出旅游业发展目标及其依据；通过分析资源条件和市场环境，确保旅游业的发展既能够充分利用现有的自然资源和文化资源，又可以保障这些资源为后代所用；从资源品位、开发层次、经营规模确定该区域内旅游业的产业地位；通过定量分析确定旅游目的地的旅游产业的发展指标体系。

2. 为产品开发指明方向

（1）落实主题形象。基于旅游业区域性、综合性的特点，结合资源开发现状条件，找出能高度概括该地域自然、文化、历史的主题形象，并在此基础上进行提升策划，找出差异性，突出优势，落实形象塑造、形象定位、产品设计理念等系列规划工作。

（2）落实产品结构。以旅游资源为基础、市场为主导来设计规划开发不同配比、不同侧重点的观光、度假、专题等产品类型，由此规划出富有竞争力且相对稳定的旅游产品结构，使区域旅游发展在产品层面上形成一个对应市场。

（3）落实开发格局。划定规划区域内的重点区块、线路（或设施、事件）；主次分明地确定开发的时序，形成区域空间组织；充分考虑周邻相接区域联网组线的可行现状及各种变数；确定规划区域的重点建设项目，确定规划旅游区的景观系统和绿地系统的总体布局。

3. 利于进行投资分析

对规划实施的总体投资分析，主要包括旅游设施建设、配套基础设施建设、旅游市场开发、人力资源开发等投入与产出方面的分析。提出旅游区近期建设规划，进行重点项目策划。

4. 便于安排旅游区基础设施建设内容

旅游区总体规划要确定规划旅游区的功能分区和土地利用，提出规划期内的旅游容量，确定规划旅游区其他基础设施、服务设施和附属设施的总体布局。基础设施配套包括道路、给排水、电力电信、绿化美化、环境保护、安全保障六个专项。

（三）旅游规划的目的

旅游地发展经验说明只有对旅游业的发展进行合理的规划才能确保该地区长远的利益，才能形成一个令人满意的旅游市场。旅游业的各级规划是实现旅游业有效管理和健康发展的重要因素。旅游规划有利于当地旅游业实现全面、协调、可持续发展，有利于旅游业在当地的新发展中，更好地发挥其促进社会经济全面、协调、可持续发展的积极功能。

对于旅游规划的目的，学者也表达了一些大致相同的看法。旅游规划的目的是合理地利用旅游资源，提高旅游资源的吸引力，提高经济效益和社会效益，使该地区旅游业全面、健康地发展（孙文昌、陈元泰，1989）。从旅游这一领域或系统，实现国民经济和社会发展总体规划所提出的要求，有计划、有步骤地发展旅游业，以减少盲目性，增加自觉性；避免自流性，实现计划性。旅游规划至少有四个目的：提升旅游者的满意度；提高经济效益和商业效益；保护资源财富；促进社区和地区的资源整合（甘恩，1994）。

“旅游规划的目的是有计划、有步骤、科学地发展旅游业，减少无计划的盲目性、不符合客观实际的速成性和无政府主义的自流性，增强认识的自觉性、行动的计划性、旅游地发展的可持续性，注重资源和环境的保护，因地制宜，突出特点，合理利用，使得旅游有计划、有步骤、协调合理地发展，追求最佳的经济、社会、环境效益，或者说体现在尽量满足旅游者、社区、企业、政府各自所追求的利益上。”这具体体现在：①需求层面，旅游规划的最终目标是为旅游者创造时间与空间的差异、文化与历史的新奇、生理与心理的满足。通过对人们行为活动以及与之相应的经营运作的规划，挖掘旅游环境中潜在的历史文化、风土民情、风俗习惯等与人们精神生活息息相关的文明，树立地方总体形象，为旅游者创造时间与空间的差异、文化与历史的新奇、生理与心理的满足。②供给层面，通过对旅游规划目的地旅游业的 SWOT 分析，即弱点、优点、机遇、挑战分析，明确旅游目的地的定位和发展方向，提高地方旅游发展的层次；确立地方发展的优势方向，据此开发旅游精品；指导如何通过旅游规划更好地带动地方其他产业发展。优化旅游业发展的要素结构与空间布局，安排旅游业发展优先项目，促进旅游业持续、健康、稳定发展。

（四）旅游规划的特点

1. 系统性

旅游是一个集环境、资源、资金、人力和潜力于一体的复杂系统，旅游开发是涵盖社会、经济、政治、文化、环境的系统工程。从系统论出发，旅游是指旅游者通过旅游媒介到达旅游目的地的旅游活动系统，该系统包括许多子系统，如旅游资源系统、旅游设施系统、客源系统、旅游服务系统、旅游环境系统、旅游保障系统等。这些子系统下面又有很多低一级的系统。因此旅游规划的内容必须具有系统性，才能处理旅游这个复杂的系统。

2. 科学性

旅游规划同其他任何规划一样，是人们主观意识对客观存在的一种科学反映，我们在规划时要排除一切违反科学的主观因素的干扰。旅游的发展有其客观存在的规律性，不按这些规律办事，势必会阻碍旅游业的发展。科学的旅游规划是在了解某区域旅游资源、旅游环境、服务接待设施、社会经济条件等情况的基础上，从而确定客源市场需求，并能正确处理旅游需求与旅游供给之间的矛盾、旅游开发与资源和环境保护之间的矛盾、旅游者与社区及政府之间的矛盾。这样才能使人类的主观设计系统和客观存在的实际系统相一致。

旅游规划方法是客观规律的反映，具有科学性。除运用传统的综合考察法，还要广泛应用计量方法、抽样调查法、社区方法、博弈论、对比论证法、思维方法、计算机模型、摄影摄像技术、3S 技术（遥感技术、地理信息系统、全球定位系统的统称），特别是国际互联网等现代化手段，促使旅游规划视野扩大，周期缩短，科学性提高。

3. 前瞻性

市场需求是经常变化的，旅游规划要有长远的战略眼光，善于预测市场变化发展的趋势。旅游规划不仅要对目前出现的问题提出解决方案，更重要的是对未来的设想和对可能出现的问题要做出科学预测和处理。旅游规划对未来的预测是非常重要的，前瞻性是旅游规划的关键。

4. 层次性

系统是有层次的，旅游规划也具有层次性。按规划的范围和政府管理层次划分，旅游规划可分为全国旅游业发展规划、区域旅游业发展规划和地方旅游业发展规划；按规划层次划分，旅游规划可分总体规划、控制性详细规划、修建性详细规划等；按规划时期长短划分，旅游规划可分长期规划、中期规划和短期规划，也具有鲜明的层次性。

每一个上级旅游区是由若干个下级旅游区组成的，低层次的规划必须服从高层次的规划，低一级的旅游规划应该统一于高一层次的旅游规划中去，既应考虑所处大区域的共性，又要找出自己的比较优势，避免恶性竞争。旅游规划应针对具体层次而有所不同，进行切合实际的调查分析、研究，从而制定出切实可行的规划。

5. 综合性

旅游规划的综合性表现在旅游规划方法的综合性、旅游规划对象的综合性、旅游规划目标的综合性等方面。旅游规划中需要综合运用多种分析手段和技术方法，涉及的学科具有综合性特征。旅游规划的对象是旅游系统，其本身就是一个非常复杂的系统，旅游规划除了单纯研究旅游系统外，还要综合考虑其他自然系统及社会经济系统，所以旅游规划的对象具有综合性的特征。旅游规划的目标也具有多重性和综合性的特征。

（五）旅游规划的原则

从国内外大量的旅游规划理论和实践来看，制定旅游规划主要应遵循以下原则：

1. 以人为本原则

旅游规划应“以人为本”，旅游以满足人的精神和文化需求为目标，注重人的生命质量的提高（要为旅游者提供精神价值、知识价值、道德价值、愉悦价值、文化价值、审美价值、健康价值），并通过有效地规划和引导，使旅游者在亲近自然、欣赏山水、接触社会、感受人文、体验风情、享受休闲、美食购物的旅游过程与服务过程中身心愉悦。英国规划师 W. A. Lonso 曾指出：规划师犹如一个翻译，他的职责就是把公众的需要“翻译”成物质的环境。同理，旅游规划就是要为旅游者着想，满足旅游者的需求。

旅游规划应以旅游者为中心，遵循开发规划的指导思想，将旅游者放在第一位，以满足旅游者的需求为制定规划方案的依据，在确定旅游区性质时要与潜在旅游者的特征相结合。在进行资源评价时，规划师应注意与旅游者进行角色互换，以旅游者的眼光评述旅游资源及其产品转换能力；在规划项目设施、线路组织设计中，规划师应努力使方案符合旅游者的心理活动规律；客源市场预测及营销则更应以旅游者为中心。

旅游规划的人文关怀要体现在重视旅游信息服务与游客中心的建设，对历史与地方文化精神的维护，以及尊重当地居民与注重生活气息三个方面。其中，在旅游信息服务与游客中心的建设方面，规划应该重视以游客中心为主要形式的旅游解说系统的建设与推广。

2. 形象制胜原则

旅游规划区要突出规划区的旅游特色，在规划布局中强化各个旅游景区的特殊性，而且要烘托出一个旅游地共同的“个性”，这个共同的个性就是集区域文化、社会、自然特色于一体的旅游形象。这一形象是该区域内外公众对旅游区总体的、抽象的、概括的认识和评价，是旅游区的历史、现实与未来的一种理性再现。有特色才有吸引力，旅游业才有竞争力，旅游地才有生命力。个性鲜明、亲切感人的形象及高质量的旅游产品可以形成较长时间的竞争优势，如果旅游产品的主题形象模糊，就容易使旅游者经历平淡，没有余味。

3. 综合效益原则

旅游规划的目的主要是为提高人民的生活水平提供一种模式。其根本目的是促进旅游资源的永续利用，旅游规划在注重经济效益的同时还必须注重社会效益，让旅游者在旅游地获得精神享受、情感熏陶后的愉悦感和满足感，同时也不能忽视旅游者与当地居民之间在经济、文化交流后所产生的相互影响，要确立一个与目的地文化、社会和经济理念相一致的发展方案，确保旅游规划区的发展模式符合整个地区的发展目标。

4. 可持续发展原则

在规划的哲学理念上，可持续发展已经成为全世界的共识。可持续旅游开发强调文化的完整性及生态和谐发展的过程，强调对自然和文化生态的保护及延续，强调为当前的游客和东道主提供旅游和发展机会的同时，保留并强化后人享有同样的机会。可持续发展原则的核心是实现全球的生态平衡，实现资源的可持续利用，实现人类与自然的和谐共存。环境本身往往也会成为旅游者追寻的目标，成为旅游吸引力的关键组成。发展旅游业必须有一个没有污染、绿水蓝天的良好环境。旅游规划要强调环境治理、环境营造、环境美化，更要强调旅游产品配置中的环境因素，进行规划时必须对环境进行评价，以不破坏环境为前提。

5. 协调性原则

旅游业是社会经济发展到一定阶段的产物，旅游业的发展深受社会经济发展的制约。同时，旅游业又是一个综合性很强的经济产业，因而旅游系统规划必须关注系统中各部分相互联系、相互影响的关系。旅游规划师在分析和规划时要注意各组成部分之间的关联性和协调性，以及系统内外之间的协调发展。一是旅游系统内部各要素之间的协调平衡；二是旅游业与社会经济协调发展。旅游规划编制应以规划区国民经济和社会发展计划为依据，与经济增长和相关产业的发展相适应；旅游规划应与国土规划、土地利用总体规划、城市总体规划等有关区域规划相协调，与风景名胜区、自然保护区、文化宗教场所、文物保护单位等专业规划相协调；人工建筑与天然环境相协调，建筑物的体量、造型、风格、色彩和群体要与环境协调。否则，旅游景区就会在视觉上造成污染，破坏环境气氛。

旅游规划要研究旅游系统中自然的、技术的、社会的、经济的诸因素的相互结合，运用系统分析方法，对客观旅游系统进行整体性、协调性、系统性的规划，将各部分有序地、合理地组织起来，使旅游需求和供给系统达到一个最佳的结合点，实现区域经济效益、环境效益和社会效益的最优化和可持续化。

6. 市场导向原则

市场导向原则是市场经济体制下的一项基本原则。旅游开发必须根据旅游市场的需求和竞争力，确定旅游开发的主题、规模和层次。在编制旅游规划前，规划师要通过周密调查，掌握潜在或现实旅游客源市场，结合资源特色，积极寻求、确定与其相匹配的目标市场，以目标市场为方向，进行旅游开发规划。

（六）旅游规划与其他规划之间的关系

编制旅游规划要以国家和地区社会经济发展战略为依据，以旅游业发展方针、政策及法规为基础，与城市总体规划、土地利用规划相适应，与其他相关规划相协调；再根据国民经济形势，对上述规划提出改进的要求。

1. 旅游规划与所依托的城市规划的关系

城市规划的对象是整个城市社会，最终目的是创造更好的社会经济发展环境和改善城市社会。20 世纪 80 年代，在研究我国城市规划法的过程中，专家提出，城市规划是指城市人民政府为了实现一定时期内城市经济社会发展的目标而确定城市性质、规模和发展方向，合理利用城市土地，协调城市空间布局和各项建设的综合部署和具体安排。从本质上看，城市规划是一种干预社会的手段，是一种政府行为。规划过程本身就是决策过程，其成果一经批准也就成了一种政策，在实施过程中受到法律的保护，因此城市规划具有权威性，在相当程度上是通过权力来配置资源。城市作为旅游目的地的角色正备受国内外关注。城市是一个区域政治、经济、文化中心，是人口高度集中的地方，也是该区域旅游经济发展的依托地。巨大的游客流带来了物流、资金流、信息流的联动，因而使旅游经济成为城市经济重要的、不可忽视的组成部分。

而旅游规划的主要任务不外乎两项，一是空间规划，二是产业规划。两者都是为了合理地配置旅游资源，规划对象是旅游业。甘恩认为旅游业起源于游客对旅游的欲望，终止于这种欲望的满足，因此规划者不能无视游客的需求。可以说，旅游规划需要通过市场来配置资源。

从规划的发展角度来说，城市规划的发展较旅游规划产生的时间更早。城市规划早在城市建设发展初期就已经存在了。可以说，从城市开始建设的那天起，城市的管理者与建设者就已经以各种形式开始了对城市建设和发展的规划。通过研究世界上古代都城的发掘，我们可以发现，其实有规则建造的城市在人类发展的早期就已经存在了。从这一点上看，编制旅游规划时，我们应该考虑依托城市的发展规划是如何制定的，对其内容要有一个基本的了解，从而使编制的旅游规划在适应城市发展规划的前提下，保证旅游业的发展顺利进行。要求旅游规划适应城市规划，并不意味着城市规划具有决定作用，旅游规划与城市规划应该是一种互动的关系，在编制旅游规划时应邀请一些城市规划的专家参与其中，考虑旅游规划的内容是否与城市发展规划相冲突。在对城市规划进行意见征询和修订讨论时，旅游规划的编制人员也应该适当指出城市规划中不合理、不适合旅游业发展的地方。

旅游规划与城市规划的关系应该是相互协调、互为补充的，一般旅游城市的规划更应该在制定城市的功能定位和城市的功能分区时，与旅游学者进行充分的探讨，只有这样才能保证城市的功能得到最大的发挥。

旅游规划与城市规划的规划对象、规划内容虽然不同，前者以规划旅游地、旅游业发展为任务，后者以规划城市空间发展为任务，但两者的规划目的并不冲突，都是为了获得美好的未来。面向城市发展时，旅游规划与城市规划之间是局部与总体、从属与统领的关系；但并不意味着城市规划对旅游规划具有绝对的、不可否定的权威。旅游规划尊重城市的总体发展思想，尊重城市的用地规划、基础设施规划与生态保障规划等，坚持的原则是尽可能地将旅游发展思想融入城市相关行业的发展中，尽可能地对城市资源进行再利用，避免出现城市发展以旅游为中心的局面，而是旅游以城市为中心；反过来，城市规划应该尽可能地体现民主原则，尽可能全面、综合地考虑城市的未来发展方向，尽可能地吸纳城市旅游发展的合理性设想，在用地、基础设施、生态保障等方面为城市发展与旅游发展规划共享空间。基于此，面向城市发展时，旅游规划与城市规划应该协调一致。

2. 旅游规划与区域社会经济发展规划的关系

社会经济发展规划，是通过发展预测和研究该地区的战略目标、发展模式、主要比例关系、发展速度、发展水平、发展阶段，及相关的各种关系，制定相关的方针、政策。地区综合发展的战略与规划，从地区赋有的资源和建设条件入手，探讨优化地区人地关系系统的具体途径，其目标是提出因地制宜的发展战略。它对各级各类规划具有指令性的作用。它同样也是制定旅游规划的依据。反过来看，社会经济发展规划，是以各部门规划为基础，在更高的层次上进行综合、协调而形成的。因此，旅游规划也是制定同级社会经济发展规划的基础。与社会经济发展规划主要侧重社会经济发展目标、发展预测、方针制定所不同，旅游规划在中观、微观层次上不仅要体现研究目标、预测、战略，还要以其他技术手段体现旅游资源保护、旅游产品的整合与营销、容量可承受性等方面的问题。

要制定旅游目的地的开发规划，首先必须要考虑该地区社会发展的总体战略，而这种对有关该地旅游发展的总体规划的考虑，又必须是在分析了我国的旅游发展战略和审视了当地客观环境条件后做出的选择。除特殊情况外，任何旅游发展规划都应该是该地区社会发展总体战略的一部分。同时，离开了当地社会、经济环境，旅游业也就成了无本之木。

3. 区域旅游规划与区域规划、国土规划的关系

区域规划是特定地域的综合性规划。它主要源于对人口和工业集中地区的综合性规划，并不断发展、扩大而形成的。国土规划，则侧重对土地资源的开发利用、治理保护而展开的全面规划，它是由解决人口、环境、资源问题而发展起来的。这两者的作用和内容，在发展过程中正在逐步趋同，即均趋于成为资源开发利用和建设布局等重大内容的综合性规划。与社会经济发展规划主要偏重社会经济发展目标、预测和方针制定不同，区域规划主要侧重于用各种技术手段提示开发、建设、保护的整体性、合理性、可达性。

区域旅游规划与同级区域规划的关系，如同其他专项规划与区域规划的关系一样，是对区域规划的充实和深化。旅游规划一方面借助区域规划的水利、农林业、交通、城镇布局方面所创造的条件，另一方面通过区域旅游资源利用的论证与综合安排，为区域规划的制定提供基础依据。

中国社会科学院旅游研究中心副主任刘德谦指出："就旅游发展规划自身而言，任何旅游开发规划都有着自身的有别于其他任何规划的显著特征。旅游发展规划要解决的问题，实际上是旅游者与旅游目的关系，因而旅游目的地的开发规划（以及具体的项目规划等）也就不同于其他目的土地使用规划和一般的城镇建设规划。在旅游开发中必须把旅游者的旅游需求作为考虑的核心，把旅游吸引物和旅游项目的安排放在规划的第一位置，并围绕其安排与之相适应的其他设施。"

区域旅游总体规划内容的核心是"通过对旅游设施和旅游服务的安排，使旅游者成功地实现其旅游目的，成为旅游环境中自在而舒适的主体"。因而，在总体规划着手之初，如能把本目的地的旅游目的物以及与之有效配合的设施和因素等安排在优先考虑的地位，这不仅能在合理利用土地、有效地使用资金以及缩短开发周期等方面收到

除此之外其他一切方案都难以获得的效果，还可能在以后的经营管理中获得接近预期的最佳效益。

就某一单体的旅游项目来说，在其建设前虽然不一定采用总体规划的形式，但作为目的地旅游总规划的一部分（或作为旅游线路中的一环），也必须认真找准个体与总体的衔接点，同时在其谋划中也仍然离不开旅游开发规划制定中所必需的研究和论证。

如果区域旅游的新开发仅仅只是对原有目的物的补充建设或配套建设，那么这一开发也必须以该地原有开发现状和开发潜力为基础。任何离开目的物的开发都是盲目的开发，都面临风险，乃至将会遇到超常的阻碍。

二、旅游开发

（一）旅游开发的目的与意义

旅游开发是“为发挥、提高和改善旅游资源对游客的吸引力，使潜在的旅游资源优势转化成为现实的经济优势，并使旅游活动得以实现的技术经济活动”。其实质是以旅游资源为“原材料”通过一定形式的挖掘、加工和完善，以达到展示其价值、满足旅游者的各种需求的目的。

旅游资源在旅游业中必须经过开发才能被利用。以一种旅游资源为主和几种资源为辅并借助其他环境条件共同构成一个旅游吸引物复合体，并由此带给旅游者的一种经历，是最终吸引大量的旅游者前来旅游和消费的根本所在。因此，开发旅游资源的目的就是以当地的旅游资源为依托，以市场效益为导向，发掘资源的潜在内涵，充分利用当地特色和优势，选择经济、社会、生态效益最佳的开发方向，以此提升旅游吸引力，满足各种类型的旅游者的需求。

（二）旅游资源开发的原则

要使旅游资源开发获得成功，即开发旅游资源不仅要取得较好的经济效益，而且还要使经济效益、社会效益和环境效益协调统一，那么我们在开发过程中就必须遵守以下原则：

1. 个性原则

旅游资源贵在稀有，这也是它吸引旅游者的根本所在。因此，旅游资源的开发应突出个性。这就要求在开发中尽可能地保持自然和历史形成的原始风貌；尽量选择和利用具有特色的旅游资源项目；努力反映当地的文化特点，突出民族化和地方传统格调，以达到保存和增强旅游资源本身独有的特色的目的，并通过各项旅游资源的有机结合，形成一个主题，以此来树立当地的旅游形象。

2. 市场原则

旅游资源开发应以旅游市场的需要和变化为依据，以最大限度地满足旅游者的需求为标准。开发过程中应坚持以市场为导向，随时注意旅游市场的变化，在旅游市场调查和预测的基础上，选择开发重点，针对不同客源层次的需要进行开发，从而减少开发过程中的盲目性。

3. 保护原则

开发旅游资源是为了利用资源，而保护旅游资源则是为了更好地利用资源。但是，开发本身就意味着一定程度的“破坏”，因此，旅游资源开发必须就保护资源制定切实可行的方案，防止开发造成的资源与环境的破坏。

4. 综合原则

旅游资源开发的内容是多个子系统或要素的综合。不同类型的旅游资源只有通过综合开发，才能使吸引力各异的旅游资源结合成一个吸引群，使旅游者能从多方面发现其价值，从而提高旅游资源的品位，以及在旅游市场中的知名度。旅游资源开发必须是围绕重点项目进行的综合开发，是在通盘考虑和全面分析旅游资源的价值、功能、规模、空间布局、开发难易程度、市场现状等诸多因素的前提下进行合理配置，最终形成系列产品和配套服务，使之产生最佳的综合效益。

（三）旅游开发的主要工作

旅游开发是一项复杂的系统工程，开发程序具体可分为旅游资源的调查与评价、制定旅游规划及具体实施计划三个步骤。

1. 旅游资源的调查与评价

旅游资源的全面研究和准确的分析评价，是旅游资源开发的前提。其目的是了解旅游资源所在区域的资源类型、数量、分布、规模及开发利用现状，以及交通、通信、水、电等基础设施和住宿、餐饮、娱乐、购物等与旅游相关的配套服务设施现状。旅游资源的调查与评价可以使我们较为全面地分析、掌握区域旅游资源的优劣势、区域环境和开发条件。

2. 制定旅游规划

旅游资源通过调查、评价做出开发可行性论证后，就要着手根据旅游资源开发的原则和市场的最新动态，以及当地开发旅游的基本条件，进行旅游资源开发方案设计，即确定该区域旅游开发的总体规划。总体规划包括旅游开发的目标、对象、规模、等级、方式、时间、步骤、配套设施及总投资估算、具体程序等。

3. 具体实施计划

旅游规划与开发设计的总体方案制定并通过评审之后，旅游资源的开发就进入实质性开发过程。进入开发阶段最重要的是制订好实施开发的具体计划，并严格按计划有步骤地进行开发。具体内容包括：①确定开发范围和目标；②根据已有资料，提出项目的模式、土地使用要求等；③制定建筑总体规划；④资金来源及财务预算；⑤进行项目具体设计，画出施工图纸；⑥投标及施工；⑦反馈与评估。

三、旅游规划与旅游开发的关系

旅游开发是一个以经济社会和生态效益的最大化为目的的、具体的实施过程，需要投入大量的人力、物力和财力。旅游规划虽然也涉及具体的调查过程，但更多的是在调查的基础上进行的分析、策划、构思并落实于文字和图件的过程。二者是完全不同的概念，但是旅游开发应尽可能地遵循旅游规划的理念，因为旅游规划通过丰富而详细的论证、分析提出了一些开发项目和开发步骤，为旅游开发奠定了良好的基础。

可以说，旅游规划和旅游开发是两个相互依附的过程，规划应先于开发，指导开发；而开发则是规划的延续，开发中遇到的具体问题可以引导规划的重新修编。

第二节　旅游规划的类型

从不同的角度，旅游规划可以分为不同的类型。不同类型的旅游规划，有不同的框架体系和规划要点。

一、从规划内容分类

从规划内容划分，旅游规划分为旅游综合规划和旅游专题规划。

1. 旅游综合规划

旅游综合规划是一个区域的规划概念，是从宏观的、全局的角度，从自然、技术、社会、经济和生态环境等方面评价规划区域的优势和劣势，对规划区域旅游发展的各个环节进行安排，为规划区域提供一个协调合理的旅游综合发展方案。其具体是指在旅游资源调查评价的基础上，根据国家的方针政策和国民经济发展的需要，综合分析旅游区的资源特点和社会经济技术条件，提出旅游区发展战略；确定旅游区的性质；划定旅游区和风景区的范围及外围保护带；划分景区和其他功能区；制定保护和开发利用风景名胜资源的措施；确定旅游区的接待容量和游览活动的组织管理措施，对风景区的总体布局、绿化、交通、水电、旅游服务设施进行统筹安排，全面规划；进行总体投资预算和效益分析；进行环境经济及社会影响评价分析。

2. 旅游专题规划

旅游专题规划通常是在旅游综合规划的指导下，针对旅游开发中的重要方面和重点环节而制定的规划。旅游专题规划可针对旅游行业部门开展，比如住宿业规划或民宿业发展规划、美食旅游业发展规划、旅游交通发展规划、文化旅游发展规划、旅游购物业发展规划、研学旅行发展规划等；旅游专题规划也可针对某一主题开展，比如旅游市场营销规划、旅游目的地形象规划、旅游线路规划、旅游新业态规划等。

二、从规划时期分类

按规划时期分类，旅游规划通常可以分为短期旅游规划（规划的期限以 3~5 年为主）、中期旅游规划（规划的期限以 6~10 年为主）和长期旅游规划（规划的期限以 10~25 年为主）。

这些不同期限的规划，在规划内容和深度等方面也不一样。通常情况下，规划的期限越长，规划涵盖的内容越全面。区域旅游规划属于发展规划，是中长期规划；旅游目的地规划兼顾发展与建设，是近中期规划；景点旅游规划设计属于建设规划，是短期规划。

三、从规划空间分类

按规划空间分类，旅游规划可分为跨区域旅游规划、国家级旅游规划、区域级旅游规划、地方性旅游规划和旅游地（景点）综合规划。

1. 跨区域旅游规划

跨区域旅游规划，又称国家间旅游规划，内容上侧重对旅游发展战略的安排，属于大尺度规划的范围，多适用于一些有共同自然旅游资源和历史文化内涵的国家之间。如南美洲地区、西欧地区、加勒比海地区以及我国东南沿海各省。规划的重点是联合与协调旅游客源市场营销及宣传促销计划。跨区域规划主要涉及的是资源的联合开发与利用、旅游线路的设计、交通的协调、市场营销与宣传等，一般不涉及用地的详细规划。

2. 国家级旅游规划

国家级旅游规划是针对整个国家的旅游资源情况，以及旅游业发展概况而制定的长期性的、大涵盖面的旅游发展规划，属于大尺度规划的范围。国家级旅游规划的主要内容是旅游线路的设计，旅游产品的宣传促销，年度旅游活动的制定，国家级旅游风景区的确定以及规划开发的战略目标、开发导向、环境保护等。

3. 区域级旅游规划

区域级旅游规划是由不同的省区市联合制定的规划。区域级旅游规划多数为跨省区市的区域，在我国西部以地貌单元和地理特征为重点划分区域，以地理学家所进行的旅游区的划分为代表，如东北旅游区、长江中上游旅游区等，这些区域在旅游资源方面都有着一定的共同之处，有利于共同开发。

4. 地方性旅游规划

地方性旅游规划是以省、市、县、镇为单位制定的旅游规划，如各省制定的旅游发展总体规划，属于中尺度规划的范围。

5. 旅游地（景点）综合规划

旅游地（景点）综合规划，是以旅游地或者旅游景点为单位制定的旅游规划，属于小尺度规划的范围。

四、从规划深度分类

按规划深度分类，旅游规划可分为旅游发展总体规划、旅游详细规划。

1. 旅游发展总体规划

旅游发展总体规划主要侧重区域旅游发展目标、发展方向和发展战略的确定，一般会对旅游业涉及的各个方面进行全面安排。旅游发展总体规划往往内容翔实丰富，期限较长，以10~20年为主，规划图件一般以5~10幅为宜，可根据具体情况调整。

2. 旅游详细规划

旅游详细规划是旅游发展总体规划的具体化和深化，具体包括控制性详细规划和修建性详细规划。其中，控制性详细规划，主要是对一定规模土地的用地性质、使用强度等进行控制，规划图件的数量往往比旅游发展总体规划多，且比例尺相对较大；

修建性详细规划，则主要用于指导旅游工程的设计和施工，内容更为细致，涉及给排水、供电、交通、建筑外观等多个方面，对规划图件的数量、精度要求更高，比例尺更大，规划期限则相对较短。

五、按照《旅游规划通则》标准分类

现行的《旅游规划通则》对旅游规划采用的划分方式是将其分为旅游发展规划、旅游区规划两个大类。

旅游发展规划主要是确定旅游业在地方经济和社会发展中的作用，制定旅游业发展的目标，以及为了实现目标而对系统各个方面所做的安排。而旅游区规划则是指为了更好地保护、开发、利用和经营管理旅游区，对各项旅游要素所进行的统筹部署和具体安排。

根据规划的层次和时间等指标，旅游发展规划和旅游区规划都可以进一步划分（见图 1.1）。如按规划层次划分，旅游区规划可以分为总体规划、控制性详细规划和修建性详细规划等。从总体规划到修建性详细规划，是由宏观到微观、由抽象到具体的过程。

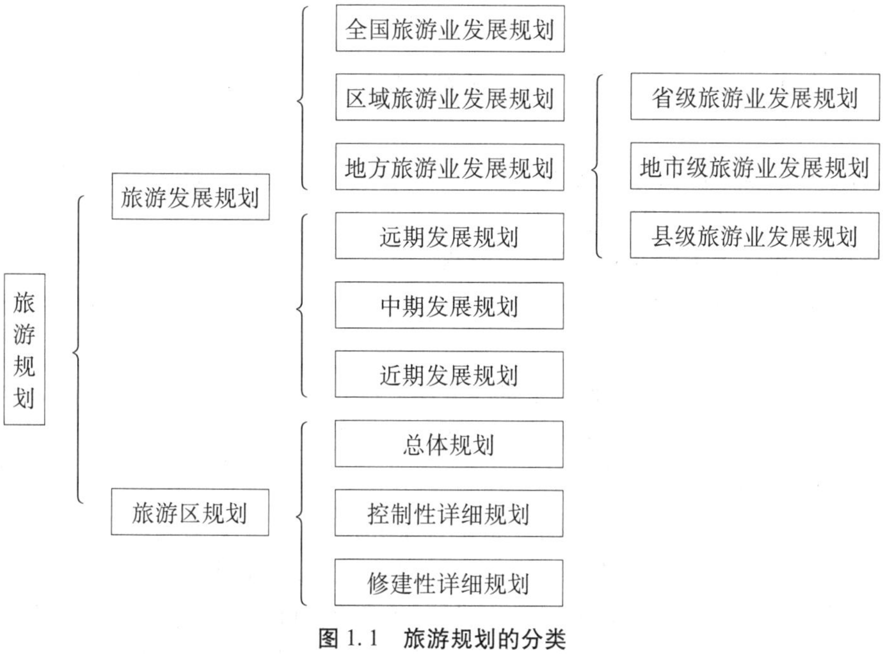

图 1.1　旅游规划的分类

注：根据中华人民共和国标准《旅游规划通则》编制。

第三节 旅游规划的主要内容、系统构建和成果形式

一、旅游规划的主要内容

旅游规划具有多种多样的类型，不同类型的旅游规划在规划内容上侧重点不一样，但所有类型的旅游规划，基本都会涉及以下十个方面的内容。

1. 规划范围

规划范围，即对被规划的区域的地理位置、行政界限、面积等基本要素的介绍。

2. 规划依据及原则

规划依据及原则，即编制该规划的过程中涉及哪些政策、法规、文件以及遵守情况如何；编制规划过程中所遵循的大的指导方针是什么，如环境和文化保护的原则、维护当地居民利益的原则等。

规划依据及原则，为旅游规划的合法性、合理性奠定了基础，是编制旅游规划时应遵循的科学依据及原则。

3. 规划区域背景

规划区域的背景分析，总体上应涵盖对该区域的自然环境、社会文化环境、经济环境等方面的分析。

①自然环境包括该区域的地质地貌、水文状况、动植物分布、气候状况、常见的自然灾害情况、环境质量等多个方面。

②社会文化环境涉及该区域的历史沿革、风土民情、宗教信仰、地方特色等方面。

③经济环境则是对该区域经济发展的总体状况如当地居民的收入水平等方面的介绍。

分析区域背景可以结合定性和定量的方法。另外，由于区域背景涵盖的内容较多，除了要注意语言的精炼，还要多关注该区域具有的特色。

4. 旅游资源现状及评价

旅游资源的类型分布等多种多样，根据《旅游资源分类、调查与评价标准》（GB/T 18972−2017），旅游资源可以分为 8 个主类，23 个亚类，110 个基本类型。旅游资源现状及其评价是旅游规划与开发的基础性工作，通过评价可以更好地了解区域旅游资源，确定旅游资源的重要程度和开发利用价值，确定旅游开发的重点，其准确性直接关系到开发的前景。

因此旅游规划往往在旅游资源调查的基础上，在客观、全面等原则的指导下，对规划区域旅游资源的数量、种类以及区域分布等多方面进行分析的基础上，提出该区域旅游资源的优势和特色，并且初步确定开发的方向。

5. 客源市场分析

客源市场分析，即结合旅游市场调查的一手和二手资料，选定客源市场，明确规划区域的客源市场的范围、规模、结构、消费水平等。

客源市场的确定，一方面要注意分析旅游资源的特色，了解旅游资源吸引力所在；另一方面，要对该区域可能出现的竞争对手的旅游发展情况进行分析。

6. 主题形象和发展战略

规划区域的主题形象是旅游区的生命线，是形成旅游区竞争优势的根本因素，决定了旅游资源的利用功能、开发方向及所吸引的不同类型的游客，并直接影响旅游设施建设的规模、项目类别和档次。在旅游市场和旅游资源分析的基础上，结合规划区域地方性的研究和受众特征的调查分析提出明确的区域旅游主题形象和发展战略，进一步明确规划区的发展方向。

7. 功能分区和项目开发

功能分区，即合理确定各功能单位的布局。在功能分区时，应注意协调各功能单元之间、功能单元与周边环境之间、功能单元内主要景观之间在设施布局、活动安排等要素上的关系，使各功能单元在旅游设施、旅游活动等方面相互协调、互为补充。

项目开发，即如何通过表现形式、内容或功能等方面的变化与更新，构思出适合于该旅游地发展的旅游项目。项目开发应遵循可行性、因地制宜等原则，同时考虑区域的旅游资源、特色客源市场范围以及竞争状况，注重突出项目的特色。

8. 旅游业要素规划

旅游活动的顺利开展，需要食、宿、行、游、购、娱六个要素的支撑，旅游规划需要对这六个要素的数量、规模、级别等进行整体的预测和安排，为旅游者提供更好的旅游体验，使旅游地走上良性发展的道路。

9. 基础设施和保障设施规划

旅游规划项目的成功实施，需要基础设施和保障设施的支持，基础设施规划即根据发展旅游的需要，对交通、给排水、供电、邮电、通信、绿化等方面提出规划建议。由于基础设施规划与城市规划的关系较为密切，因此规划者在进行基础设施规划时，应紧密结合城市规划和交通、水利部门的规划，做到互相协调。保障设施规划包括营销、管理、资金、政策、人力资源等方面的规划。

10. 投资效益分析

对规划实施的总体投资效益分析，主要包括旅游设施建设、配套基础设施建设、旅游市场开发等方面的投入与产出分析。投资效益分析包括旅游为当地可能带来的经济、社会、环境等效益的分析，并针对一些可能产生的不良影响，提出预防性的措施。

二、旅游规划的系统构建

（一）旅游规划的基本内容

吴必虎（2010）提出把旅游规划的基本内容比喻为“规划之鹰”。将旅游目的地的起飞视如雄鹰飞翔，则鹰头就是旅游吸引物和对旅游者具有吸引意义的服务；鹰在飞翔中依靠左右两只翅膀，左翼是交通条件和其他基础设施，而右翼是住宿设施和其他旅游设施与服务；当地的社会因素相当于鹰尾，影响着它的飞翔速度和方向。在鹰的前方，是客源市场的导向作用，鹰会朝着那个方向飞翔。最后，鹰的上下左右围绕着它的大气就是旅游目的地要起飞或翱翔的自然、文化和社会经济环境（支持系统）。

（二）旅游规划的基本模式

根据实际经验，北京大学城市与环境学院旅游研究与规划中心将区域旅游发展规划的主要内容和工作步骤总结为"1231 旅游规划模式"，即"确定一个发展目标、进行两个基本分析，做好三个发展板块设计，构建一个支持系统"（吴必虎，1999）。在"1231 旅游规划模式"中，规划的核心问题是"三个发展板块设计"，也是旅游规划付诸实施的主要操作内容（见图 1.2）。

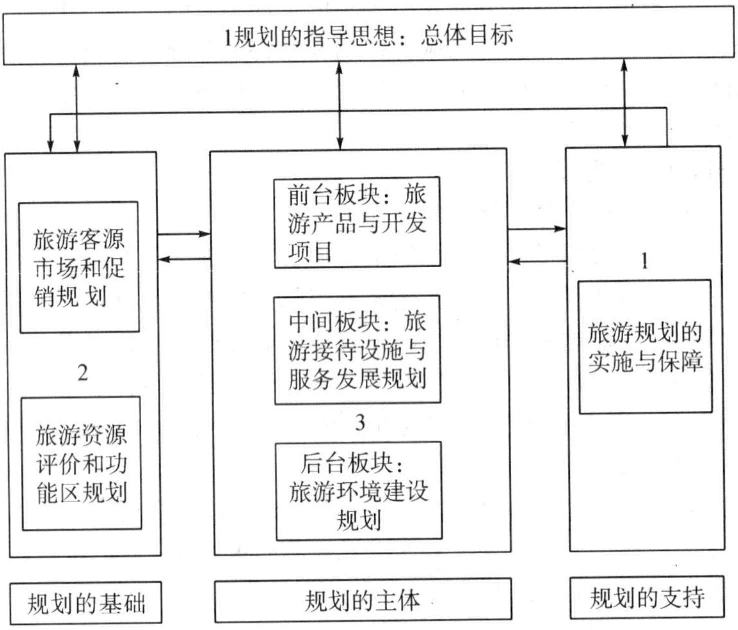

图 1.2　北京市"1231 旅游规划模式"

资料来源：北京大学城市与环境学院旅游研究与规划中心等的研究。

（1）确定一个发展目标。

旅游规划的主要作用就在于它能够指导和规范一定时期内，政府对旅游业发展的宏观管理和科学决策，以实现规划时段和规划期末的具体目标。这一目标的确定，将决定旅游业的产业地位和发展速度。目标是规划围绕的核心，是旅游发展的纲领性指标体系。

（2）进行两个基本分析。

在确定了目标之后，规划应该就如何实现目标提出操作性的方案和行动计划。因此，对旅游市场和旅游资源进行仔细的调查研究，是一项十分必要的基础工作。

旅游市场和旅游资源的表层和里层分析如表 1.1 所示。

表 1.1　旅游市场和旅游资源的表层和里层分析

要素	层次	
	表层内容	里层内容
市场分析	需求方：对国际、国内及本地客源市场的数量和特征的历史回顾、现状及预测分析	定调子：区域旅游形象设计与传播、旅游目的地的营销与宣传
资源分析	供给方：根据某种方案对区域旅游资源进行调查和评价，特别是对资源转化为产品的适宜性评价	定盘子：旅游资源开发的空间布局规划、重点资源开发与保护地段的选择、旅游线路设计

资料来源：吴必虎，俞曦. 旅游规划原理［M］. 北京：中国旅游出版社，2010.

（3）做好三个发展板块设计。

第一板块为前位板块，是指直接吸引旅游者前来旅游的吸引物，即狭义的旅游产品和项目开发，是旅游开发的核心；第二板块为中间板块，是指为前来的旅游者提供各种旅游服务，包括交通、住宿、餐饮、娱乐、购物及相关行业和设施、服务；第三板块为后位板块，是指规划区内外的物质环境和社会环境。这三个板块层层紧扣，相互依存，构成了规划区旅游发展的核心内容。

对三大板块的研究实际上就是为旅游管理部门提供具体的规划方案和相关建议，包括旅游产品开发、重点项目选择、旅游接待设施规划、旅游直接相关基础设施规划、旅游线路规划等。它是最直接面对管理者、最具可操作性的规划内容，能够指导旅游管理部门应该做什么、如何做。应该指出，这三大板块的内容虽然是政府管理部门最感兴趣的、最具操作性的部分，但是它们是在前述市场、资源的研究基础上得到的。没有前面的基础性工作，就不可能有科学、理性的规划方案。

（4）构建一个支持系统。

上述三个板块的规划方案能否得到有效实施，有赖于规划的管理和支持保障措施是否得以落实。这些支持系统的内容包括政府管理与政策法规、土地供给、资金保障、人力资源等内容。

三、旅游规划的成果形式

（一）规划文本

规划文本是用高度精练的语言对规划内容进行精简性、全面性的介绍，主要提供给相关人员审阅。规划文本只展示结论，不展示原因。如果我们想要了解缘由，可以到说明书中找到答案。规划文本可以使我们快速了解旅游规划的主要内容和重点方面。

（二）规划说明书

规划说明书是对规划文本中涉及的问题进行详细的分析、阐释、说明和补充，是规划文本的丰富版，能够让人们对规划文本中的问题有一个更为清晰透彻的了解。

（三）规划图件

规划图件能够更为直观地对规划内容进行说明。根据规划深度的不同，规划图件的数量和精细度都不相同。旅游发展规划通常包括区位分析图、旅游资源分析图、旅游市场分析图、旅游业发展目标图和旅游产业发展规划图等。旅游区总体规划的图件包括旅游区区位图、综合现状图、旅游市场分析图、旅游资源评价图、总体规划图、道路交通规划图、功能分区图等。而旅游区控制性详细规划和修建性详细规划的图件，往往包括各地块的控制性详细规划图、各项工程管线规划图、道路及绿地系统规划设计图等。规划越详细，对图件的精细程度要求越高。

（四）附件

附件包括规划说明和基础材料等，是对以上规划成果的一个补充。

拓展案例

成为一个优秀的旅游规划师所需的十种技能

任何一种职业都需要特定的能力，旅游规划师所需要的能力体现在软能力和硬能力两个方面。软能力包括分析理解能力、交际能力、表达能力、创新能力、基础知识和专业知识的掌握能力等；硬能力主要包括文字写作能力、软件运用能力、外文能力、资料收集能力和身体素质能力等。下面就这十种能力进行逐一简要介绍。

一、分析理解能力

在旅游策划项目中，对项目客体的分析是必不可少的。比如某一旅游目的地要做一个总体发展规划，那么就需要对该地的旅游资源、区位、市场等进行全面、独到的分析。只有完善对项目客体的分析，才能发现问题并采取相应的举措。另外，理解能力也相当重要，这里主要是指要能理解项目委托方的目的和项目策划方案思路，要是不能深刻理解这两点，那么策划项目就会偏离方向，达不到目的。

二、交际能力

旅游系统由旅游客源地、旅游通道、旅游目的地三部分组成，所涉及的行业十分广泛。在策划项目时，旅游规划师必须与这三个部分的各个行业、各个部门打交道，以达到沟通信息、获取资料、处理程序、组织联系等目的，因此交际能力就显得十分重要。旅游规划师需要与旅游者、当地居民、旅游开发商和投资商、旅游运营商、各领域的专家、地方政府及相关部门等打交道。

三、表达能力

表达能力主要指能够用专业的语言把自己的想法和意见表达出来，让对方清楚你的意图。这一点在项目洽谈、合同签订、项目投标等方面显得很重要。

四、创新能力

项目策划需要创意，就如同电影需要情节一样，没有好情节的电影不是好电影，没有创意的策划也不是完美的策划。一个好的创意就是一个策划项目的灵魂，它能够起到画龙点睛的效果，使得项目能够发挥最大的社会效益、环境效益、经济效益。

五、基础知识和专业知识的掌握能力

这是十大能力中最主要、最必需的能力，对于旅游规划师而言是必备的。旅游学是一门具有综合性、垄断性的学科，作为旅游学重要分支的旅游规划，秉承了其综合性和垄断性的特征。这就要求旅游规划师必须掌握各方面的基础知识，成为“通才”。

旅游规划师需要掌握的基础知识包括：

人文社会科学（社会学、经济学、政治学、历史学、民族学、文学艺术、民俗学、伦理学、美学、心理学）。

自然科学（生态学、环境学、生物学、地质学、自然学）。

技术科学（规划学、统计学、地理信息技术、方法论科学、系统科学）。

旅游规划师需要掌握的专业知识包括：

熟悉旅游规划的依据、特点和相关分析方法，了解旅游规划的理论体系。

熟悉旅游定位的内容，了解旅游发展战略和发展目标。

熟悉旅游产品的类型，掌握旅游线路的分类。

掌握旅游商品资源的调查，了解旅游商品的开发措施。

掌握旅游吸引物及其类型，熟悉旅游吸引物的选择与包装。

熟悉旅游设施规划的内容，熟悉区域旅游发展中的三产联动规划。

熟悉旅游投资的主要内容，了解旅游效益分析。

掌握旅游规划与审批的程序，了解旅游规划实施管理。

了解旅游项目策划内容与方法，了解旅游产品策划的内容。

熟悉区域旅游发展策划工作程序与方法。

六、文字写作能力

旅游规划的成果主要是文本，而文本的写作需要旅游规划师具备扎实的文字写作能力，需要以标准的文件模式来进行写作。旅游规划文字的写作需要用词专业、精炼、准确，不能口语化，不能带有感情色彩。

七、软件运用能力

除了文本外，旅游规划的另一个主要成果就是图纸。无论是文本编辑还是图像处理，都需要运用一定的电脑软件。这就需要旅游规划师能够熟练运用 Word、Excel、PowerPoint、PhotoShop、AutoCAD 、Focus Photoeditor 等软件。

八、外文能力

中国的旅游规划业的历史约 30 年，而国外的旅游规划已有近 100 年的历史。我们在策划项目时，借鉴国外的经验和模式是必不可少的，国外的旅游规划成果很多都还没有被译成中文，若旅游规划师具备很强的外文能力，那么策划的眼界就会开阔许多。

九、资料收集能力

一般情况下，旅游项目策划所需要的资料都由委托方提供，但是很多时候委托方并不能提供所有资料，特别是在投标前期，委托方根本不会提供资料，这就需要旅游规划师自己动手。因此，旅游规划师具备资料收集能力是很有必要的。资料收集的方式主要有网上收集、数据库收集、档案馆收集、图书馆收集等，另外，通过行业内关系收集所需资料也是一条重要途径。

十、身体素质能力

简单地说，身体素质能力是指旅游规划师要有健康的身体，有吃苦耐劳的精神。这是由两个方面决定的，一是作为旅游规划师，出差是家常便饭，出差的目的主要是考察旅游资源、洽谈项目、市场调研等，而这些都需要旅游规划师经受起长时间的旅行，有时还得经受恶劣的天气；二是加班，加班也是旅游规划师的家常便饭，一旦项目时间有变或者是委托方有临时要求，通宵达旦地工作是少不了的。

案例来源：山合水易研究中心。

本章小结

本着遵循旅游规划内在的规律性，本章从旅游规划的概念入手，阐述了旅游规划的作用、目的、特点和原则，辨析了旅游规划与其他规划之间的关系，重点阐述了旅游规划的基本类型和编制内容，进一步介绍了旅游规划的系统构建和成果形式。

复习与思考

1. 什么是旅游开发？
2. 试分析旅游规划的概念、作用、目的及特点。
3. 旅游规划主要包含哪些内容？
4. 旅游规划与城市规划的关系如何？

第二章 旅游规划理论体系

旅游是一个涉及社会、经济、文化、环境等多方面的复杂系统，客观上促使旅游规划从单一走向系统综合的学科发展道路。旅游规划的综合性特点，决定了它的理论来源具有广泛性和复杂性，主要来自以下三个方面：一是系统科学和可持续发展理论；二是旅游学、经济学、地理学、生态学、社会学、文化学、心理学、行为科学等，以及由它们相互渗透产生的交叉学科和综合学科，如旅游经济学、休闲游憩学、旅游地理学、生态经济学等；三是具体的专业和技术理论，如风景园林、城市规划、建筑设计等。

第一节 旅游规划传统理论

一、系统理论

系统理论是以系统视角研究物质世界的结构、运动及其相互关系的基础理论，是20世纪40年代与控制论、信息论同时诞生的一门新兴科学。系统理论目前已广泛应用于不同科学领域，目的在于寻找或建立最优系统结构，充分有效地发挥系统的整体功能。

（一）理论来源

系统理论源远流长，亚里士多德的“整体不等于部分之和”的观点一直被奉为系统科学思想的经典。作为一门科学的系统理论，人们公认是加拿大籍奥地利人、理论生物学家L. V. 贝塔朗菲（L. V. Bertalanffy）创立的，他在1924—1928年多次发表文章阐述系统论的思想。1937年，他提出了一般系统论原理，1945年发表《关于一般系统论》，但确立这门科学学术地位的是1968年贝塔朗菲发表的专著——《一般系统理论——基础、发展和应用》，此后系统论思想才真正受到人们的重视，该书被公认为是这门学科的代表作。

（二）核心思想

学术界通常把系统定义为：由若干要素以一定结构形式联结构成的具有某种功能的有机整体。这个定义包括了系统、要素、结构、功能四个概念，表明了要素与要素、要素与系统、系统与环境三方面的关系。核心思想概括为四点内容：①系统整体性。系统论的核心思想就是系统的整体观念。贝塔朗菲强调，任何系统是由一定数量的、具有各自独特功能的单元（或子系统）组成的有机整体，具有不同于各组成单元功能的整体功能，它不是各个部分的机械组合或简单相加，系统的整体功能是各要素在孤立状态下所没有的新质。他用亚里士多德的“整体大于部分之和”的名言来说明系统的整体性，反对那种认为要素性能好，整体性能一定好，以局部说明整体的机械论的观点。②系统相关性。系统与外部环境之间、系统与各单元之间、单元与单元之间存在着一定的有机联系，它们相互作用，且有物质、能量和信息流动，即有输入、输出与变换关系。③系统等级性。系统及其内部单元在时空上是有限的，系统与单元在空间尺度、结构与功能上具有一定的层次结构。④系统目的性。系统根据一定目标而建立，其功能具有一定方向性。

整体性、关联性、等级性、目的性是所有系统的共同基本特征。系统论的任务，不仅在于帮助人们认识系统的特点和规律，更重要的还在于帮助人们利用这些特点和规律去控制、管理、改造或创造系统，目的是调整系统结构，协调各要素关系，使系统达到优化、合乎人需要的目的。

2020 年 11 月 3 日，习近平在《中共中央关于制定国民经济和社会发展第十四个五年规划和二〇三五年远景目标的建议》说明会上，提出坚持系统观念。建议稿提出，“十四五”时期经济社会发展必须遵循坚持系统观念的原则，系统观念是具有基础性的思想和工作方法。此后，习近平总书记在多个场合提到必须坚持系统观念。

（三）在旅游规划中的应用

1. 系统理论是旅游规划的指导思想

从系统论出发，旅游应视作一个系统，它是旅游者通过旅游媒介到达旅游目的地的进行旅游活动的社会经济系统，其构成要素包括旅游主体——旅游者、旅游客体——旅游产品（广义）、旅游媒介——旅游业和贯穿这三者的旅游活动（指以一定的经济、社会、环境存在和发展为依托，由旅游主体、旅游客体和旅游媒介互为条件，相互作用所产生的诸般现象和关系总和）。旅游系统是以旅游需求为动力，通过旅游者的旅游活动而使各组成要素相互联系、相互作用而构成的有序、立体、网络的整体关系。它是一个动态系统、实体系统、闭环系统、开放系统。随着时间的变化，系统的状态也不同，如旅游地的季节变化和旅游地旅游产品的生命周期，此外它不断与外界交换物质、能量、信息，同时其旅游服务质量的提高与否、旅游资源的丰富与否，市场的变化，旅游者游憩体验的好坏，当地的好客度高低都直接影响系统的输入效率的高低。旅游系统的各要素是互相联系、互相影响、互相制约的，旅游市场或者旅游吸引物的变化都有可能导致整个旅游系统的变化；旅游系统外部环境的变化也会引起系统结构本身的变化，因此旅游规划的制定必须以系统理论作为指导思想。

2. 系统理论是旅游规划的工作方法

旅游规划是以旅游系统为规划对象，在对旅游目的地和客源市场这对供需关系，以及与这对关系有紧密联系的支持系统和出游系统诸因子的调查研究与评价的基础上，制定出全面的、高适应性的、可操作的旅游发展战略及其细则，以实现旅游系统的良性运转，达到整体最佳且可持续的经济、社会与环境效益，并通过一系列的动态监控与反馈调整机制来保证该目标的顺利实现。其基本思想是以客源市场系统为导向，以旅游目的地系统规划为主体（其中结合市场导向与资源指向而设计的旅游产品是旅游目的地系统乃至整个旅游系统规划的核心），以出游系统为媒介，以支持系统为保障，利用反馈系统来监控，从而达到旅游业可持续发展。

二、可持续发展理论与科学发展观

可持续发展思想的提出源于人们对环境问题的逐步认识和热切关注。

（一）理论来源

20 世纪 50 年代至 70 年代是可持续发展概念产生的集中阶段。沃格特（Vogt，1948）指出，自然资源是一个国家拥有的重要财富，随着自然资源的耗竭，该国很多能力都会受到影响，因此，自然资源可以被界定为影响国家发展的一种资本，即自然资本。美国经济学家西里阿希·旺特鲁普（C. Wamtrup，1952）向人们提供了一种新的方法——最低安全标准法，他论述到生态环境一旦被破坏，将会产生人类无法预料且可能很难挽回与修复的严重后果，而这种影响是具有不可逆性质的。众多来自美国、挪威、德国的经济学家组成了当时的罗马俱乐部，他们为了演示人口增加引起的资源消耗，应用了各类宏观模型进行研究，而《增长的极限》作为其研究成果表明了这一问题的全球趋势。1980 年 3 月 5 日，联合国向全世界发出呼吁："必须研究自然的、社会的、生态的、经济的以及利用自然资源过程中的基本关系，以确保全球的持续发展。"1983 年 11 月，联合国成立了世界环境与发展委员会（WCED），其成员包括在科学、教育、经济、社会及政治方面的代表，联合国要求该组织以"持续发展"为基本纲领，制定"全球的变革日程"。1987 年，该委员会把通过长达四年研究、经过充分论证的报告《我们共同的未来》提交给联合国大会，正式提出了可持续发展的模式。由于《全球保护战略》（IUCN，1980）和《我们共同的未来》（WCET，1987）两书的出版，"可持续发展"的理念逐渐在全球引起了广泛关注。尤其是 1992 年 6 月联合国世界环境发展大会上全球性可持续发展纲领——《21 世纪议程》（《里约宣言》）的通过，更将可持续发展的理念普及到了全球。"可持续发展"这一词语的提出反映了人类对自身以前走过的发展道路的质疑和扬弃，也反映了人类对今后选择的发展道路和发展目标的憧憬和向往。

2003 年 7 月 28 日，胡锦涛在讲话中首次提出科学发展观，在党的十七大报告中第一次全面和系统地阐述科学发展观："科学发展观，第一要义是发展，核心是以人为本，基本要求是全面协调可持续性，根本方法是统筹兼顾。"党的十八大将科学发展观确立为"党必须长期坚持的指导思想"。科学发展观是对可持续发展观的继承和发展，涵盖了经济发展与社会发展、经济发展与人的发展、经济发展与政治发展、经济发展与文化发展、经济发展与自然的发展、人和自然和谐等多重关系，构成了全新的综合发展理念。习近平生态文明思想对科学发展观进行延伸和深化，深刻阐释了人与自然、保护与发展、环境与民生、中国与世界的关系，为建设人与自然和谐共生的美丽中国、共同构建人与自然生命共同体提供了强大的思想武器。

（二）核心思想

人们从不同的角度为可持续发展下了定义。①生态学家从自然属性上提出，他们所关注的是生态持续性，即保持自然资源再生能力和开发利用程度之间的平衡。②1991 年世界自然保护同盟（IUCN）、联合国环境规划署（UNEP）和世界野生生物基金会（WWF）[①] 从社会属性上共同提出，它是以人类社会的进步、发展为目标，即强调人类的生活、生产方式与地球的承载力相协调，并最终落脚于促进人类生活质量和生活环境的改善。③经济学家从经济属性上指出，可持续发展是将经济的发展作为其核心内容，从经济发展的资源支撑上理解可持续发展。他们认为可持续发展就是不降低环境质量和不破坏世界自然资源基础的经济发展。迄今为止，为大家广泛认可的可持续发展的概念是由原挪威首相布伦特兰夫人（Brundtland）提出的，即可持续发展是指既满足当代人的需求，又不对后代人满足其自身需求的能力产生威胁的发展。

可持续发展理论的核心思想被归结为：①全球资源，尤其是不可再生资源是有限的，一旦出现全球性资源短缺的局面，则将迟滞各国经济发展。②环境的容纳极限、技术在强化和支撑经济发展中的能力极限，也就是说，环境容纳人类活动所造成的污染的限度，构成了经济增长的最终极限。因此，发展应尽量采用有益于环境的“适用技术”，以满足人们对经济发展和良好环境的双向需求。③可持续发展的社会应坚持再分配的公平性。这不仅包括机会与权利在同代人之间的横向公平，还包括当代人与未来诸代人之间的纵向公平，即人们在考虑满足自身需求的同时，也要对未来各代人的需求担负起历史责任。④重视生物的遗传资源保护。生物遗传资源是保证人类赖以生存的生态系统传宗接代的物质基础。生物物种的自然或人为灭绝带来了人类难以预计的环境问题，这几乎已成为无法弥补的损失。因此，保护物种的实质就是反对人类对环境的冒险行为。

（三）在旅游规划中的应用

国际上关于可持续旅游的概念并没有统一的认识，比较权威的观点主要有两个。一是世界旅游组织在《旅游业可持续发展——地方旅游规划指南》一书中的定义：“可持续旅游指在维持文化完整、保持生态环境的同时，满足人们对经济、社会和审美的要求。它能为今天的主人和客人们提供生计，又能保护和增进后代人的利益并为其提供同样的机会。”这一定义不仅指出了旅游业本身的特质（对资源的利用不仅是为了满足经济、社会发展的要求，还是为了满足人类的审美要求），而且提出了代际公平发展的思想，对旅游可持续发展的国际认定具有重要的指导意义。二是在 1995 年可持续旅游发展世界首脑会议上通过的《可持续旅游发展宪章》中的定义：“可持续旅游的实

① 世界野生生物基金会（WWF），现更名为世界自然基金会，是世界上最大的从事自然和野生动物保护的国际组织。

质，就是要求旅游与自然、文化和人类生存环境成为一个整体。”该定义认为其重中之重是实现旅游业与社会经济、资源、环境良性协调发展。

1. 可持续发展理论是旅游规划的指导思想

旅游业是社会发展的重要组成部分，是目的地经济不可缺少的要素。因此，旅游业的可持续发展对目的地经济的发展有着十分重要的意义。旅游发展离不开对旅游目的地资源的利用，在旅游发展过程中，生态环境和传统习俗常可能付出巨大的代价，环境的损耗和地方文化特色的消失，是旅游发展的世界通病。如何在旅游发展的同时，保证有限的旅游资源不被破坏且能永续利用，成为全世界面临的共同课题。旅游规划在制定过程中，应自始至终地贯彻可持续发展和科学发展思想。

2. 可持续发展理论是旅游规划的研究方法

可持续旅游理论在旅游规划领域的应用体现在三个方面：

一是用于自然资源与环境成本核算。环境经济学家认为，旅游业发展所依赖的环境与自然资源并没有市场价格的约束，从而导致人们对其的过度使用，甚至破坏。因此旅游规划应该对资源与环境成本进行核算，并内化到旅游业发展的成本—收益分析中，以此来评判旅游业的可持续发展问题。国际上核算旅游地自然资源与环境货币价值的方法主要有替代市场法和偏好法两大类。其中，替代市场法（surrogate market method，SMM）又包括旅行费用法（travel cost method，TCM）和享乐价格法（hedonic pricing method，HPM）；偏好法则包括条件价值法（contingent valuation method，CVM）和选择模型法（choice model，CM），而条件价值法又包括愿意支付费用法（willing-to-pay，WTP）和愿意接受补偿费用法（willing-to-accept，WTA）。

二是用于容量测算。在利用生态学方法研究旅游可持续发展的成果中，以容量研究居多，且主要集中在娱乐容量、环境容量和社会容量三个方面。在对娱乐容量进行研究的过程中，研究者们遇到的首要问题是如何制定有效的环境指标，纳尔逊（Nelson）等学者对影响娱乐容量的环境指标因素进行了研究。休斯（Hughes G，2002）还提出了环境指标的改进方法，并强调相关研究应在对生态系统进行实证研究的基础上制订指标。相对于自然环境容量，社会容量的门槛更难确定。格茨（Getz D，1987）从旅游目的地居民容忍程度出发确定了社会容量。萨维利亚德斯（Saveriades A，2000）则认为，社会容量的研究必须从居民对游客到访的容忍程度和游客之前选择其他目的地的旅游质量两方面入手，利用社会心理学方法设计问卷，并以此为基础对塞浦路斯东部海滨旅游目的地的社会容量进行了调查研究。佛朗哥等（Franco S. et al.，2013）运用多种容量对自然保护地旅游业可持续发展进行了综合研究。

三是用于旅游目的地竞争力研究。很多学者将研究的重点集中在目的地形象上。克劳奇（Crouch，1999）认为，竞争力是建立在经济、生态、社会、文化、政治等各方面可持续发展基础之上的，因此目的地的竞争能力是旅游业能持续提高当地居民生活质量的关键，克劳奇据此建立了目的地竞争力模型。恩莱特（Enright）和牛顿（Newton）在2004年时，综合了前人研究的成果，提出了竞争力的量化研究方法。此外，很多学者还从政府管理、政策规制等角度研究可持续旅游的发展与管理。

三、区域经济空间结构理论

区域经济空间结构理论起源于工业革命时代的欧洲，是关于人类活动空间分布和空间组织优化的理论。

（一）理论来源

区域经济空间结构理论是一个关注经济活动在地域上发生分异现象的理论学科，但是在区域经济空间结构理论形成以前，很多学者已经开始从不同的角度来观察经济活动在空间上的分异现象了，其中以古典区位论的观察视角最为引人注目。从 19 世纪到 20 世纪 40 年代，大致有 5 种代表性的区位理论，即德国经济学家杜能（V. Thünen）的农业区位论、韦伯（A. Weber）的工业区位论、费特尔（F. A. Fetter）的贸易区边界区位论、廖什（A. Lösch）的市场区位论及地理学家克里斯泰勒（W. Christaller）的中心地理论。

1930—1940 年，德国经济学家开始从真正意义上地研究经济空间结构。20 世纪中叶，经济空间结构的概念首次由德国学者奥拓伦巴（E. Otrezba）和美国学者达恩（E. S. Dunn）提出，他们在将古典区位论发展为空间结构理论方面做出了重大的贡献。1955 年，法国经济学家佛朗索瓦·佩鲁提出了“增长极”的概念。1966 年美国学者约翰·佛里德曼提出了核心—外围理论。国内学者陆大道院士提出了点—轴空间结构理论。

（二）核心思想

曾菊新教授在其出版的书籍《空间经济：系统与结构》中，全面系统地评述了国内外区域经济空间结构研究，并从三个方面解释区域经济空间结构要素构成。①构成经济空间系统的区位几何要素，由点、线、面形成；②由点、线、面三个几何要素的组合形成的经济空间实体或网络空间结构类型；③在区域空间范围内，生产力要素的流动包括要素转移和交换现象。另外他还定义和明晰了区域经济空间结构的三大基本特性，即区域性、系统性和动态性，并探讨了促使区域经济空间系统发展的最佳经济空间结构及政策。区域经济空间结构理论的实质是生产的最佳布局问题，即如何通过科学合理的布局使得生产能以较少的投入获得较大的收益。

（三）在旅游规划中的应用

区域旅游空间结构是研究旅游客源地、目的地和旅游交通的空间格局、地域组织形式的相互关系，以及旅游场所位置与经济效益关系的理论。区域经济空间结构理论被引入旅游开发研究后，其原理在指导旅游资源开发，集聚规模效益、旅游目的地的开发布局、旅游资源的合理配置、吸引力、可进入性、客源市场等诸多方面，影响着旅游资源的开发层次、开发类型、开发等级和旅游交通线路布局、旅游业空间布局等。

卢云亭认为，旅游区位（空间结构）理论应该包含以下基本思想：①旅游作用体系乃是服务范围呈面状扩散分布的集聚中心（旅游吸引中心地）的空间组织，是供给与需求两种作用过程的总格局。②旅游吸引中心地是旅游活动得以完成的基本集聚单元，是旅游供给主体。这一中心地存在于一定范围内；不同大小服务区域应有不同规模的中心地，并相互构成一个等级系列；中心地体系的具体空间排列服从于中心地功能性质。③影响以旅游地为中心的旅游空间组织的要素（区位要素）主要有广域角度的自然条件、旅游资源、旅游客源市场、旅游地的基础设施（包括道路交通、邮电通信、饭店旅馆及有关生活服务设备等）及区域经济发展的结构和程度等。旅目的游地的建立要立足于已经存在的丰富的旅游资源；区域的社会经济发展水平越高，相应的旅游需求也越大。④旅游地吸引范围内的旅游需求量与旅游中心地的供给量实现平衡，是旅游区位理论研究的精髓。旅游者的旅游需求是多层次的，在空间上表现为对远近旅游地的需求；在内容上要求旅游地提供不同类型的游娱项目。特别是个人的闲暇时间和收入限制了其出游的时间和空间范围时，一定区域内的旅游者要求建立一个娱乐旅游中心，力图以最低的消费（时间和金钱）获得最好的旅游满足。在旅游地的旅游经营方面，旅游服务的供给量有一个保本的最低限度，即旅游门槛，在旅游者数量上表现为旅游门槛入口，在旅游地的吸引空间上表现为旅游门槛范围。可见，旅游者多层娱乐旅游需求和旅游经营门槛的存在，将促使在一定区域面积和人口的空间上形成一种规模和功能不同的旅游吸引中心地系列，并使旅游需求量和供给量趋于平衡。

旅游产业空间分布趋于三种形态，即集聚在旅游中心城市、分布在旅游资源周围和靠近交通枢纽中心。乔威塞克把农业空间布局的杜能环理论应用到旅游产业空间分布中，提出了以中心城市为核心的旅游产业腹地式布局模式；狄西和里格斯进一步细化研究指出，以旅游吸引物（中心城市或旅游资源）为中心的旅游产业同心圆式分布模式。吴必虎提出环城游憩带理论，指出中心城市在旅游产业空间分布中的重要性。王瑛运用边际效用理论来分析旅游产业区位分布，并得出结论——中国旅游产业区位分布呈现出类杜能环的空间形态。保继刚通过分析各旅游地间产生关联性的影响因素，运用空间组织理论，指出旅游区位选择的影响因子包括互补性的旅游资源、可替代性的旅游企业和可通达性的旅游交通，并认为这三个影响因子是各个旅游目的地之间保持相互联系的条件。黄山羊对旅游产业空间布局模式进行了归纳总结，指出中国旅游产业空间布局模式为零散分布模式、线性分布模式、组团分布模式、单核心式分布模式和带状分布模式。邓祖涛通过重力模型实证分析了我国旅游资源、区位和市场的关系，指出我国旅游产业优势区位和市场指向都偏重东部地区，而旅游资源指数偏向于中西部地区。汪德根通过分析高铁效应，从距离、资源禀赋、交通密度和旅游基础设施四个方面总结高铁对区域旅游流空间分布结构的影响。

四、旅游地生命周期理论

旅游地生命周期理论是旅游学中的一个重要理论，它对旅游目的地有效利用旅游资源、开发具有特色的旅游产品、制定营销策略具有重要的指导意义。

（一）理论来源

产品生命周期理论原是市场营销学中的一个重要概念，它是指一种产品从投入市场到被淘汰退出市场的过程。美国哈佛大学教授费农（Vernon）1966 年在其《产品周期中的国际投资与国际贸易》一文中首次提出产品生命周期理论。费农认为，产品生命是指产品在市场的营销生命，产品和人的生命一样，要经历形成、成长、成熟、衰退这样的周期，而这个周期在不同技术水平的国家里，发生的时间和过程是不一样的，其间存在一个较大的差距和时差，正是这一时差，表现为不同国家在技术上的差距，它反映了同一产品在不同国家市场上的竞争地位的差异，从而决定了国际贸易和国际投资的变化。为了便于区分，费农把这些国家依次分成创新国家（一般为最发达国家）、一般发达国家和发展中国家；把产品生命周期分为三个阶段，即新产品阶段、成熟产品阶段和标准化产品阶段。

旅游学界借助生命周期理论开展的研究可追溯到 1963 年克里斯塔勒（W. Christaller）对欧洲的一些旅游地的研究。在研究后，克里斯塔勒发表了一篇名为《对欧洲旅游地的一些思考：外围地区—欠发展的乡村—娱乐地》的论文，文中他提出了旅游区生命周期的一般性概念。直到 1980 年，加拿大学者巴特勒（R. W. Butler）才系统化地对旅游地生命周期进行了阐述，提出旅游地的演化需要经过六个阶段，即探查阶段、参与阶段、发展阶段、巩固阶段、停滞阶段、衰落或复苏阶段（见图 2.1）。自 1980 年巴特勒提出旅游地生命周期理论之后，该理论受到极大的关注，并已广泛地在旅游地、旅游产品的规划、开发、设计等方面得到验证和应用。因此，也有学者将这一理论演绎为旅游产品生命周期理论。

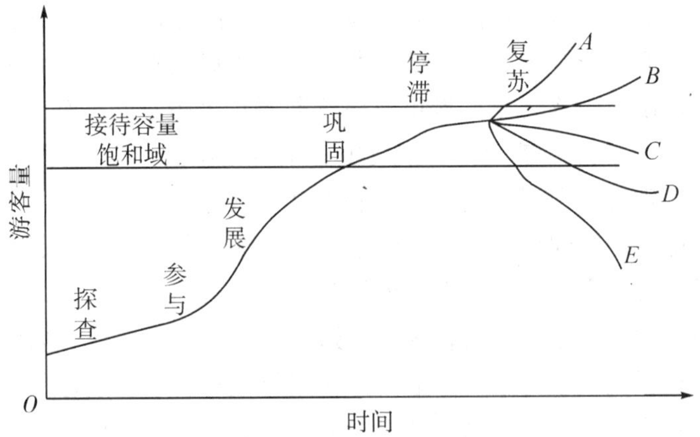

图 2.1　旅游地生命周期

（二）核心思想

旅游地或旅游产品生命周期理论认为，旅游地或旅游产品的发展过程至少要经历开发、发展、繁荣、衰退四个阶段。在开发阶段，旅游地或旅游产品还未被广大消费者所认识，产品在旅游市场上的知名度较低。通过修建旅游设施、改善交通条件、加强宣传促销，市场被逐步打开，游客增加速度很快，由此，旅游地或旅游产品进入发展阶段。在繁荣阶段，游客增长速度趋于平稳，在旅游旺季，游客人数开始呈现出超过当地居民的趋势，对旅游的投入已开始产生良好的经济效益和社会效益。随着旅游产品的特色逐渐为更多的人所熟悉，其吸引力会随之下降，游客人数在达到峰值后开始出现缓慢下降趋势。旅游企业或有关部门应进一步改善旅游设施，开发新旅游项目，扩大接待规模。在衰退阶段，旅游目的地的社会环境和自然环境的承载力均已达极限，由于市场竞争和新的旅游产品的吸引，加上严重的环境和社会问题，游客人数明显回落，特别是长线的团队游客数量减少，一些旅游设施闲置或挪为他用。这一阶段可采取延长旅游产品生命周期策略或更新策略。

旅游地或旅游产品生命周期理论是一个客观规律。任何一项旅游地或旅游产品的吸引力都会随时间的推移而发生变化，其市场需求也会发生变化，都有一个发现与开发、成长与巩固、衰退和淘汰的过程，只不过这个过程所经历的时间长短不同而已。只有了解旅游地或旅游产品生命周期的变化趋势，了解市场需求的变化，采取正确的策略和措施，才可能延长旅游地产品的生命周期。

（三）在旅游规划中的应用

旅游地生命周期理论对旅游规划的指导意义如下：①一般来说，旅游地的吸引力越大，其生命周期越长，旅游地可以通过规划与开发特色旅游产品来增强旅游吸引物的吸引力。这是因为旅游产品的吸引力不仅来自产品本身的吸引力，而在更大程度上依赖于目的地的自然环境和社会环境，如居民的友好态度、优美的环境、安全、卫生、便捷的交通等。正是从这个意义上说，旅游目的地政府必须树立大旅游的观念，用系统工程的方法来统一规划，不仅要重视旅游景点的物质文明建设，更要重视精神文明建设，这样才可能使本地区旅游业可持续地高速发展。②在旅游业市场竞争日趋激烈的今天，旅游目的地只有改变经营观念，加大促销与宣传力度，实施正确的产品组合策略和市场细分战略，才可能保持可扩展的客源市场，才能延长旅游产品的生命周期。③开发新的旅游项目、更新改善旅游设施、扩大宣传促销的范围，重新包装产品、开拓新的市场则可延长旅游产品的生命周期。旅游产品生命周期理论要求我们在制定企业经营战略时首先要重视客源市场和定位，了解旅游者的消费心理和现代旅游追求个性化、多样化、参与和自助的特点，开发新的旅游项目。④旅游规划应根据消费者的不同需求，按时间、品种、消费水平和线路等要素进行产品组合和配套服务，延长旅游产品的生命周期，减缓变化趋势。

第二节　旅游规划新兴理论

一、旅游产业集群/产业园区理论

（一）理论来源

1776 年亚当·斯密（Adam S.）在他的《国富论》中提到分工协作、行业发展与外部竞争环境等存在着密切的关系，学术界将这些与产业集群有关的经济观点视为产业集群最早的研究。随着科技进步和经济高速发展，专家及学者逐渐将研究重点转向产业的集群化。19 世纪末，被公认为产业集群研究先驱的英国经济学家马歇尔提出企业集群理论，即企业应以外部经济与规模经济为基础进行集聚，并将地域相近的企业和产业的集中区域称为“产业区”（industrial district）。直到 20 世纪末，迈克尔·波特在其《国家竞争优势》中率先提出“产业集群”这一概念，他认为产业集群在竞争日趋激烈的全球经济体中，其角色也愈来愈重要，因为集群不仅有利于加速生产率的增长，也更有利于新企业的形成，提高国家或区域的经济竞争力。

“园区”概念的普遍流行最初是从支持和孵化新建高新技术企业兴起的，有的人将其称为“科技园”“开发区”“高新技术区”或“企业孵化器”“工作坊”等，是一种介于政府、市场与企业之间的新型社会经济组织和企业发展平台。产业园区通过为新创企业（旅游企业）提供一系列发展所需的管理、技术、资金、资源、市场等支持，来帮助初创阶段或刚成立的相对弱小的新创企业，促使其能够独立运作并健康成长。德瑞克韦恩认为，文化创意（旅游产业）园区是将一城市的文化与娱乐设施以最集中的方式集中在某一地理区位内，园区是文化生产与消费的结合，是多项使用功能（工作、休闲、居住）的结合。

（二）核心思想

波特对产业集群的定义比较全面，产业集群是指在特定领域中，一群在地理上集中，且具有相互关联性的企业、专业化供应商、服务供应商、相关产业的厂商，以及相关的机构，如大学、标准的制定机构、产业协会、智囊团、职业培训提供者和贸易联盟等构成的产业空间组织。

产业集群的核心层次主要由企业构成，其中包括主导产业的企业和垂直联系的上下游企业以及既竞争又合作的水平联系的企业。产业集群的辅助层次是支撑体系，包括政府部门通过制定一系列的法律、税收、金融等政策措施形成的制度环境大学、研究机构和职业培训机构等为企业提供智力支持的支撑体系金融机构、律师事务所、会计师事务所及行业协会等为群内企业提供资金和信息等服务的中介机构等。图 2.2 为产业集群的构成要素。

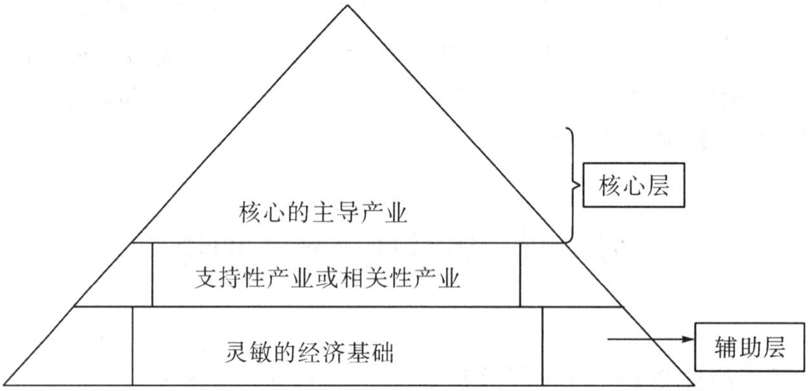

图 2.2　产业集群的构成要素

一般产业集群发展路径都遵循“产业集聚—产业集群—产业集群高级阶段”的模式。产业集群具有地理集中性、专业化、网络化、分工协作等特点。产业园区的特征体现在：聚会活动场所、独特的建筑空间形式、区位选择偏好以及超时代的园区风格和文化。

（三）在旅游规划中的应用

唐纳德（Donald F，2004）等人根据波特的产业集群理论提出了“旅游竞争集群”的概念，他们认为，“旅游集群是以旅游产业链为中心组织起来的一系列旅游活动与服务，旅游目的地内企业分工协作以提高目的地竞争力，这是这些企业存在的目的”。2004 年，北京联合大学的尹贻梅教授等人对旅游产业集群的概念进行界定，这是国内最早的相关界定，他们提出，“旅游产业集群是聚集在一定地域空间的旅游核心吸引物、旅游企业及旅游相关企业和部门，为了共同目标，建立起紧密的联系，协同工作提高其竞争力”。麻学峰（2005）借用产业集群概念和旅游产品的特性，将旅游产业集群界定为：围绕旅游六大要素，以旅游目的地为核心，同时具有竞争与合作关系，且在目的地区域范围内相对集中，有交互关联性的企业、专业化供应商、相关产业的厂商，以及相关的机构的旅游经济集聚现象。著名景点及周围、度假区、主题公园等是旅游产业集群和旅游产业园区的典型代表。旅游产业集群具有获得外部经济、市场信息、互补效益、竞争能力、创新能力、合作能力等优势。习近平总书记强调文化产业与旅游产业密不可分，要坚持以文塑旅，以旅彰文，推动文化和旅游融合发展。

在旅游规划中，通过规划区域旅游产业的发展现状，分析影响规划区域旅游产业集群化发展的因素，即旅游企业分布与竞争力、旅游资源、国内外市场对旅游产品和服务需求、旅游相关支撑产业的配套、政府以及旅游业发展机遇等，规划从旅游产业集群的形成机制和内部要求出发，提出规划区域旅游产业集群园区化发展战略与策略。

二、旅游产业融合理论

20 世纪 70 年代以来，产业融合逐渐成了经济发展领域的一大趋势。产业融合是伴随技术变革与扩散过程而出现的一种新经济现象，促进了包括旅游产业在内的各相关产业的融合发展，导致了社会经济的深刻变化。

（一）理论来源

1994 年，哈佛大学商学院首次举办了产业融合理论发展的学术研讨会，来自加州伯克利分校的学者重点探讨了产业融合与产业管制间的关系。从国际上看，产业融合理论与实践发展的重点和热点大致集中在技术扩散渗透、产品整合创新、产业融合过程、产业边界变化、产业竞争关系等诸多方面。进入 21 世纪以来，以厉无畏、周振华等为代表的国内学术界逐渐将学术兴趣转移到对产业融合的理论与实践应用方面。

厉无畏（2002）对产业融合的定义是：彼此相关的不同产业（或由同一产业衍生出的不同产品）通过彼此渗透、融合，从而形成新产品、新业态的动态演进过程。欧洲委员会（1997）发表的相关文件指出：产业融合就是企业通过并购、建立战略联盟等形式，在搭建的企业共享技术平台上所形成的共同产品或服务市场。

产业融合可以分为产业间融合和产业内融合两种类型。其中，前者主要通过不同产业间的互补关系来实现融合发展并形成新的融合型产业体系，后者是把某特定产业内部彼此关联的各个部分通过融合而形成的新产品、新业态。

（二）核心思想

旅游产业融合发展是产业融合发展家族的重要成员。旅游产业几乎与所有行业都有着程度不一的关联，极易向其他产业拓展延伸（徐虹，2008）。从供给方面看，旅游业的产业边界几乎具有无限拓展延伸的可能性（张佰瑞，2009）。旅游业的上述特性，使其具有通过融合发展来提升竞争优势的天然便利。程锦（2011）等把旅游产业融合看作产业间或产业内因渗透、重叠导致产业边界模糊、收缩乃至消失，进而形成旅游业新产品、新业态的过程。旅游产业融合路径：通过技术融合、要素资源融合以及功能融合等来进行。

（三）在旅游规划中的应用

2009 年，国务院出台的《国务院关于加快发展旅游业的意见》中提出：“大力推进旅游与文化、体育、农业、工业、林业、商业、水利、地质、海洋、环保、气象等相关产业和行业的融合发展。”这一表述引起了业界与学术界的高度关注，并掀起了旅游产业融合研究的一个高潮。

要实现旅游产业融合发展，从规划的角度而言，一是要转变传统的资源观，树立大旅游资源观，围绕各类资源进行融合开发；二是要积极引进先进技术，创新产业融合发展模式；三是要大力推进旅游与现代服务业、农业、工业的融合发展；四是要坚持政府规范引导下的市场为主体的产业融合。

三、区域旅游竞合理论

区域旅游的竞合发展不仅是现代旅游经济发展的必然趋势，也是实现区域旅游业可持续发展的必然选择。

（一）理论来源

首次提出“竞合”一词是在20世纪90年代，由美国哈佛大学教授内勒巴夫（Nalebuff B. J.）和耶鲁大学教授布兰登伯格（Brandenburger A.）共同在《合作竞争》一书中提出，两位学者运用博弈论，结合波特行业结构分析模型对企业之间合作与竞争关系展开了深入分析。帕杜拉和达格宁（Padula & Dagnino）认为，在企业间的相互依存关系中，价值创造过程及价值分享过程都会涉及一个部分一致的利益结构，即竞争和合作问题同时存在于企业之间，并且二者密不可分，这就是所谓的竞合。竞争能给企业带来竞争优势，这是合作竞争得以发展的根本动力。1997年，瑞斯（K. Preiss）、歌德曼（S. L. Golman）和内格尔（R. N. Nagel）在合著的《以合作求竞争》一书中指出：企业要与顾客、供应商、合作伙伴、竞争对手之间相互合作，以获取竞争优势。美国的尼尔·瑞克曼（N. Rackham）等人将合作精神看成是企业竞争优势的新来源之一。竞合理论包含了整体性、互动性、逐利性、依赖性等特征。

（二）核心思想

陶伟（2002）指出，要实施区域旅游“竞合”模式必须具备四个条件：一是区域之间旅游资源类似或互补；二是该区域的旅游目的地的知名度较高；三是区域旅游基础设施和配套设施建设状况良好，能够满足旅游者基本需求，且区域可进入性较好；四是区域能够为旅游者提供丰富多彩的旅游活动，满足不同旅游者在各个时段的旅游需求。

（三）在旅游规划中的应用

在进行区域旅游规划时，把区域内旅游资源作为一个整体进行整合，开发独具特色的旅游产品，设计有吸引力的旅游线路，以便更好地满足旅游者的要求，更有效地克服区域内各地旅游业单打独斗发展的局限性，从而使区域内各旅游地整体获益。

四、全域旅游理论

全域旅游是从国内旅游发展实践中孕育出来的本土化概念。全域旅游最初源于规划层面的小众词汇，全域旅游的基础理论在争论与辩解中也逐渐走向成熟。

（一）理论来源

赵黎光认为，1995年开始的中国优秀旅游城市评选活动所提出的“人人都是旅游形象、处处都是旅游环境”的旅游理念和“事事都是旅游资源、时时都是旅游时间”的旅游口号，可以称为全域旅游理论的萌芽阶段（赵黎光，2018）。张艳菊认为桂林市政府在1999年启动的“两江四湖”之“城在景中，景在城中”山水城市规划是最早关于全域旅游的实践探索（张艳菊，2018）。旅游学界最早的“全域”概念是出于对旅游市场的关注，王德刚提出了日喀则应根据自身旅游优势，实施以全域化、生态化、网络化、差异化和小型化为代表的“五化”旅游发展模式，其中全域化突出了国内国际旅游市场的同等重要性，提出要全方位扩大旅游市场空间（王德刚，2003）。此后，各地陆续开始了带有全域旅游性质的实践探索。2008 年绍兴市政府启动了《绍兴市全城旅游目的地系统规划》，规划提出以“千年水城”为核心，利用枢纽、通道等整合绍兴古城周边的七大旅游风景区，从而将整个城市打造成综合吸引物，形成全城旅游的发展格局。汤少忠在 2009 年主持编制《昆山市旅游发展总体规划》过程中，从旅游线路开发和旅游产品设计的角度提出了“全域旅游全景昆山”的概念（汤少忠，2015）。胡晓苒等在 2010 年编制《大连市沿海经济圈旅游产业发展规划》时提出通过打造各区域旅游吸引物，实现旅游均衡发展，并首次提出了全域旅游发展战略，从全域旅游对城市化的推动、全域旅游的内涵和支撑、全域旅游的资源观三个方面对全域旅游进行了解析（胡晓苒，2010），这在全域旅游理论发展演变过程中具有非常重要的意义。2015 年 8 月，国家旅游行政管理部门首次提出全域旅游发展战略，并从全域旅游的区域限制、旅游产业的真实定位、全域旅游的参与主体和全域旅游的实现目标等方面明确了全域旅游的基本概念。

（二）核心思想

全域旅游是指在一定的行政区域内，以旅游业为优势主导产业，实现区域资源有机整合、产业深度融合发展和全社会共同参与，通过旅游业带动乃至统领经济社会全面发展的一种新的区域旅游发展理念和模式。全天候、全空间、全产业、全过程四个方面构成了全域旅游的特点。

刘又堂（2016）解析了全域旅游背景下旅游目的地功能的六大转变：全域旅游规划从旅游行政部门向党政统筹协调转变；旅游景观设计从景区景点向综合旅游目的地转变；旅游服务保障由主管行政部门向多部门联动转变；旅游市场营销由政府和企业向政府、企业、居民和消费者“四位一体”转变；旅游消费体验由单一向多层次转变；旅游产业融合由初级融合向产生新业态转变。

（三）在旅游规划中的应用

全域旅游不仅是一种全新的旅游发展模式，还是一种全新的区域发展理念，对产业发展和区域经济社会发展都将起到明显的引领和带动作用。制定旅游规划，一方面要把全域旅游作为指导思想和发展模式，另一方面要保证将规划内容体现在产业融合、项目布局、区域发展等方面。

第三节　旅游规划与开发的技术方法

一、3S 技术

3S 技术是以遥感技术（简称 RS）、全球卫星定位系统（简称 GPS）和地理信息系统（简称 GIS）为基础，结合网络技术、通信技术等高新技术的现代测绘综合技术，可以进行信息的采集、处理、应用，突出特点为采集与处理信息高速、实时以及信息应用精度高、可量化，该技术已广泛应用于资源、环境、人口和灾害等方面。目前，3S技术主要应用在旅游资源调查评价与开发、旅游规划、旅游资源动态监测和保护、旅游地图制作、旅游信息系统设计与开发和虚拟旅游等方面。

（一）3S 技术简介

遥感技术（RS）是指从人造卫星、飞机或其他飞行器上远距离感知目标反射或自身辐射的电磁波、可见光、红外线，对目标进行探测和识别，判别地球环境和资源的技术。

全球卫星定位系统（GPS）是一种无线电导航定位系统，它以全球 24 颗定位人造卫星为基础，向全球各地全天候地提供三维位置、三维速度等信息。该技术可以快速、高效、准确地进行定时、定位（三维坐标）、导航以及提供其他相关信息，具有全天候、全覆盖、高精度、高效益、自动化、多功能等显著特点。

地理信息系统（GIS）常常被描述成一个集计算机硬件、软件，与数据处理过程于一体的系统，它作为一门介于信息科学、计算机科学、地理学、测绘学和管理科学之间的新兴边缘学科，在对环境等自然地理要素的整合上，具有其他技术不可比拟的优势，它把地图的视觉化效果和地理分析功能与一般的数据库操作查询和统计分析等集成在一起，可以为管理、决策、规划提供数据、工具以及分析方法，有着十分强大的管理空间信息的功能，并且可以把社会、经济、人口等属性信息与地表空间位置相连，以组成完整的规划信息数据库，方便查询、管理、分析、调用和显示，同时也提供了许多地理空间分析功能，如图层叠加、缓冲区、最佳路径、自动配准等。GIS 不仅仅是一个地图制图软件，还是一个强大的技术工具。使用者通过一张电子地图和相关数据库的连接，对数据进行分析，从而挖掘出其隐含的特殊关系。GIS 也可以在决策过程中用于对海量数据的管理、处理、分析、建模和显示。

（二）在旅游规划中的应用

1. RS 在旅游规划中的应用

遥感影像图可以为旅游规划者与管理者提供一个全面直观的信息来源。在规划初期，RS 可以帮助旅游区测定其所处的地理环境和位置，评估旅游资源的数量和质量，发现新的旅游资源，服务于旅游资源的保护，能有效地提高外业调查的效率。在规划过程中，利用遥感影像图制作旅游规划的基础底图，后期可利用虚拟现实技术和遥感数据进行动态的旅游规划，并作为地理信息系统的强大数据源，协助开发旅游信息系统。

2. GPS 在旅游规划中的应用

GPS 技术精确的三维导航和定位功能，在旅游规划中能准确测量旅游景点、旅游设施等的经纬度、海拔高度，计算面状旅游资源的分布面积。其高效、灵活、优化、人性化的线路选择结构，可为旅游者提供合理的旅游线路选择。

3. GIS 在旅游规划中的应用

用于旅游目的地的 GIS 可以称为旅游信息系统，它包含与旅游相关的数据库，并具有相应的分析、辅助管理和规划的功能。旅游规划中，GIS 可以为管理、决策、规划提供数据和工具，使旅游规划有了更坚实的信息基础，可以制作规划图件、构建三维模块，制作旅游资源三维立体分布图等。

二、VR 技术

（一）VR 技术简介

VR 技术称为虚拟现实技术。VR 技术运用虚拟现实、增强现实以及虚拟全景技术对虚拟环境进行综合构建，并生成逼真的三维虚拟网络环境、角色和场景。访问者可在世界各地，通过客户端并借助互联网进行身临其境地自主“旅游”体验，同时访问者可以远程操控虚拟环境及物体的相关信息，具有较强的交互性。虚拟旅游产品具有“时间免疫性”特征、超越时空的交互性特征、非身临其境的沉浸式特征。

（二）在旅游规划中的应用

VR 技术在旅游规划中的应用分为两类：一类是利用计算机技术、图形学、图像处理、虚拟现实等技术对文化遗产或旅游地进行修复；另一类则是从艺术的角度利用新颖的交互手段和界面视觉设计进行演绎，注重旅游目的地的文化价值体现。

国内的虚拟旅游移动应用典型案例有几个。例如，始建于康熙四十八年的圆明园，曾被誉为“万园之园”，但当年盛景不复存在。清华大学教授郭黛姮率领的研究团队，依靠现代科技支持，数字“重建”圆明园，最大限度地对圆明园进行原貌“恢复”，人们可以利用移动设备透过虚拟世界，一睹圆明园曾经的风采。又如《人间净土：走进敦煌莫高窟》利用 3D 建模技术展示、呈现壁画和古代乐器，让观者戴上 3D 眼镜即可观赏到 360 度环幕虚拟画面。这是古典文化的魅力所在，是与现代科技相结合所碰撞出的结果。如《韩熙载夜宴图》移动应用，以长卷的形式描述了南唐巨宦韩熙载家开宴享乐的景象。《韩熙载夜宴图》被评价为“融汇文学、艺术、新媒体科技，贯通五感，以动态形式将华丽的夜宴场景再现”的移动应用。

三、现代信息技术

信息技术、电信通信和旅游业将成为 21 世纪服务行业中经济发展的主要驱动力。

（一）信息技术简介

信息技术和互联网的发展为人类通信和供应商与消费者之间互动机会的创造提供了新的领域。从广义上来说，信息技术是运用各种对所需要的信息需求进行处理的方法的总和。从狭义上来说，信息技术是指运用无线电、光电、编码等技术对信息进行采集、储存、传输、处理等技术的总和。现代信息技术（modern information technology，MIT），是以微电子、通信、计算机等技术为基础，对信息进行采集、存储、传输、处理等技术的总和。现代信息技术的主要应用载体有：电子商务、人工智能、云计算、大数据等。现代信息技术具有微型化与集成化、数字化与网络化、自动化与智能化、产业融合性等特征。

（二）在旅游规划中的应用

现代信息技术在旅游规划中的应用主要体现在区域智慧旅游系统规划上。针对区域旅游目的地，构建以大数据中心为基础，包含智慧服务、智慧管理和智慧营销的智慧旅游系统。

此外，基于互联网地图点状数据（point of interest）可识别旅游供应要素的空间聚集情况，为旅游规划的空间布局提供依据；使用百度地图热力图可以探寻游客的时空间行为，识别人群高密度区空间，为旅游热点区域的游客管理、游客量统计与预测提供依据；利用网络文本数据提取外来旅游者的数字足迹，可以构建游客流动空间网络结构，识别旅游空间节点、旅游淡旺季，可为旅游项目选址、旅游线路规划、淡旺季产品策划提供依据。

AI 技术、IP 与文化旅游正在进行深度融合，催生了全新的旅游业态——沉浸式文化旅游，也为旅游规划提供了新的思路与解决方案。从旅游产品规划来看，一是可强化创意策划和内容生产，如数字 IP 打造孵化新文创；二是可培育发展内容、形式、技术结合的创作新模式，如景区的第二空间打造；三是探索利用生成式人工智能（AIGC）等人机协同方式开展营销内容创作，如增强智能交互。

四、旅游规划制图技术

常用的旅游规划制图软件包括 ArcGIS、AutoCAD、CorelDraw 和 Photoshop。

ArcGIS 是一款大型的 GIS 桌面软件，采用模块结构，具有丰富的地图符号，拥有强大的空间分析和地图整饰功能。旅游规划图的内容可以归纳为地理底图和由专题信息构成的专题图层两部分。一个规划中，大部分规划图的地理底图都是相同的，只是覆盖的专题信息不同，所以我们在进行地图绘制时可以将地理底图和专题图层分别绘制，然后分别将不同的专题信息层叠加到地理底图上，最后进行地图整饰，并打印输出最终图件。

AutoCAD 是一款用于二维及三维绘图、设计的软件产品，它具有图形绘制、编辑、管理、打印、图形格式转换、数据交换等功能，具有操作简便、定位精确、快速高效的特点，在规划设计平面图、立面图、剖面图过程中应用广泛，能在旅游区规划总平面图的制定、基础设施要素的绘制及各类规划分析图的编制方面发挥重要作用。

CorelDraw 是一种基于 Windows 平台的矢量绘图软件，提供了矢量动画、页面设计、网站制作、位图编辑和网页动画等多种功能。CorelDraw 可以进行旅游规划专题图的绘制，但没有地理空间定位功能，在地图编制过程中，需要进行专题地图符号的设计。

Photoshop 是一款平面图形设计与图像处理软件，具有强大的图像处理功能，没有地理空间定位功能和专业的地图符号库，无法自动绘制图例、比例尺等。

第四节　旅游规划编制的程序

根据旅游规划实践经验，国内外专家认为旅游规划编制的一般程序如下：明确任务与工作准备、旅游资源评价与旅游市场分析、确定发展战略和空间布局、制定专项规划以及规划实施保障。

一、几种规划程序介绍

米尔（Mill）在 *Tourism: The International Business* 一书中提出，旅游规划的构成应当包括：必要性界定、潜力评估、社区支持、法律环境、规划方案、本地人参与、阶段确定、灵活调整各组成部分；并在 *The Tourism System*：*An Introduction Text* 中提出，最有代表性的旅游规划程序大致可以分成背景分析、研究与分析、综合分析、目标确定和形成规划报告五大步骤。

巴蒂亚（A. K. Bhatia）在 *Tourism Development*：*Principles and Practices* 中提出，旅游规划的步骤或阶段应当包括评价旅游供求状况、确定规划目标、区域分工、基础设施、筹资规划、人力资源规划、管理体制规划、促销规划、进展监测和规划期限。马歇尔（Marshall）于 1986 年提出了旅游规划的决策/实施模型（见图 2.3）。

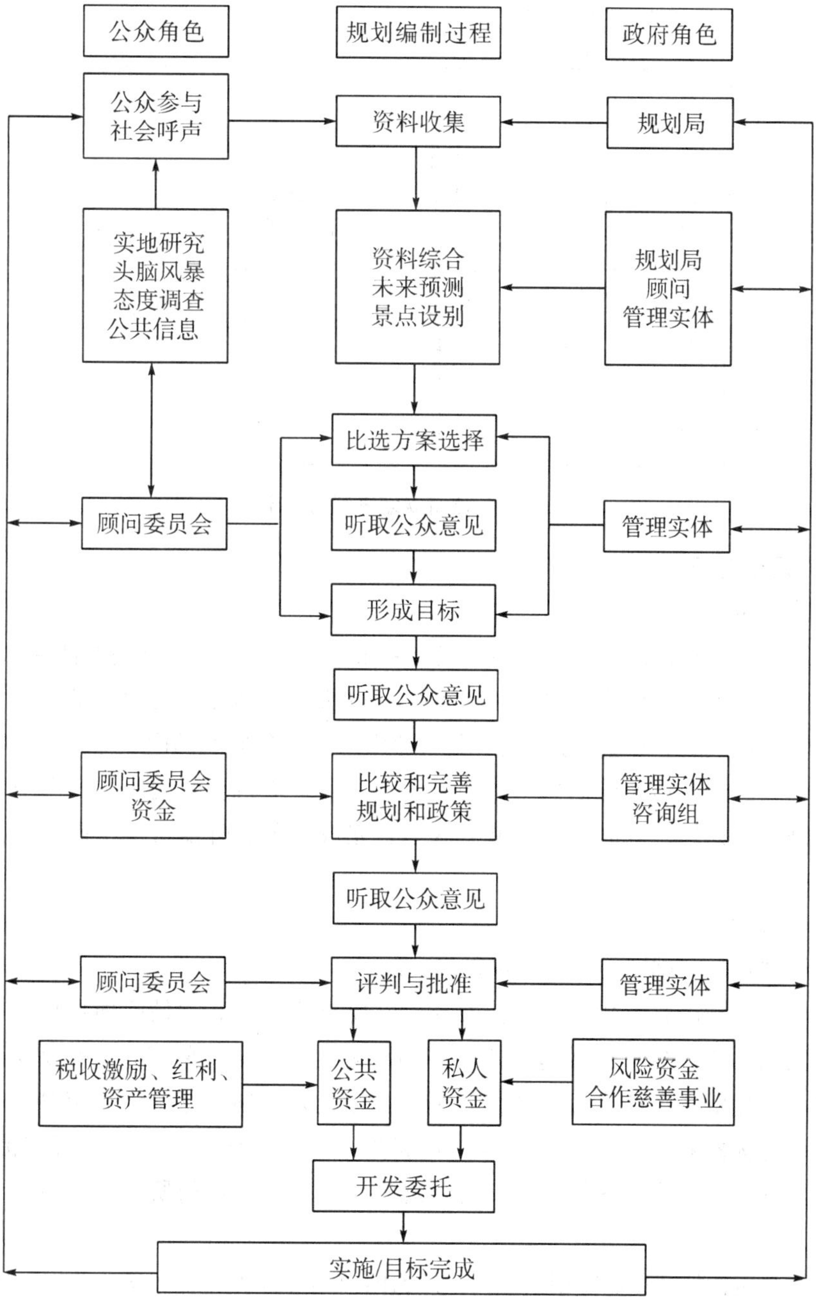

图 2.3　旅游规划的决策/实施模型（Marshall，1986）

二、旅游规划编制工作的程序

旅游规划，是对旅游系统进行的宏观调控。旅游规划是指从调查研究开始，到为旅游系统确定一种通向理想目标的最佳行动方案，直至通过实施监管与规划修编，使旅游规划得到具体实施的过程。无论旅游规划采取何种规划步骤，其具体工作至少包括调查分析、确定目标、规划部署、规划优化与评审、实施监管与规划修编五大部分（见图 2.4）。

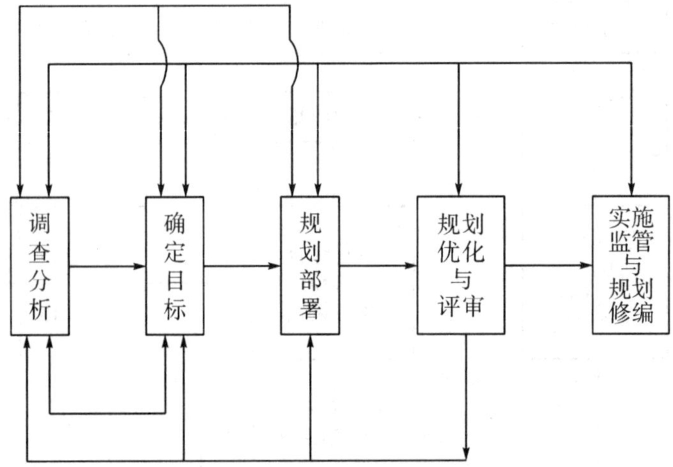

图 2.4　旅游规划编制的程序

（一）调查分析

1. 工作准备

明确任务。以有计划、可控制的方式发展旅游业，确定旅游规划的任务、范围。

组织准备。挑选或组建合理的规划小组（以旅游规划专家为核心的、专业化的多学科队伍），成立旅游规划领导小组（包含旅游有关的各职能部门领导）。

工作计划。按规划人员结构、财力、设备、信息资料和时间条件，有效地组织安排规划编制工作计划，包括最终成果的内容、完成期限、阶段目标、操作方法与技术可行性安排。

2. 资料准备工作

规划资料包括基础资料、专业资料两大部分。

基础资料通常由旅游规划的委托方提供，要求委托方必须精确地提供有关旅游系统关键因素的信息，包括地质地貌勘察资料、测绘资料、气象资料、水文资料、历史资料、社会文化资料、社会经济统计资料、交通运输资料、基础设施资料、服务设施资料、宣传媒体资料、土地利用状况与权属关系、生态环境资料、灾害与治安资料、风景旅游资料、政策法规资料、各类有关规划和图件、各部门所积累的有关资料和研究报告等。

专业资料包括外部环境的相关资料，如国内外局势分析、发展动态分析、研究成果、旅游供求状况、相关案例等，这些资料通常由规划组和委托方合作收集或专题检索。

3. 调查工作

此阶段要求规划者要对规划区当地及相关地区的、与旅游相关的众多因素进行调查。通过专项调查和抽样调查，把握现有旅游者构成情况和潜在客源市场。目前，许多国家有专门的调查机构和定期的旅游调查，如机场乘客情况调查。这些调查资料，直接为公众共享。其他调查的方式，如座谈会、电话采访、调查表发放等，也可以用于旅游规划的调查。调查内容包括：现有旅游基础设施；现有旅游服务设施及服务；当地进出通道及交通运输状况；土地利用的总体情况；经济和社会发展模式；旅游开发项目的情况；自然及文化环境特征；可参与的文化风俗和节庆活动；当前政府的发展政策、计划；地方的投资和融资能力；旅游者满意程度；现有管理体制、科技、培训、劳动力等。

4. 现状评价

旅游规划中的现状评价主要包括旅游市场评价、旅游资源评价、旅游开发状况评价、旅游资源和环境保护状况评价、旅游产业结构评价、旅游管理机制评价、已有旅游规划与相关政策的实施状况评价。

5. 发展预测

发展预测考虑旅游者到达该地区所需的时间和消费能力，并将其与竞争地的情况相比较，以此确定能被吸引的旅游者种类及数量，从而做出现实旅游需求（市场现状）分析与预测。这是进行经济规模预测，服务设施和基础设施建设，劳动力需求预测，经济、环境和社会影响评估的前提。旅游者消费兴趣和消费习惯的变化非常重要，规划者必须充分借助有关调查和研究，及时捕捉市场的需求变化。

6. 分析综合

该阶段的任务是：在市场调查、现状评价、发展预测的基础上，进行旅游客源市场综合分析、形势分析、发展机会与风险分析，对与当地社会经济发展规划、城市规划和其他相关规划的关系进行研究，并研究旅游发展政策、管理机制。在客观、全方位把握现状的基础上，通过优势、劣势、机会、风险分析，规划要确认目前旅游地所具备的优势与机遇、劣势与阻力。综合分析阶段，是旅游规划的核心阶段，一般说来，这时要对旅游项目、信息与营销、旅游支持体系、旅游保障体系等方面，提出具体明确的目标。

（二）确定目标

1. 定性质

旅游系统的性质，是指规划范围内的旅游业在国民经济和社会发展中所处的地位和作用，以及该系统在区域旅游网络中的分工和职能。规划定性，通过现状定位、理想定位，反映旅游系统发展的大方向。定性质的方法，一般有上级确定、当地政府确定、开发商确定、规划组自主确定四种。

2. 定指导思想

指导思想，是指导规划工作的方针，一般是对宏观政策背景、社会价值观背景、科技发展背景、经济发展形势与客观条件分析综合的客观反映和理性认识。

3. 定目标

定目标，即确定旅游系统发展的预期方向和目标。该目标无论由谁、由何种方法确定，均须在本规划范围内并根据实际情况进行市场可能性、资源承受性、社会接受性的检验。旅游发展目标必须综合平衡经济、环境及社会等因素；旅游发展目标的确定，应该在当地居民以及政府机构的密切合作下进行。

4. 定指标

发展指标，反映了发展的具体坐标。它将定性、概略和抽象的规划目标，具体化为一组量化的技术数据。发展指标在初步确定后，通常在规划制定过程中依据所反馈的信息加以斟酌变动。

5. 定战略

根据现状定位和理想定位所提出的发展任务、总体目标和具体指标，在全面综合分析优势与机遇、劣势与阻力的基础上，研究、选择和制定发展方针、战略举措和发展模式。

（三）规划部署

1. 寻求法规、政策依据

国家或地方旅游法规、政策，包括专项旅游法规、政策和相关旅游法规、政策，都是旅游规划的主要依据。专项旅游法规、政策，是一个国家或地区发展旅游业的专门政策，常与发展旅游业要实现的总体目标有关。在西方国家，旅游的政策目标通常包含四个方面的内容，即经济目标、社会目标、环境目标和政府职能目标。相关旅游法规、政策，是指政府部门所制定的和旅游业有关的政策，虽然这些政策不是专门针对旅游业而制定的，但它对旅游业的发展有很大影响。例如制定旅游规划时不能不考虑出入境政策、文物保护政策、环境保护政策和涉及娱乐等活动的法规（如禁止赌博等）。

2. 结构布局

结构布局的任务是：依据规划目标、战略和法规、政策，对旅游系统进行结构性调控，推动旅游系统的结构向特定的方向变换，以满足旅游系统合理发展的要求。

以规划目标为中枢，通过结构布局，解决条条和块块的矛盾、保护与开发的矛盾、规模与承受力的矛盾、重点与一般的矛盾、近期与远期的矛盾，初步建构各部分的协同关系。

3. 专项规划部署

专项规划部署，是旅游规划的主体。专项规划部署是通过分析旅游客源市场，确定旅游系统的主体消费市场；通过规划旅游产品体系，建构起旅游系统运行的主体结构；通过规划支持体系，将本地社会经济体系中已有的服务设施、基础设施协调、提升到支持旅游系统合理运行的水平；通过规划保障体系，将原本保障本地社会发展、经济发展的组织体系，提升到能保障旅游者的旅游需求水平。理想的旅游规划，应包括的专项规划如下：旅游区区划；旅游产品体系规划（包括旅游项目策划、游览体系规划、娱乐体系规划、接待体系规划、旅游线路组织规划、信息与营销策划）；支持体系规划（包括土地利用规划、道路交通规划、基础设施规划、投资分析与资金筹措、劳动教育科技计划）；保障体系规划（包括容量规划与旅游流调节、安全防灾规划、生态环境保育规划、文化保护与社会发展规划、旅游市场管理措施)；旅游管理机制调整规划。

专项规划部署必须将总体的规划目标和远期的规划目标逐层分解，落实到各部分和专项规划之中；不断进行回馈校核，分析执行过程中可能造成的影响、冲突，直至与现行法规政策和周边地区、相关部门的近期规划相协调。

（四）规划优化与评审

1. 规划优化工作

规划方案初稿完成后，要在征询各方意见的基础上，进行各系统之间的综合平衡协调与规划优化工作。规划方案在此优化过程中，可以酌情选用或综合使用下述方法：

（1）方案列表比选法，是几种方法中最简易、实用的一种，主要依靠经验判断，不需要复杂的数学方法。在实际工作中，为了提高比选质量，往往进行列表分解比选（见表 2.1）。

表 2.1　规划方案优化列表比选法

评估要素	评估级别				备注
	方案一	方案二	方案三	方案四	
符合旅游总体发展目标					
体现整个国家或区域的发展政策					
以合理成本取得最优化经济收益					
体现旅游开发政策					
提供大量的就业机会并增加收入					
提供大量外汇净收入					
有助于经济萧条地区的发展					
未占用其他重要资源					
对社会文化的消极影响最小					
有助于对文化古迹的保护					
有助于振兴传统艺术和手工艺					
不破坏现有土地利用和安居模式					
对环境的消极影响最小					
促进环境保护和公园的发展					
充分利用现有的基础设施					
最大程度地实现新基础设施多功能利用					
为分阶段发展提供机会					

注：①该表所列的评估要素在实际应用时应根据特定的规划情形进行增减。

②评估级别可以分 1~5 级，级别越高则表明指标达到的水平越高。指标越重要，其所占的比重也越大。备注栏很重要，可用于注明特殊情况。例如，某方案可能带来大量的就业机会，但却需要引进相当数量的移民来做工。

资料来源：TVAIIA EE S，ASADI A，ABYA H，et al. Tourism Planning：an integrated and sustainable development approach [J]. International Journal of Industrial Engineering Computations，1991 (4)：2495-2502.

（2）目标—成果法，也称“目标—完成矩阵法”。该方法将规划目标量化，并按各阶层的重要性程度确定不同的权重，然后将之分别与完成目标所需的成本和所得效益相乘。该方法在各种任务方面都有很好的可行性，并且容易为各方（开发商、公众、规划人员、政府）所理解和接受，因而被认为是一种社会公正的反映。

（3）投入产出法，是权衡旅游系统各部分投入和产出关系的一种方法。按度量单位划分，投入产出法可分为实物型、价值型、劳动型三种方法；按时间因素划分，投入产出法可分为报告期、计划期的两种方法。该类方法操作较为复杂，且需辅之以各类社会文化、生态环境的价值量化分析，才能保证规划选优时不失之偏颇。

（4）综合平衡法，指在分别解决各部分问题的基础上，再从旅游系统的整体出发，调整各部分，使旅游系统的各组成部分之间形成合理的平衡比例关系，从而推动旅游系统健康、有序地发展。主要的平衡比例关系包括旅游资源与吸引力平衡、资源配置平衡（旅游资源、水、土地、生态）、运输平衡、接待与供应平衡、资金平衡、劳力与技术平衡。

很显然，没有哪一种方法是十全十美的。比如，最为有效的方法可能导致低可行性或操作复杂，结果难懂。为简化规划工作又不致将问题简单化，我们可将工作过程划分为两个阶段：先对所有问题作概略分析，将最重要的问题与次重要的问题区分开来，然后对那些最重要的问题进行精确的、详细的分析研究。在整个优化过程中，我们应灵活运用各种方法，通过多次反馈调整，从而确定最合理的方案。

2. 规划成果制作

由规划编制人员制作正式的旅游规划成果。规划成果分为规划文件和规划图纸两大部分。

规划文件包括规划文本、规划说明书和基础资料汇编三个部分。规划文本，是对旅游规划的目标、战略、规划内容所提出的规定性文件；规划说明书，是对规划文本作的具体解释；基础资料汇编，是收入在规划编制过程中汇集整理的基础资料、技术数据、调查统计资料、计算过程、专题研究报告等。

规划图纸的比例、内容分项、绘制手段、绘制精度，可视规划阶段、规划类型及实际需要而定。但是，勘察测量图件必须符合勘察测绘主管部门的有关规定和质量要求。

3. 规划评审与审批

旅游规划，涉及各部门、各社区和各个利益团体。它们又必须自我约束、共同遵守旅游规划，因此需要取得人们的广泛理解和支持，并报政府审批。因此，旅游规划方案形成后，要广泛征求专家和各部门意见，鼓励公众积极参与，接受社会评判和修改，报政府有关部门审查，或者经政府审批后公布旅游规划文件。

（五）实施监管与规划修编

旅游规划审批以后，规划工作远远没有结束。要使合理的旅游发展理想成为现实，必须进一步通过行政、经济、法律、技术等手段，来实施旅游规划和规划修编。它应被看作是旅游规划整体过程中的一个最有价值的组成部分。

旅游规划工作包括五大部分，即调查分析、确定目标、规划部署、规划优化与评审、实施监管与规划修编，这五大部分总体上按循序渐进、不断反馈、反复调整的工作顺序组织起来，形成一个动态循环的工作流程。在旅游规划工作程序中，自上而下实施的是，规划制定和发展控制过程；自下而上实施的是，反馈、偏差矫正和重新规划过程。

拓展案例

布拖县全域旅游规划

一、规划区概况

布拖县位于凉山彝族自治州东南部、金沙江北岸、乌蒙山片区的腹心地带，地处东经102°43′至103°03′，北纬27°16′至27°55′，北连昭觉，南接宁南，西濒普格，东邻金阳，并在东南与云南巧家隔江相望。布拖县是凉山州东南旅游的重要节点，是彝族火把节的发源地，有着“中国彝族火把节之乡”之美誉，是彝族阿都支系文化的腹心地带，是彝族阿都文化保留最原始、最完整的地区。布拖县拥有四川第二大天然湿地——乐安湿地，拥有乌科万亩索玛花海、高山峡谷、五黑一西高原生态农业、风电长廊等景观。

二、规划目标任务

1. 全域旅游资源普查，提出全域旅游开发建设项目（全域旅游理论应用）。

2. 确定布拖县全域旅游发展目标。

3. 在文化和资源基础上，提出深入人心的形象定位。

三、规划核心思路

1. 产业上：以“旅游+”为目标，融合一产农业、二产风电/水电/光电和三产服务业，形成“1+2+3”第六产业（应用旅游产业融合理论）。

2. 空间上：形成“1124”空间布局（应用区域空间结构理论）。

3. 产品上：构建全域旅游产品体系。

（1）全域旅游产品体系。

构建三大全域旅游产品体系。①核心品牌产品：民族文化体验产品、高原度假产品。②重点支撑产品：彝族民俗文化体验产品、冬季阳光康养度假产品、高原生态观光产品。③基础支撑产品：峡谷探险旅游产品、避暑休闲产品、高原摄影产品、生态自驾产品、高原花海观光产品、高原湿地观光产品。

（2）全季旅游产品体系。

精心培育“四时”全季旅游产品体系。春季旅游产品：民俗采风、山地运动、户外休闲。夏季旅游产品：高原花海体验、高原湿地观光、避暑度假、民族节庆体验、摄影。秋季旅游产品：彝乡风韵体验、户外自驾、生态峡谷探秘。冬季旅游产品：阳光度假、彝族年体验、民俗艺术展演。

(3) 全时旅游产品体系。

白天旅游产品：高原生态观光产品、彝族美食购物产品、山地运动娱乐产品、民族文化休闲产品、阳光度假产品。

夜间旅游产品：彝风篝火狂欢、夜间酒吧娱乐、民族演艺产品、暗夜观星产品。

4. 全域旅游形象定位：火乡秘境，五彩布拖。

案例来源：四川旅游发展研究中心编制的《布拖县全域旅游规划》。

本章小结

旅游规划是一个多学科知识交互运用的创新过程，其理论基础也呈现出多元化的特点。本章从传统的系统理论、可持续发展理论、区域空间结构理论、旅游地生命周期理论，新兴的旅游产业集群理论、旅游产业融合理论、区域旅游竞合理论、全域旅游理论等产生的背景、核心思想及其对旅游规划的指导意义分别进行了论述。

旅游规划需要现代技术支撑。本章对3S技术、VR技术、现代信息技术以及旅游制图技术进行了简要介绍，并对这些技术在旅游规划信息收集、规划文本编制以及规划制图的应用进行了阐释。

旅游规划既有理论创新又有工作程序可循。调查分析、确定目标、规划部署、规划优化与评审、实施监管与修编是旅游规划动态循环的工作程序。旅游规划只有遵循这一程序，才能对规划区旅游业的可持续发展发挥战略性的指导意义。

复习与思考

1. 简述旅游规划的理论基础。
2. 旅游规划制图软件有哪些？各有何优缺点？
3. 旅游规划的程序包含哪些？
4. 谈谈你对旅游规划未来发展的看法。

第三章　旅游资源的调查与评价

旅游资源作为旅游活动的客体，是旅游目的地借以吸引旅游者的最重要因素，这些因素可以是自然因素，也可以是文化因素、社会因素或者其他任何因素，甚至是上述各种因素的综合。它们是吸引旅游者前来游览、娱乐的各种事物的“原材料”，也是确保旅游开发成功的必要条件之一。一个区域只有具备一定数量和类型的旅游资源，并经过适当的开发利用，使其成为具有吸引力的旅游景观，才能确保当地旅游业的发展。因此，对旅游资源基本概念、特征的正确认识和进行科学的分类评价，是规划和开发区域旅游资源的一项重要的基础性工作。

第一节　旅游资源的基本概念

一、旅游资源的概念

旅游资源是人们进行旅游活动的基础和前提，没有旅游资源的存在，人们的旅游活动是不可能实现的。因此，旅游资源是指能够吸引旅游者进行各种旅游活动的物质、精神条件的总和。多年来不少学者就旅游资源的定义做了许多建设性的探讨，国内外专家、学者也存在不同的见解。例如，“凡能为旅游者提供游览、观赏、知识、乐趣、度假、疗养、娱乐、休息、探险猎奇、考察研究，以及友好往来的客体与劳务，均可称为旅游资源”（郭来喜）；“旅游资源，又称作‘旅游吸引（因素）’，即能够吸引旅游者产生旅游动机并实施旅游行为的事物与因素。它们能够被旅游业开发利用，并且在通常情况下能够产生社会效益、环境效益和经济效益”（刘振礼）；“从现代旅游业来看，凡是能激发旅游者旅游动机，为旅游业所利用，并由此产生经济价值的因素和条件即旅游资源”（邢道隆）；“旅游资源是指对旅游者具有吸引力的自然存在和历史文化遗产，以及直接用于旅游目的的人工创造物”（保继刚）；“自然界和人类社会凡能对旅游者产生吸引力，可以为旅游业开发利用，并可产生经济效益、社会效益和环境效益的各种事物和现象”（中华人民共和国国家标准 GB/T 18972-2017《旅游资源分类、调查与评价》）。西方学者习惯将旅游资源称作旅游吸引（物）（tourist attracations），他们使用的旅游吸引（物）不仅包括旅游地的旅游资源，而且包括接待设施和优良的服务因素，甚至还包括舒适快捷的旅游交通条件。“旅游吸引物必须是：那些给旅游者以积极的效益或特征的东西，它们可以是海滨或湖滨、山岳风景、狩猎公园、有趣的历史纪念物或文化活动，以及令人愉悦舒适的会议环境”（Holloway，1986）。诸种论述，都充分表达了作为旅游资源必须具备的吸引性及其旅游开发利用的可能。但凡一个风景区、一座有意义的城市或村庄、一项工程、一座庙宇、一场戏剧演出、一个学术报告、一个民族山寨、一个纪念节日等都可以作为旅游资源。

旅游资源并不是一成不变的，它是一个带有发展性质的概念。某些事物在其存在之初并没有被视为旅游资源，但随着旅游者需求的变化，它们成了具有吸引力的旅游资源；或者现在不是旅游资源的某些事物，将来会有可能成为旅游资源。也就是说，随着旅游业的发展，旅游资源的范围在不断扩大，对旅游资源概念的认识也会不断深化。无论旅游资源具体的定义如何，我们认为对旅游资源概念的全面认识，应重点从三方面去理解。

首先，旅游资源应该是旅游吸引物（因素）。这是衡量旅游资源的一个重要标准。如果旅游资源对旅游者有高度的吸引力，无论其区位如何，这些旅游资源都能不同程度地吸引那些从各个方向慕名而来的旅游者，甚至是一些距离较远的旅游者。正是旅游资源具有的吸引力才使得以观光、疗养、科学考察、娱乐度假、探险、猎奇以及求新、求知、求乐等为目的的旅游活动得以形成和实现。因此，旅游资源的本质特征是旅游吸引力。根据这一点，我们可以认为，凡是对旅游者具有吸引力的自然物（因素）、社会因素、或其他任何因素，都可构成旅游资源。当然旅游资源的吸引力应该至少是对相当一部分人有吸引，它是一个“大众性”的概念。旅游资源作为旅游吸引物（因素）不仅包括风景名胜、文物古迹、娱乐中心、购物场所等具体有形的事物；也包括如社会风气、文明程度等内容的抽象的精神因素；更多的旅游资源往往是由二者综合而成的吸引物（因素）。

其次，由于在旅游业发展的不同历史阶段，人们对旅游资源内涵的不同理解与认识，旅游资源的内容在不断发生变化。随着科技的进步和旅游者旅游经历的丰富，旅游资源的科技含量增加，资源潜能将进一步得到激发，旅游资源的内容不仅越来越丰富，而且范围也在不断地扩大。原来不是旅游资源的事物和因素，今天也可以成为旅游资源予以开发。旅游资源的范畴几乎到了无所不包的程度，但对其的评价与开发，都应以市场需求为导向。

最后，旅游资源提供给旅游者的各种物质与精神享受必须是积极健康的。对旅游资源的开发利用不仅要用经济效益去衡量，而且要考虑社会效益。我们认为，旅游作为高层次的精神享受，不符合社会主义核心价值观或对社会健康发展无益的经营活动或资源是不能作为旅游资源的。

二、旅游资源与其他相关概念的关系

对旅游资源理解的不一致，使得旅游资源的定义和内涵存在多种观点。这些观点主要集中体现在以下几个方面的分歧。

（一）旅游资源与劳务

关于“劳务”是否属于旅游资源，在前面介绍的有关旅游资源的定义中可以明确看出，有的学者认为劳务属于旅游资源。持劳务属于旅游资源观点的学者认为：“1991年，国际标准化组织（ISO）第2号指南第6号标准中，产品的概念包括硬件、软件、流程性材料和服务四项。服务成了产品的必要组成部分。这样，旅游中的接待服务也可理解成旅游产品，与风景资源等一样，成了旅游资源的有机组成部分”，“把劳务作为旅游资源，是基于许多自然风景和人文景观必须通过相应的导游与服务，才能使旅游者获得充分的精神与物质享受；否则会降低乃至失去旅游价值。同时，在国际旅游中，劳务是和旅游线路、游览内容、食宿条件、搭乘工具、停留时间等一起承包出售的。因此，旅游智力资源开发在发展旅游业中占有重要地位”（郭来喜）。“劳务”是否属于旅游资源，应该从旅游者具体享用的劳务内容，以及旅游资源必须对旅游者具有吸引力这一重要特征去进行具体分析。因为旅游涉及的劳务很多，包括各类景区景点的服务人员、旅行社导游人员及各类工作人员、各种旅游交通工具的驾驶员和服务人员、饭店或餐厅的服务人员、旅游商店服务人员等提供的主要涵盖食、宿、行、游、购、娱旅游六要素多方面的各类劳务。这些都是完成旅游活动全过程必不可少的内容，但绝大多数属于普通劳务，其作用主要是旅游者和旅游之间的媒介，起到保证、优化旅游活动的作用，要知道旅游者旅游的主要目的不是得到这些多方面的服务。只有其中某些特殊劳务，由于具有地方特色，旅游者对此产生极大兴趣，构成旅游吸引力，进而成为旅游目的地的重要组成部分，才可能成为旅游资源。比如旅游演艺，对旅游者具有较大的吸引力，就是旅游资源。

（二）旅游资源与旅游产品

资源是指“生产资料或生活资料的天然来源”，而产品是指“生产出来的物品”。因此，有学者认为只有那些尚未被开发的物质（因素）才可以称为旅游资源，已经被利用的物质（因素）只能被称为旅游产品。例如，持这一观点的学者认为，一处风景奇特、交通不便的山地是旅游资源。一旦该山地通过开发与附近居民点之间交通畅通、旅游接待设施完善，成为一个旅游景点或风景区后，它就成为旅游产品而非旅游资源了。也有观点认为，目前已利用和尚未利用的对旅游者有吸引力的自然和社会因素与条件均属旅游资源。如何看待这一分歧呢？我们首先应该全面理解旅游资源与旅游产品的联系与区别。“旅游资源是一开放系统，如果说有标准或有定义核心，那么这个核心就是旅游产品，只要是具有开发为旅游产品的潜力的事项，无论是有形的还是无形的，都可以被视为旅游资源”（吴必虎）。旅游资源本身就孕育于自然与人文环境之中，加上时间、空间要素的多维变化，而使资源在不断演进和传承中有了特殊的价值和意义。每一种旅游资源都有其原生或人工环境，往往多种旅游资源是和一些人工物共生在一起的。一个旅游产品是以一种旅游资源为主、多种旅游资源为辅，并借助其他环境条件共同构成的一个旅游吸引物复合体，以此给旅游者带来一种经历。这种经历和体验就是旅游产品，而经历是由一系列活动借助旅游吸引物复合体形成的。因此，如果说旅游资源是原始的“天然”的物质（因素），那么，旅游产品是经开发转化并向市场（旅游者）销售的旅游资源。因此，旅游资源和旅游产品与一般意义上的资源、产品有本质的区别。“旅游产品”并非孤立的风景名胜或旅游景点景区，而通常是指以在旅游目的地的活动为基础所构成的一次完整的旅游经历，即旅游目的地为了满足来访旅游者的旅游经历，凭借旅游资源所提供的各种旅游活动接待条件和相关服务的总和。其中的各类风景名胜或旅游景点景区只是整个旅游经历中利用的核心吸引物（因素）。由于存在旅游地生命周期，即使是已经开发利用的旅游资源，在一定时期内，还会有在原来旅游景点景区基础上再开发利用更新旅游产品的问题。

（三）旅游资源与旅游景观

有的学者对旅游资源的描述使用了“旅游景观”一词。景观最初的含义只是泛指一片或一块乡村土地的风景或景色，后来成为描述包括自然和人为作用的任何地表形态在内的自然、人文及其共同构成的整体景象的一个总称，主要突出的是一种综合的和直观的视觉感受。随着旅游科学的发展，旅游景观一词被广泛用于描述特定区域内由一定景色、景象和形态结构，可供观赏的景致、建筑和可供享受的娱乐场所等客观实体，以及能让旅游者感受、体验的文化精神现象，甚至是该区域存在的优美的环境条件以及旅游接待服务等内容组成的整体效果或感受。因此，旅游景观是集旅游资源和旅游社会经济资源于一体的一个区域综合体，是自然旅游资源和人文旅游资源在一定区域范围内的综合表征，是融合了旅游社会资源和经济资源而构成的主客观的统一体。因此，“旅游资源”与“旅游景观”在概念上虽有近似之处，但同时也有明显的差别。

作为能吸引旅游者并可供旅游业开发利用的可视物像的总称，不同类型的旅游资源在特定地域有机组合而成的千变万化的景象和环境综合构成一个地区独具特色的旅游景观。例如，位于四川成都平原西部岷江上的都江堰水利工程，是中国战国时期秦国蜀郡太守李冰主持修建的一座大型水利工程，也是全世界至今为止，年代最久、唯一留存、以无坝引水为特征的宏大水利工程。2 200 多年来，都江堰水利工程至今仍发挥着巨大效能，造福于成都平原；同时每年都吸引着世界上成千上万的旅游者参观游览，形成以都江堰水利工程为中心，包括二王庙、伏龙观、安澜索桥、离堆公园、玉垒山公园等景点在内的著名风景名胜区。风景名胜区就是一个旅游区域综合体，即一个大的旅游景观。

第二节 旅游资源的基本特征

虽然学术界对于旅游资源的认识有不同的意见，但作为旅游活动的客体，旅游资源既具有一般资源的共性，又有许多自己的特性。旅游资源作为地理环境的一部分，具有地理环境组合要素所具有的时空分布特征和动态分布特征；作为旅游活动的客体，具有历史人文的特征和经济的特征。以下从旅游资源分布的区域性、旅游资源的美学特性、旅游资源吸引力的定向性、旅游资源形式的多样性和综合性、旅游资源利用的永续性和易损性，以及旅游资源的公共属性六个方面进行阐述。

一、旅游资源分布的区域性

各种旅游资源在空间上都有一定的分布区，存在于特定的区域环境中，是区域环境中重要的构成要素，因而都反映着当地地理环境的特点。首先，可供人类旅游享用的自然景观与自然环境都是寓于自然界的一定空间位置、特定的形成条件和历史演变阶段，由地质、地貌、气候、水文、动植物等自然要素综合形成的统一整体，在不同的地域表现出不同的自然景观和环境条件，具有明显的地域差异性。这种地域差异主要表现为自然景观的地带性差异和非地带性差异，而非地带性差异其实质就是地方性。自然旅游资源受环境的地域差异规律所制约，这是显而易见的。而人们在长期适应自然、改造自然的生产活动中，创造出的许多灿烂文化，在其生产和发展过程中，也不可避免地既受到区域环境的制约，又叠加在自然区域上，使之形成明显的地域特色。因此，那些可以作为旅游资源的由古今人类文化活动而产生的事项，其形成和分布不仅受历史、民族和意识形态等因素的影响，同时也受自然环境的制约。任何历史文化、建筑艺术、宗教、民俗等均在一定的地域空间产生并存在，同一时代不同地域的文化有着明显的不同。为此，我们也可以认为，人类对区域环境的利用与影响，是通过文化的作用来实现的，以致形成了带有浓厚地域特点的旅游资源。所以，无论是自然旅游资源还是人文旅游资源，这种区域差异都是客观存在的。也正是根据这种区域差异划分出具有典型意义的地段区域作为风景名胜区开发利用。同时，在一定的区域范围内，由自然景观和民族文化综合构成的独特景观，不仅成为吸引人们外出旅游的根本所在，而且说明了旅游资源分布除区域性外，还表现出一定的综合性和规模性。

二、旅游资源的美学特性

旅游资源同一般资源最主要的区别，就是它有美学特征，具有观赏性。尽管旅游者的旅游动机不尽相同，旅游形式也多种多样，但观赏活动几乎是所有旅游过程都不可缺少的。风景名胜区无论是以名山大川、奇石异洞、海湖泉瀑、风花雪月为特色，还是以文物古迹、民族风情，以及美食佳肴、旅游商品等为特点，都具有一定的形式美及内在美特征，有较强的观赏性。尤其是旅游资源作为资源所共有的经济性，是通过它的观赏性及可体验性来实现的。旅游者的旅游活动最主要也是最基本的内容就是“游”，而“游”本身是对美的事物的观赏与品味，“杭州西湖”“桂林山水”“万里长城”等世界著名的旅游胜地，之所以每年吸引成千上万的旅游者前来参观游览，同样是因为它们具有极强的观赏性。

三、旅游资源吸引力的定向性

旅游资源的核心是其吸引力。但旅游资源的吸引力在某种程度上是一种相当主观的东西。由于旅游者个体和群体旅游需求的表现形式以及旅游动机的多样性，旅游资源的吸引力在某种程度上是旅游者的主观反映。往往一个区域旅游资源的吸引力是与到达该区域的多年平均的旅游者数量成正相关的。就某项具体的旅游资源而言，它可能对某些旅游者吸引力很大，而对另外一些旅游者则无多大吸引力，甚至根本没有吸引力。所以，任何一种旅游资源只能吸引旅游市场的某一部分，而不可能对全部旅游市场都具有同样强度的吸引力。

四、旅游资源形式的多样性和综合性

旅游资源是一种天然富集和人类历史遗存物的综合，它是以满足和实现人们娱乐消遣、文化传播和维持生态平衡等多种用途和功能为主的有形和无形的物质集合体。同一地区内往往是多种旅游资源交错分布在一起，因旅游资源的各个要素处在相互联系、相互制约的环境之中，很少存在孤立的、与周围其他景观要素互不联系的单一旅游景观现象。旅游资源的吸引功能往往也是由一种以上的旅游资源类型协调组合形成的，使旅游地成为具有丰富内容的综合性旅游资源。因此，一个地区旅游资源形式越多种多样，综合性越强，对旅游者的吸引力就越大。例如，具有丰富文化内涵的名山大川、与特定的地理环境相交融的民族风情等风景名胜地，往往能够吸引众多的旅游者前往观光游览。

五、旅游资源利用的永续性和易损性

众所周知，诸如山水风光、都市风貌、园林建筑、文物古迹、宗教艺术等这些自然风景和人文景观既不能向旅游者出售，也不能被转移，旅游者只能前来游览观赏，带走的只是一种美好的经历和感受，而不能带走旅游资源本身。自然旅游资源，尤其是自然环境资源，只要保护得当，维护其生态平衡，它的气候、动植物以及水文和土壤等条件都是可以再生的；人文旅游资源虽然可以随时间而逐渐消失，但如果加强保护、保养、维护，也是可以得到延续的，也就可以被长期反复地永久性开发利用。因此，旅游资源是永远也“出售”不完的。但是，如果对旅游资源的利用和保护不当，旅游资源也是很容易遭到破坏的。任何一个地区，具有吸引力的旅游资源绝大多数是那些自然和历史的遗存，一经破坏，往往是难以修复和还原的；即使进行人工复原，但毕竟不是原物，也会降低旅游资源的观赏与体验价值，从根本上损耗了它原有的意义和吸引力。所以加强旅游资源的保护和管理是非常重要的。

六、旅游资源的公共属性

无论是自然名胜还是历史遗产，最大的价值在于其公共性与公益性，而非其营利性。自然景观、历史遗址、文化古迹、古建筑、古典园林等旅游景观，都在物质、道德和精神方面体现了丰富的价值。自然景观是大自然的杰作，文化遗产更是前人遗迹，是中华民族祖先留下来的，包含着强大历史、文化和社会价值，因此，它们中的大多数都具有的公共性与公益性，不应该仅属于某个个人或者团体，而应该属于全体中华儿女。

如此看来，旅游景观资源应该更多地体现其公共与公益属性，地方政府和管理部门只是这些资源的管理者而非所有者。

第三节　旅游资源的类型划分

旅游资源的涉及面广，种类繁多，对旅游资源进行条理化、系统化的科学分类是认识评价旅游资源、开发利用旅游资源的客观需要。但旅游资源的分类是一项细致性和科学性极强的工作。旅游资源作为旅游业发展最重要的物质基础和前提条件，在各种各样的资源当中，属于比较特殊的一类。由于它包括的范围广泛、种类繁多，在分类上也就具有相当的难度。对旅游资源的分类研究，始于20世纪中叶，虽然此项工作开始得比较晚，但也有不少学者进行了有益的尝试。

旅游资源分类就是遵循一定的分类标准，按一定的目的将旅游资源进行分门别类，通过比较、认识、归纳，识别出旅游资源之间的相似性和差异性大小，最后依次划分出不同等级的旅游资源类型。旅游资源的分类是进行区域旅游资源调查评价和旅游资源规划开发的一项基础性工作，同时也是旅游学研究的重要内容之一。

一、旅游资源的分类原则

旅游资源分类的原则应该是根据旅游资源的特征建立的，它既是旅游资源分类的指导思想，又是旅游资源分类的依据。因此，只有遵循旅游资源分类的原则，才能保证旅游资源分类的科学性和实用性。以下归纳的是旅游资源分类应遵循的三大原则。

（一）景观属性原则

旅游业开发利用的旅游资源往往不是单独的某一要素或景象，而是由一定数量和特色的各种旅游资源在一定地域空间内组合而成的综合景观。因此，旅游资源的分类应从旅游资源的基本概念及内涵出发，在确定旅游资源分类的范围和内容的前提下，以旅游资源景观属性、吸引价值等作为主要指标，对旅游资源进行科学的分类。根据景观属性，首先是对旅游资源构成的景观的天然（自然）属性或非天然（如人工遗迹）属性的划分，它是旅游资源科学分类系统中的一级（最高级）指标。

（二）特征分类原则

旅游资源范围广泛、内容复杂，这决定了影响旅游资源的分类因素的复杂性和多重性。因此，旅游资源的分类除了要突出旅游资源的景观属性等主导因素外，还应充分根据旅游资源的成因、形态、年代等基本特征确定旅游资源的基本类型差异，进一步对旅游资源的类型进行更细致的划分。

（三）差异性和相似性原则

五花八门的旅游资源中，资源的形态、美学等各种属性必然存在一定的差异性和相似性，我们可以根据它们的差异性和相似性尽量地进行区分、归纳、合并。首先，把具有共同属性的旅游资源划归为一类，同一级同一类型的旅游资源应该具有一定的相似性；其次，较大类别的旅游资源必然存在一定的差异性，我们可以根据差异性对其区分，将它们分别划分为不同的类型；最后，使每一种旅游资源经过集合归类后，在旅游资源分类表中占据一个准确的位置。这样也就可以将纷繁复杂的旅游资源区分为具有一定从属关系的不同等级类别的系统，从而做到旅游资源分类的系统化和规范化。

二、旅游资源的分类方法

旅游资源的分类是根据旅游资源存在的同质性和差异性，按照一定需要进行集合归类的一种科学区分过程。目前根据不同的侧重点，学术界存在不同的分类标准和分类方法。

（一）按国家标准划分

2003 年，国家质量监督检验检疫总局颁布了《旅游资源分类、调查与评价》（GB/T 18972-2003），该分类方法旨在通过建立明确、简捷、便于操作的旅游资源分类系统，形成科学、准确的旅游资源评价体系。2017 年，国家质量监督检验检疫总局在此基础上颁布了《旅游资源分类、调查与评价》（GB/T 18972-2017），在“旅游资源分类表”中，依据旅游资源现存状况、形态和特征进行划分，把旅游资源分为 3 个层次，即主类、亚类和基本类型，每个层次的旅游资源类型都有相应的汉语拼音代号。2017 版的旅游资源分类体系分为 8 个主类、23 个亚类以及 110 个基本类型（见表 3.1）。在 8 个主类中，属于自然旅游资源的有 4 类（地文景观、水域景观、生物景观、天象与气候景观），属于人文旅游资源的有 4 类（建筑与设施、历史遗迹、旅游购品、人文活动）。

表 3.1　旅游资源分类

主类	亚类	基本类型	简要说明
A 地文景观	AA 自然景观综合体	AAA 山丘型景观	山地丘陵内可供观光游览的整体景观或个别景观
		AAB 台地型景观	山地边缘或山间台状可供观光游览的整体景观或个别景观
		AAC 沟谷型景观	沟谷内可供观光游览的整体景观或个体景观
		AAD 滩地景观	缓平滩地内可供观光游览的整体景观或个体景观
	AB 地质与构造形迹	ABA 断裂景观	地层断裂在地表形成的景观
		ABB 褶曲景观	地层在各种内力作用下形成的扭曲变形
		ABC 地层剖面	地层中具有科学意义的典型剖面
		ABD 生物化石点	保存在地层中的地质时期的生物遗体、遗骸及活动遗迹的发掘点
	AC 地表形态	ACA 台丘状地景	台地和丘陵形状的地貌景观
		ACB 峰柱状地景	在山地、丘陵或平地上突起的峰状石体
		ACC 垄岗状地景	构造形迹的控制下长期受到溶蚀作用形成的岩溶地貌
		ACD 沟壑和洞穴	由内营力塑造或外营力侵蚀形成的沟谷、劣地，以及位于基岩内和岩石表面的天然洞穴
		ACE 奇特与象形山石	形状奇异、拟人状物的山体或石体
		ACF 岩土圈灾害遗迹	岩石圈自然灾害变动所留下的表面痕迹
	AD 自然标记与自然现象	ADA 奇异自然现象	发生在地表，但一般还没有合理解释的自然界奇特现象
		ADB 自然标志地	标志特殊地理、自然区域的地点
		ADC 垂直自然带	山地自然景观及其自然要素（主要是地貌、气候、植被、土壤）随海拔呈递变规律的现象

表3.1(续)

主类	亚类	基本类型	简要说明
B 水域景观	BA 河系	BAA 游憩河段	可供观光游览的河流段落
		BAB 瀑布	河水在流经断层、凹陷等地区时垂直从高空跌落的跌水
		BAC 古河道段落	已经消失的历史河道现存段落
	BB 湖沼	BBA 游憩湖区	湖泊水体的观光游览区与段落
		BBB 潭池	四周有岸的小片水域
		BBC 湿地	天然或人工形成的沼泽地等带有静止或流动水体的成片浅水区
	BC 地下水	BCA 泉	地下水的天然露头
		BCB 埋藏水体	埋藏于地下的温度适宜、具有矿物元素的地下热水、热气
	BD 冰雪地	BDA 积雪地	长时间不融化的降雪堆积面
		BDB 现代冰川	现代冰川存留区域
	BE 海面	BEA 游憩海域	可供观光游憩的海上区域
		BEB 涌浪与击浪现象	海水大潮时海水涌进景象，以及海浪推进时的击岸现象
		BEC 小型岛礁	出现在江海中小型明礁或暗礁
C 生物景观	CA 植被景观	CAA 林地	生长在一起的大片树木组成的植物群体
		CAB 独树与丛树	独株或生长在一起的小片树林组成的植物群体
		CAC 草地	以多年生草本植物或小半灌木组成的植物群落构成的地区
		CAD 花卉地	一种或多种花卉组成的群体
	CB 野生动植物栖息地	CBA 水生动物栖息地	一种或多种水生动物常年或季节性栖息的地方
		CBB 陆地动物栖息地	一种或多种陆地野生哺乳动物、两栖动物、爬行动物等常年或季节性栖息的地方
		CBC 鸟类栖息地	一种或多种鸟类常年或季节性栖息的地方
		CBD 蝶类栖息地	一种或多种蝶类常年或季节性栖息的地方
D 天象与气候景观	DA 天象景观	DAA 太空景象观赏地	可观察各种日、月、星辰、极光等太空现象的地方
		DAB 地表光现象	发生在地面上的天然或人工光现象
	DB 天气与气候现象	DBA 云雾多发区	云雾、雾凇、雨凇出现频率较高的地方
		DBB 极端与特殊气候显示地	易出现极端与特殊气候的地区或地点，如风区、雨区、热区、寒区、旱区等典型地点
		DBC 物候景象	各种植物的发芽、展叶、开花、结实、叶变色、落叶等季变现象
E 建筑与设施	EA 人文景观综合体	EAA 社会与商贸活动场所	进行社会活动交往、商业贸易活动的场所
		EAB 军事遗址与古战场	古时用于战事的场所、建筑物与设施遗存
		EAC 教学科研实验场所	各类学校与教育单位，开展科学研究的机构和从事工程技术试验场所的观光、研究和实习的地方
		EAD 建设工程与生产地	经济开发工程和实体单位，如工厂、矿区、农田、牧场、林场、茶园、养殖场、加工企业以及各类生产部门的生产区域和生产线
		EAE 文化活动场所	进行文化活动、展览、科学技术普及的场所
		EAF 康体游乐休闲度假地	具有康乐、健身、休闲、疗养、度假条件的地方

表3.1(续)

主类	亚类	基本类型	简要说明
E建筑与设施	EA 人文景观综合体	EAG 宗教与祭祀活动场所	进行宗教、祭祀、礼仪活动场所的地方
		EAH 交通运输场站	用于运输通行的地面场站等
		EAI 纪念地与纪念活动场所	为纪念故人或开展各种宗教祭祀、礼仪活动的馆室或场地
	EB 实用建筑与核心设施	EBA 特色街区	反映某一时代建筑风貌，或经营专门特色商品和商业服务的街道
		EBB 特性屋舍	具有观赏游览功能的房屋
		EBC 独立厅、室、馆	具有观赏游览功能的景观建筑
		EBD 独立场、所	具有观赏游览功能的文化、体育场馆等空间场所
		EBE 桥梁	跨越河流、山谷、障碍物或其他交通线而修建的架空通道
		EBF 渠道、运河段落	正在运行的人工开凿的水道段落
		EBG 堤坝段落	防水、挡水的构筑物段落
		EBH 港口、渡口与码头	位于江、河、湖、海沿岸，并进行航运、过渡、商贸、渔业活动的地方
		EBI 洞窟	由水的溶蚀、侵蚀和风蚀作用形成的可进入的地下空洞
		EBJ 陵墓	帝王、诸侯陵寝及领袖先烈的坟墓
		EBK 景观农田	具有一定观赏游览功能的农田
		EBL 景观牧场	具有一定观赏游览功能的牧场
		EBM 景观林场	具有一定观赏游览功能的林场
		EBN 景观养殖场	具有一定观赏游览功能的养殖场
		EBO 特色店铺	具有一定观光赏游览功能的店铺
		EBP 特色市场	具有一定观光游览功能的市场
	EC 景观与小品建筑	ECA 形象标志物	能反映某处旅游形象的标志物
		ECB 观景点	用于景观观赏的场所
		ECC 亭、台、楼、阁	供游客休息、乘凉或观景用的建筑
		ECD 书画作	具有一定知名度的书画作品
		ECE 雕塑	用于美化或纪念而雕刻塑造，具有一定寓意、象征或象形的观赏物或纪念物
		ECF 碑碣、碑林、经幢	雕刻记录文字、经文的群体石刻或多角形石柱
		ECG 牌坊牌楼、影壁	为表彰功勋、科第、德政以及忠孝节义所立的建筑物，以及中国传统建筑中用于遮挡视线的墙壁
		ECH 门廓、廊道	门头廓形装饰物，不同于两侧基质的狭长地带
		ECI 塔型建筑	具有纪念、镇物、表明风水和某些实用目的作用的直立建筑物
		ECJ 景观步道、甬道	用于观光游览行走而砌成的小路
		ECK 花草坪	天然或人造的种满花草的地面
		ECL 水井	用于生活、灌溉用的取水设施
		ECM 喷泉	人造的由地下喷射水至地面的喷水设施
		ECN 堆石	由石头堆成或填筑形成的景观

表3.1(续)

主类	亚类	基本类型	简要说明
F 历史遗迹	FA 物质类文化遗存	FAA 建筑遗迹	具有地方风格和历史色彩的历史建筑遗存
		FAB 可移动文物	历史上各时代重要实物、艺术品、文献、手稿、图书资料、代表性实物，分为珍贵文物和一般文物
	FB 非物质类文化遗存	FBA 民间文学艺术	民间对社会生活进行形象的概括而创作的文学艺术作品
		FBB 地方习俗	社会文化中长期形成的风尚、礼仪、习惯及禁忌等
		FBC 传统服饰装饰	具有地方和民族特色的衣饰
		FBD 传统演艺	民间各种传统表演方式
		FBE 传统医药	当地传统留存的医药制品和治疗方式
		FBF 传统体育赛事	当地定期举办的体育比赛活动
G 旅游购品	GA 农业产品	GAA 种植业产品及制品	具有跨地区声望的当地生产的种植业产品及制品
		GAB 林业产品与制品	具有跨地区声望的当地生产的林业产品及制品
		GAC 畜牧业产品与制品	具有跨地区声望的当地生产的畜牧植业产品及制品
		GAD 水产品及制品	具有跨地区声望的当地生产的水产品及制品
		GAE 养殖业产品与制品	具有跨地区声望的当地生产的养殖业产品及制品
	GB 工业产品	GBA 日用工业品	具有跨地区声望的当地生产的日用工业品
		GBB 旅游装备产品	具有跨地区声望的当地生产的户外旅游装备和物品
	GC 手工艺品	GCA 文房用品	文房书斋的主要用具
		GCB 织品、染织	纺织及用染色印花织物
		GCC 家具	生活、工作或社会实践中供人们坐、卧或支撑与贮存物品的器具
		GCD 陶瓷	由瓷石、高岭土、石英石、莫来石等烧制而成，外表施有玻璃质釉或彩绘的器物
		GCE 金石雕刻、雕塑制品	用金属、石料或木头等材料雕刻的工艺品
		GCF 金石器	用金属、石料制成的有观赏价值的器物
		GCG 纸艺与灯艺	以纸材质和灯饰材质为主要原料制成的平面或立体的艺术品
		GCH 画作	具有一定观赏价值的手工画作品
H 人文活动	HA 人事活动记录	HAA 地方人物	当地历史与现代名人
		HAB 地方事件	当地发生过的历史和现代事件
	HB 岁时节令	HBA 宗教活动与庙会	宗教信徒举办的礼仪活动，以及节日或规定日子里在寺庙附近或既定地点举行的聚会
		HBB 农时节日	当地与农业生产息息相关的传统节日
		HBC 现代节庆	当地定期或不定期的文化、商贸、体育活动等
8	23	110	

注：根据中华人民共和国国家标准《旅游资源分类、调查与评价》（GB/T 18972-2017）附录 A 制作。

（二）按照旅游资源质量和管理级别分类

根据旅游资源的质量价值和管理级别的高低，旅游资源可分为世界级旅游资源、国家级旅游资源、省级旅游资源和市（县）级旅游资源等 4 种类型。

世界级旅游资源主要包括被联合国教科文组织列入《世界遗产名录》的世界遗产

地，在人与生物圈（MAB）计划下被列入世界生物圈保护区网络的自然保护区及世界地质公园等。它们是人类文化的瑰宝，具有极高的知名度和美誉度。

国家级旅游资源主要包括国务院公布的国家重点风景名胜区、国家历史文化名城、国家重点文物保护单位、自然资源部批准的国家地质公园，以及国家林业和草原局批准的国家自然保护区、国家森林公园等。它们具有很高的艺术欣赏价值、历史文化价值、科学文化价值和知名度。

省级旅游资源主要包括省级风景名胜区、省级历史文化名城、省级文物保护单位、省级自然保护和省级森林公园等。它们具有较重要的艺术欣赏价值、历史文化价值、科学文化价值和浓郁的地方特色。

市（县）级旅游资源主要包括市（县）级风景名胜区和文物保护单位等。它们具有一定的艺术欣赏价值、历史文化价值、科学文化价值和显著的地方、民族特色。

第四节　旅游资源调查

旅游资源是一个国家或地区旅游业发展最根本的前提条件，它决定着该区域旅游业发展的规模和前景。我们只有弄清了旅游资源的类型、数量、规模、级别、质量、特点、成因及开发利用情况等相关现状，才能运用一定的科学方法对旅游资源的价值功能做出评价和论证，从而为地区旅游资源的合理开发利用和区域旅游发展规划编制提供理论依据。

一、旅游资源调查的意义

任何产业的发展，首先遇到的是资源问题。例如农业的发展，离不开土地资源、气候资源；工业的发展，离不开能源、矿产资源。一个区域旅游业的发展，在一定程度上取决于该区域旅游资源的基本情况。旅游资源调查，是旅游规划与开发的第一步。调查成果的质量、准确性、科学性对科学规划、合理开发和保护都有着重要意义。通过调查，我们可以了解和掌握该区域旅游资源的类型、数量、分布、特征、成因、规模、结构，以及开发潜力等基本情况，为旅游资源的科学评价奠定基础，为制定旅游规划与进行合理开发和保护提供客观科学的依据。通过调查，我们可以建立和完善该区域旅游资源信息资料库，为区域旅游业管理、经营提供必要的信息。通过调查，我们可以深入地了解区域旅游环境质量，发现存在的问题，为区域旅游环境质量监控提供准确的、具体的信息，为制定旅游资源保护措施提供决策依据。

二、旅游资源调查的基本要求

旅游资源调查，应依据旅游业发展的基本规律，遵循一定的基本要求进行。旅游资源调查必须保证成果质量，强调整个运作过程的科学性、客观性、准确性，并尽量做到内容简洁和量化。

我们应充分利用与旅游资源有关的各种资料和研究成果，完成统计、填表和编写调查文件等工作。调查方式以收集、分析、转化、利用这些资料和研究成果为主，并逐个对旅游资源单体进行现场调查核实，包括访问、实地观察、测试、记录、绘图、摄影，必要时进行采样和室内分析。

三、旅游资源调查的类型与内容

（一）旅游资源调查的类型

旅游资源调查类型多种多样，根据旅游资源调查的深度、规范等要求的不同，我们可以将旅游资源的调查分为旅游资源概查、普查、详查、抽样调查、重点调查等几种类型。

根据中华人民共和国国家标准《旅游资源分类、调查与评价》（GB/T 18972-2017），旅游资源调查类型分为"旅游资源详查"和"旅游资源概查"2个档次，其调查方式和精度要求不同。

1. 旅游资源详查

旅游资源详查是适用于了解和掌握整个区域旅游资源全面情况的旅游资源调查。它要求完成全部旅游资源调查程序，包括调查准备、实地调查；要求对全部旅游资源单体进行调查，提交全部"旅游资源单体调查表"。

旅游资源详查首先要做好调查准备。调查准备包括成立调查组、进行技术培训、准备实地调查所需的设备和材料、进行资料收集等工作。调查组成员应具备与该调查区旅游环境、旅游资源、旅游开发有关的专业知识，一般应吸收旅游、环境保护、地学、生物学、建筑园林、历史文化、旅游管理等方面的专业人员参与；根据国家标准《旅游资源分类、调查与评价》（GB/T 18972-2017）的要求，对调查人员进行技术培训；准备实地调查所需的设备，如定位仪器、简易测量仪器、影像设备等；准备多份"旅游资源单体调查表"（见表 3.2）；收集与旅游资源单体及其赋存环境有关的各类文字描述资料，包括地方志书、乡土教材、旅游区与旅游点介绍、规划与专题报告；收集与旅游资源调查区有关的各类图形资料，重点是反映旅游环境与旅游资源的专题地图；收集与旅游资源调查区和旅游资源单体有关的各种照片、影像资料。

调查准备工作完成后，可展开实地调查工作。实地调查工作程序为：确定调查区内的调查小区和调查线路、选定调查对象、填写"旅游资源单体调查表"。

（1）确定调查区内的调查小区和调查线路。为便于运作和满足此后的旅游资源评价、统计及区域旅游资源开发的需要，整个调查区可分为若干"调查小区"。调查小区一般按行政区划分（如省级一级的调查区，可将地区一级的行政区划分为调查小区；地区一级的调查区，可将县级一级的行政区划分为调查小区；县级一级的调查区，可将乡镇一级的行政区划分为调查小区），也可按现有或规划中的旅游区域划分。调查线路按实际要求设置，一般要求贯穿调查区内所有调查小区和主要旅游资源单体所在的地点。

（2）选定调查对象。选定进行重点调查的旅游资源单体对象，如具有旅游开发前景，有明显经济、社会、文化价值的旅游资源单体；复合型旅游资源单体中具有代表性的部分；代表调查区形象的旅游资源单体。确定暂时不进行调查的旅游资源单体，如明显品位较低，不具有开发利用价值的；与国家现行法律、法规相违背的；开发后有损社会形象的或可能造成环境问题的；影响国计民生的；某些位于特定区域内的等。

（3）实地调查并填写“旅游资源单体调查表”。要求每一调查单体分别填写一份“旅游资源单体调查表”。

表 3.2　（单体序号单体名称）旅游资源单体调查

基本类型：

代　号	；其他代号：①　　　　；②
行政位置	
地理位置	东经　　°　′　″，北纬　　°　′　″
性质与特征（单体性质、形态、结构、组成成分的外在表现和内在因素，以及单体生成过程、演化历史、人事影响等主要环境因素）	
旅游区域及进出条件（单体所在地区的具体部位、进出交通、与周边旅游集散地和主要旅游区［点］之间关系）	
保护与开发现状（单体保存现状、保护措施、开发情况）	
共有因子评价问答（你认为本单体属于下列评价项目中的哪个档次，应该得多少分数，在最后的一列内写上分数）	

评价项目	档次	本档次规定得分	你认为应得的分数
单体为游客提供的观赏价值，或游憩价值，或使用价值	全部或其中一项具有极高的观赏价值、游憩价值、使用价值	22~30	
	全部或其中一项具有很高的观赏价值、游憩价值、使用价值	13~21	
	全部或其中一项具有较高的观赏价值、游憩价值、使用价值	6~12	
	全部或其中一项具有一般观赏价值、游憩价值、使用价值	1~5	
单体蕴含的历史价值，或文化价值，或科学价值，或艺术价值	同时或其中一项具有世界意义的历史价值、文化价值、科学价值、艺术价值	20~25	
	同时或其中一项具有全国意义的历史价值、文化价值、科学价值、艺术价值	13~19	
	同时或其中一项具有省级意义的历史价值、文化价值、科学价值、艺术价值	6~12	
	历史价值、或文化价值、或科学价值，或艺术价值具有地区意义	1~5	

表3.2(续)

物种珍稀性，景观奇特性，现象常见性	有大量珍稀物种，或景观异常奇特，或此类现象在其他地区罕见	13~15	
	有较多珍稀物种，或景观奇特，或此类现象在其他地区很少见	9~12	
	有少量珍稀物种，或景观突出，或此类现象在其他地区少见	4~8	
	有个别珍稀物种，或景观比较突出，或此类现象在其他地区较多见	1~3	
个体规模大小，群体，结构丰满性和疏密度，现象常见性	独立型单体规模、体量巨大；组合型旅游资源单体结构完美、疏密度优良级；自然景象和人文活动周期性发生或频率极高	8~10	
	独立型单体规模、体量较大；组合型旅游资源单体结构很和谐、疏密度良好；自然景象和人文活动周期性发生或频率很高	5~7	
	独立型单体规模、体量中等；组合型旅游资源单体结构和谐、疏密度较好；自然景象和人文活动周期性发生或频率较高	3~4	
	独立型单体规模、体量较小；组合型旅游资源单体结构较和谐、疏密度一般；自然景象和人文活动周期性发生或频率较小	1~2	
自然或人为干扰和破坏情况	保持原来形态与结构	4~5	
	形态与结构有少量变化，但不明显	3	
	形态与结构有明显变化	2	
	形态与结构有重大变化	1	
知名度和品牌度	在世界范围内知名，或构成世界承认的品牌	8~10	
	在全国范围内知名，或构成全国性的品牌	5~7	
	在本省范围内知名，或构成省内的品牌	3~4	
	在本地区范围内知名，或构成本地区品牌	1~2	
适游时间和服务游客情况	适宜游览的日期每年超过300天，或适宜于所有游客使用和参与	4~5	
	适宜游览的日期每年超过250天，或适宜于80%左右游客使用和参与	3	
	适宜游览的日期超过150天，或适宜于60%左右游客使用和参与	2	
	适宜游览的日期每年超过100天，或适宜于40%左右游客使用和参与	1	

表3.2(续)

<table>
<tr><td rowspan="4" colspan="2">受污染情况，环境条件及保护措施?</td><td colspan="3">已受到严重污染，或存在严重安全隐患</td><td colspan="2">-5</td><td colspan="2"></td></tr>
<tr><td colspan="3">已受到中度污染，或存在明显安全隐患</td><td colspan="2">-4</td><td colspan="2"></td></tr>
<tr><td colspan="3">已受到轻度污染，或存在一定安全隐患</td><td colspan="2">-3</td><td colspan="2"></td></tr>
<tr><td colspan="3">已有工程保护措施，环境安全得到保证</td><td colspan="2">3</td><td colspan="2"></td></tr>
<tr><td>本单体得分</td><td></td><td>本单体可能的等级</td><td>级</td><td>填表人</td><td></td><td>调查日期</td><td colspan="2">年　月　日</td></tr>
</table>

注：根据中华人民共和国国家标准《旅游资源分类、调查与评价》（GB/T 18972-2017）附录 B 制作。

调查表各项内容填写要求如下：

单体序号：由调查组确定的旅游资源单体顺序号码。

单体名称：旅游资源单体的常用名称。

“代号”项：代号用汉语拼音字母和阿拉伯数字表示，即“表示单体所处位置的汉语拼音字母-表示单体所属类型的汉语拼音字母-表示单体在调查区内次序的阿拉伯数字”。

如果单体所处的调查区是县级和县级以上行政区，则单体代号按“国家标准行政代码（省代号 2 位-地区代号 3 位-县代号 3 位，参见 GB/T 2260《中华人民共和国行政区代码》）-旅游资源基本类型代号 3 位-旅游资源单体序号 2 位”的方式设置，共 5 组 13 位数，每组之间用短线“-”连接。

如果单体所处的调查区是县级以下的行政区，则旅游资源单体代号按“国家标准行政代码（省代号 2 位-地区代号 3 位-县代号 3 位，参见《中华人民共和国行政区代码》）-乡镇代号（由调查组自定 2 位）-旅游资源基本类型代号 3 位-旅游资源单体序号 2 位”的方式设置，共 6 组 15 位数，每组之间用短线“-”连接。

如果遇到同一单体可归入不同基本类型的情况，在确定其为某一类型的同时，可在“其他代号”后按另外的类型填写。操作时只需改动其中旅游资源基本类型代号，其他代号项目不变。

填表时，一般可省略本行政区及本行政区以上的行政代码。

“行政位置”项：填写单体所在地的行政归属，从高到低填写政区单位名称。

“地理位置”项：填写旅游资源单体主体部分的经纬度（精度到秒）。

“性质与特征”项：填写旅游资源单体本身个性，包括单体性质、形态、结构、组成成分的外在表现和内在因素，以及单体生成过程、演化历史、人事影响等主要环境因素，提示如下：

①外观形态与结构类。旅游资源单体的整体状况、形态和突出（醒目）点；代表形象部分的细节变化；整体色彩和色彩变化、奇异华美现象，装饰艺术特色等；组成单体整体各部分的搭配关系和安排情况，构成单体主体部分的构造细节、构景要素等。

②内在性质类。旅游资源单体的特质，如功能特性、历史文化内涵与格调、科学价值、艺术价值、经济背景、实际用途等。

③组成成分类。构成旅游资源单体的组成物质、建筑材料、原料等。

④成因机制与演化过程类。表现旅游资源单体发生、演化过程、演变的时序数值；生成和运行方式，如形成机制、形成年龄和初建时代、废弃时代、发现或制造时间、盛衰变化、历史演变、现代运动过程、生长情况、存在方式、展示演示及活动内容、开放时间等。

⑤规模与体量类。表现旅游资源单体的空间数值如占地面积、建筑面积、体积、容积等；个性数值如长度、宽度、高度、深度、直径、周长、进深、面宽、海拔、高差、产值、数量、生长期等；比率关系数值如矿化度、曲度、比降度、覆盖度、圆度等。

⑥环境背景类。旅游资源单体周围的境况，包括所处具体位置及外部环境如目前与其共存并成为单体不可分离的自然要素和人文要素，如气候、水文、生物、文物、民族等；影响单体存在与发展的外在条件，如特殊功能、雪线高度、重要战事、主要矿物质等；单体的旅游价值和社会地位、级别、知名度等。

⑦关联事物类。与旅游资源单体形成、演化、存在有密切关系的典型的历史人物与事件等。

"旅游区域及进出条件"项：旅游资源单体所在地区的具体部位、进出交通、与周边旅游集散地和主要旅游区（点）之间的关系等。

"保护与开发现状"项：旅游资源单体保存现状、保护措施、开发情况等。

"共有因子评价问答"项：旅游资源单体的观赏游憩价值、历史文化科学艺术价值、珍稀或奇特程度、规模丰度与概率、完整性、知名度和影响力、适游期和使用范围、污染状况与环境安全。

2. 旅游资源概查

旅游资源概查适用于了解和掌握特定区域或专门类型的旅游资源调查。它要求对涉及的旅游资源单体进行调查；调查技术要点参照"旅游资源详查"中的各项技术要求。

简化工作程序，如不需要成立调查组，调查人员由其参与的项目组织协调委派；资料收集限定在与专门目的所需要的范围；可以不填写或择要填写"旅游资源单体调查表"等。

（二）旅游资源调查的内容

旅游资源调查是为了查明可供旅游业开发利用的资源状况，了解旅游资源的存量状况、开发利用的环境条件及客源市场动态等，是旅游资源调查的基本内容。

1. 旅游资源存量状况调查

根据旅游资源美、特、稀、奇、古、名等特点，确定调查区的资源调查对象，并依据一定的旅游资源分类标准对区域旅游资源的类型、数量、结构、规模、级别、成因等基本情况进行具体的调查，形成旅游资源的文字、影像、专题地图等有关资料。

对于旅游资源类型的调查，一般是以中华人民共和国国家标准《旅游资源分类、调查与评价》（GB/T 18972-2017）为依据，对调查区域的地文景观、水域景观、生物景观、天象与气候景观、建筑与设施、历史遗迹、旅游购品、人文活动 8 大类旅游资源分别进行具体调查，明确调查区内旅游资源的种类。同时，还要就调查区内各种不同类型的旅游资源的数量、分布范围、面积，以及资源级别等内容做进一步调查。

旅游资源结构、成因调查，是指就调查区自然景观与人文景观、自然景观内部、人文景观内部的资源组合形式与结构；资源的形成原因、发展历史、存在时限、利用的可能价值，以及自然与人文相互依存的因果关系等内容开展的调查。

旅游资源存量调查还应就调查区旅游资源现在的开发状况、项目、类型、开放时间、季节性要求、旅游人次、旅游收入、消费水平，以及周边地区同类旅游资源的开发比较、开发计划等现状进行调查。

2. 旅游环境条件调查

根据旅游资源的开发要求，对与其相关的自然、社会、经济环境条件进行调查。自然条件包括地质、地貌、气象气候、水文、动植物等；社会条件包括行政归属与区划、人口与居民、文化、医疗环卫、安全保卫、历史等；经济条件包括位置、距离、交通、电力、邮电通信、供水、食宿等，可附上一些要素的地图。

调查还包括影响旅游资源利用的环境保护情况，主要有工矿企业、生活服务等人为因素造成的大气、水体、噪声等污染状况和治理程度。

3. 旅游客源市场调查

旅游客源市场是旅游业发展的必要条件。客源的流向、流量、需求和消费水平直接影响着旅游发展的方向、规模和档次，同时也影响着旅游经营和管理的模式。因此，调查旅游客源市场，并对其进行正确、合理的定位，对调查区的旅游开发建设至关重要。我们主要通过对海外游客与国内游客，外地游客与本地游客的数量、所占比例、各自停留的时间、旅游动机、消费构成和消费水平，以及游客的年龄、性别、职业、文化程度等基本情况进行调查，以此了解当地旅游市场的客流来源和游客的旅游需求，从而确定主体市场。

四、旅游资源调查的程序与方法

（一）旅游资源调查的程序

旅游资源调查是一项复杂而细致的工作，无论采取哪种形式，进行哪方面的调查，都是一次有组织、有计划的行动，需要经过一定的程序，才能保证旅游资源调查工作有条不紊地进行，并提高工作效率和调查质量。调查的程序按照调查内容繁简、调查任务要求、调查时间、范围和手段，以及调查人员的素质等具体条件而有所不同。一般而言，较为典型的旅游资源调查大体分为三个阶段，即旅游资源调查准备阶段、旅游资源调查实施阶段和旅游资源调查整理分析阶段。

1. 调查准备阶段

调查准备阶段是旅游资源调查工作的开始，准备充分与否事关整个调查工作的成败。该环节主要解决四个方面的问题，即明确调查问题、确立调查目标、设计调查方案和制订调查工作计划。

（1）明确调查问题。通常情况下，旅游资源调查部门要针对出现的问题，或要解决的问题，提出一个大致的调查方向或意图，否则无法开展调查工作。因此，在开展正式调查之前，调查者必须首先按照调查的意图，进行初步的情况分析，弄清为什么调查，调查什么问题，要解决哪些问题。对于一时难以明确的现象，还需要在小范围内进行探测性调查，以确立调查主题。

（2）确立调查目标。调查目标就是旅游资源调查所要达到的具体目的。并非所有的调查人员一开始就十分清楚调查目标，因为旅游活动和旅游资源与环境中出现的任何一个问题都可能受到许多因素的影响，如果把所有影响因素都列于调查之列，这不仅会造成人、财、物资源的浪费，而且未突出调查重点，反而将调查主题冲淡，导致调查结果不能解决问题。所以，在明确了调查问题之后，调查者就必须使调查目标明确化、具体化，并进一步研究调查应采用的方式、调查的具体内容及对象等，为下一步调查工作的顺利进行奠定基础。

（3）设计调查方案。调查目标确定后，就需要设计切合实际、利于操作的调查方案。调查方案是对某项调查的总体设计，它是指导调查工作具体实施的依据。调查方案中主要包括：调查的目的要求、调查对象或调查单位、调查内容或项目、调查地点和范围、调查提纲或调查表、调查时间或工作期限、调查资料的收集方式和方法、调查资料整理分析的方法、以及提交调查的形式与图表等。

（4）制订调查工作计划。调查工作计划与调查方案各有不同的作用，一般来说，调查工作计划比调查方案的要求更细、更具体。通常对于大型全面的旅游资源调查，调查者需要分别制订调查方案和调查工作计划；而对于一些小型、要素单一的旅游资源调查，可以将两者合二为一，统一为调查工作计划。制订调查工作计划，目的是使调查工作能够更有秩序、更有计划地进行，以保证调查方案的实现。因此，调查工作计划应包括：对某项调查的组织领导、机构设置、人员选配及培训、完成时间、工作进度和费用预算等内容。制订调查工作计划将对调查过程的每一环节做出规定，一方面可以指导和把握调查任务的进程，另一方面可以控制调查成本，以达到用有限的经费获取更大成果的目的。

2. 调查实施阶段

准备阶段的一切工作就绪以后，就进入旅游资源调查、资料收集实施阶段。这一阶段的主要任务是根据调查方案的要求和调查工作计划的安排，系统地收集各种资料数据，包括第一手资料和第二手资料。我们应该遵循先易后难、先内部后外部的原则，开展资料收集工作。

（1）收集第二手资料。第二手资料是指为其他目的和用途而制作、收集的证据、数字、图件或其他现成的信息资料，但这些信息资源能为目前的旅游资源调查项目所利用。第二手资料是现有资料，获取速度快且节省费用，并有助于加强第一手资料的收集工作。收集渠道可以是旅游管理部门、旅游企业、旅游行业内部，以及相关部门的各种相关材料；可以是各种已经公开发表的旅游刊物、相关年鉴、报纸、杂志、专辑、学术研究资料；可以是有关国际或区域旅游组织和专业旅游资源调查研究机构的年报及其他相关资料；还可以是国际、国内、区域、局域计算机网络上的相关信息资料等。采集第二手资料，必须认真考虑它的准确性和实用性，以及与本次调查目标的密切联系。

（2）收集第一手资料。第一手资料又称实地调查资料，它是调查人员为了实现调查目的专门收集的各种资料。尽管第二手资料是实地调查的基础，也可以得到实地调查无法获得的某些资料，并能鉴定第一手资料的可信度，但并不能取代第一手资料，我们必须收集一定数量的原始资料加以补充，互相取长补短，使整个旅游资源调查项目取得成功。

（3）概略调查。借助第二手资料的报告、图表、航卫片和较大比例尺的地形图，对调查区的旅游资源进行初步的了解，大致掌握具有开发价值的旅游资源或适合开展的旅游项目，并将其标绘在1∶5万到1∶20万的地图上，划定远景区域，确定其分布状况和规律等。

（4）系统调查。对概略调查划定的发展区域进行系统调查，加密调查点、线，对旅游资源的规模、质量、美感、客源等系统资料收集，将其结果标绘在1∶2.5万至1∶5万的地图上，并进行同类比较。

（5）详细勘查。在概查和系统调查基础上，筛选拟定具有开发价值的小区和项目进行详细调查。这包括对调查区的自然、经济、技术、物资、能源、水源、交通、生活供应、环境质量等进行调查，对投资、客源、收益及旅游业的发展给区域的经济、社会、生态等带来的影响做出预测，以弄清资源成因、演变历史、现状、与相关因素的配套，比较在同类旅游中的特色所在，确定该区旅游发展的方向和重点项目，提出规划性建议，并将结果标绘于1∶5 000或1∶10 000图件上，同时注意数据记录，对重点问题和地段进行专题研究与鉴定。

3. 调查整理分析阶段

这个阶段主要将收集的资料全部汇总，进行仔细的整理，再作认真的分析研究，最后完成调查报告和图件，呈送相关部门审阅。

（1）整理资料。要求调查者把收集的零星资料整理成有系统的、能说明问题的情报。资料包括对文字资料、照片、录像片的整理，以及图件的编制与清绘等内容。

首先，对资料进行鉴别、核对和修正，审查资料的适用性与准确性，剔除有错误的资料，并补充、修正资料，使其达到完整、准确、统一、客观的标准。

其次，应用科学的编码、分类方法对资料进行编码与分类，以便于分析利用。

最后，采用常规的资料储存方法或计算机储存方法，将资料归卷存档，以便于今后查阅和再利用。

（2）分析资料。经过整理后的资料、数据和图件，应能表示某种意义，只有通过调查人员的分析解释，才能对资料调查项目产生作用。一般需要借助一定的统计分析技术，才能测定它们之间的关系，认识某种现象与某个变化产生的原因，把握其动向与发展变化规律，并探求解决问题的办法，对该项调查结果提出合理的行动建议。

（3）编写旅游资源调查报告。提供一份完善的旅游资源调查报告，既是对调查主题的分析与总结，也是该项调查成果的反映；既为决策部门提供客观的决策依据，也体现该调查项目的全部调查活动。调查报告的编写，力求观点正确、材料典型、中心明确、重点突出、结构恰当、层次分明。其内容一般由标题、目录、概要、正文、结论与建议、附件几个部分组成。

标题包括该调查的题目、调查单位、报告日期等；目录通常是报告部分的主要章节及附录的索引；概要中要扼要说明调查目的、调查对象、调查内容、调查方式与方法等；正文是报告的主体部分，必须准确阐明全部有关论据，包括问题提出、论证过程、结论引出、分析研究方法等；结论与建议要撰写分析报告的主要目的，包括对正文内容的总结和解决问题的方案、建议；附件是对正文报告的补充或详尽说明，包括数据汇总表、背景材料、资源分布图件和资源分析图表等。

（二）旅游资源调查的方法

调查方法的选择和技巧的运用直接关系到旅游资源调查结果的可信度。因此，调查旅游资源必须选用科学的方法。旅游资源学是一门涉及诸多学科的边缘科学，旅游资源调查内容极其繁杂，可以借鉴的调查方法众多，而目前用于旅游资源调查的方法主要有下列几种。

1. 文案调查法

文案调查法又称间接调查法，是通过收集旅游资源的各种现有信息数据和情报资料，从中摘取与资源调查项目有关的内容，进行分析研究的一种调查方法。这种方法常被作为旅游资源调查的首选方法。几乎所有的调查都可始于收集现有资料，只有当现有资料不能为解决问题提供足够依据时，才进行实地调查。文案调查主要收集经加工过的次级资料，而且以文献性信息为主，既有动态资料，也有静态资料，尤其偏重从动态角度收集各种反映旅游资料变化状态的历史与现实资料，包括超越时空条件限制的古今中外有关文献资料。但是文案调查获取的主要是历史资料，过时资料比较多，对现实中正在发生变化的情况难以得到及时的反映，而且往往与调查目的不能很好地吻合，数据对解决问题不能完全适用，则需要调查人员进行合理的筛选和取舍。

2. 询问调查法

询问调查是调查者用访谈询问的方式了解旅游资源情况的一种方法。运用这种方法的调查可以从所在地的部门、居民及旅游者中，及时地了解没有记载的事实和难以出现的现象。整个访谈询问过程是调查者与被访问对象间相互作用、相互影响的过程，访谈询问成功与否，主要取决于被调查者的密切配合，以及调查者事前的各种准备工作和对访谈技巧的掌握应用。通常可以采用设计调查问卷、调查卡片、调查表等，通过面谈调查、电话调查、邮寄调查、留置问卷调查等形式进行询问访谈，获取需要的资料信息。

3. 观察调查法

观察调查是调查者在现场对被调查事物和现象进行直接观察或借助仪器设备进行记录，以获得旅游资源信息资料的调查方法。这种方法是凭借调查人员的直观体验或音像等器材，记录和考察被调查事物和现象的现场事实。观察调查法的最大特点是能客观地反映被调查对象的实际行为，资料的真实性高，并且简便易行，灵活性强，不受历史或将来意愿的影响，只记录实际发生的事项，调查结果更接近于实际。但是，观察调查不能深入具体，只能说明事物现象的发生，使调查者难以了解事件发生的内在原因，易受到时空限制，所得资料往往具有一定的局限性。

4. 综合考察法

旅游资源总是分布在一定的地域范围，如果要对其分布位置、变化规律、数量、特色、特点、类型、结构、功能、价值等进行了解和认识，只有通过对调查区的综合考察，全面系统的分析才能得到。野外综合考察是旅游资源调查最常用的一种实地调查方面。

5. 遥感调查法

遥感技术应用于旅游资源调查，并取得了较好的成效。采用遥感技术调查方式，收集多种比例尺、多种类型的遥感图像和与之相匹配的地形图、地质图、地理图等，解译图像中旅游资源信息不仅能对旅游资源的类型定性，而且能成为旅游资源的定量标志，还能发现一些野外综合考察等不易发现的潜在旅游资源。通过分析卫星照片、航空照片等遥感图像，调查者可以全面掌握调查区旅游资源现状、判读各景点的空间布局和组合关系，为开发旅游资源提供可靠线索，进行旅游资源的主体观察和定量测量，实现景观信息的提取，特别是能对人迹罕至、山高林密及常规方法无法达到的地区进行旅游资源的调查。

6. 统计分析法

任何一个旅游区都是由多种旅游景观类型和环境要素组成的。风景地貌景观、水域风景要素、气象气候风景、风景动植物、历史古迹、民俗风情、建筑园林、城市风貌、文化与宗教、康养娱乐购物等各种要素，需要分别统计其数量、面积、长宽、深浅、角度、含量、盐度、温度、直径、周长、种数等数据，这些基本的统计分析资料，对确定一个旅游资源区的旅游特色和旅游价值具有重大意义，也是设计旅游环境和生态系统的基本依据。

7. 分类分区法

调查区各种不同的旅游资源，其景观美感各异。把调查区的旅游资源，按其形态特征、内在属性、美感、吸引度等加以分类，并进行调查研究，与同类型或不同类型的旅游资源区域加以比较、评价，得出该区旅游资源种类、一般特征与独特特征、质量等方面的差异，以便制定开发规划和建立旅游资源信息库，有助于区内各地旅游资源的开发利用。

五、调查区旅游资源调查报告的编写

旅游资源详查和旅游资源概查的文（图）件类型和精度不同，旅游资源详查需要完成全部文（图）件，包括填写旅游资源调查区实际资料表，编绘旅游资源地图，编写旅游资源调查报告。旅游资源概查要求编绘旅游资源地图，其他文件可根据需要选择编写。根据国家标准《旅游资源分类、调查与评价》（GB/T 18972-2017）的要求，各调查区编写的旅游资源调查报告，基本篇目如下：

前言

第一章　调查区旅游环境

第二章　旅游资源开发历史和现状

第三章　旅游资源基本类型

第四章　旅游资源评价

第五章　旅游资源保护与开发建议

主要参考文献

附图：《旅游资源图》或《优良级旅游资源图》

第五节 旅游资源评价

旅游资源评价是在旅游资源调查基础上进行的深入的研究工作，是选择调查区中的旅游资源、资源环境及其开发条件作为评价对象和内容，采取一定的方法，对旅游资源的特点及其开发做出评判和鉴定，可以为调查区旅游资源的规划、开发和管理提供理论依据。

一、旅游资源评价的目的和原则

旅游资源评价对于确定旅游区的性质和规模，找准旅游资源的开发利用方向，建设旅游景点、景区和区域，编制旅游规划，研究旅游资源系统，建立旅游资源信息库等，都会产生直接影响。即使旅游地建成以后，也须对旅游资源进行评价，以适应不断变化的旅游需求。因此，旅游资源评价在旅游资源综合利用和旅游开发过程中，具有重要意义。

综合国内外大多数专家学者的意见，旅游资源的评价应以规划、开发、管理三方面的目的为基础，以八个原则为标准进行。

（一）旅游资源评价的目的

1. 规划的目的

通过对调查区旅游资源、旅游环境及其开发利用的综合评价，为合理利用资源，确定调查区旅游资源开发的重点、步骤等宏观规划研究提供理论依据。

2. 开发的目的

通过对调查区域旅游资源种类、组合、特色、结构、功能和性质的评价，确定调查区旅游资源的质量，在宏观规划指导下，为新旅游区具体资源的开发利用方向和专项旅游建设项目提供论证，评估其在开发建设中的地位，为新旅游区的开发提供科学依据，为已经开发和部分开发的老旅游区提供改造的依据。

3. 管理的目的

通过对调查区域旅游资源质量、规模、水平的鉴定，为旅游资源的分级分类管理提供系列资料和判定标准。如具有地县级、省级、国家级乃至具有世界罕见的国际意义的旅游资源地，经申报批准后纳入相应的管理级别进行管理。

（二）旅游资源评价的原则

旅游资源评价是一项重要而复杂的工作。旅游资源本身包罗万象，涉及多学科中多个方面，难以有一个统一的评价标准，不同的人也往往有不同的审美情趣，对资源主体结论也就不一致。因此，旅游资源评价要做到尽量公正客观并便于开发利用，还应遵循一定的评价原则。

1. 客观性原则

自然和人文旅游资源都是客观存在的事物，其价值表现、内涵、功能也是客观存在的。评价旅游资源，要从实际出发，实事求是地科学评价它的价值高低、大小、好坏和功能，充分应用地学、美学、历史学、地理学等多方面的理论知识，认识旅游资源的价值，做到既不任意夸大，也不无限缩小，力求进行客观评价。

2. 科学性原则

开展旅游资源评价时，要有科学的态度，符合客观科学的标准，对旅游资源的形成、本质、属性、价值等核心内容，做出科学的解释和恰如其分的评价。不能动辄冠以神话传说，或故事传奇，甚至带有封建迷信色彩，要向旅游者宣传科学知识和浓厚的地方文化，寓教于游。

3. 系统性原则

旅游资源的价值和功能是多方面、多层次、多形式和多内容的。就旅游资源的价值而言，有观赏价值、运动价值和特殊价值；就旅游资源功能而论，有观光、科考、娱乐、休憩、健身、医疗、探险、商务、会议、度假等功能。有些价值和功能可直接通过其形状、体积、颜色、质量等体现，有些则是人类历史、文化、艺术等的结晶和浓缩，代表一定的社会风貌和社会发展状况，这就需要我们具备一定的科学文化知识，通过一系列科学技术及专业手段对其测验、分析和研究方可认识和把握。评价旅游资源时，要求综合衡量、全面完整地进行系统评价，准确地反映旅游资源的整体价值。除此以外，还须将其所处区位、环境、客源、地区经济发展水平、建设条件等作为开发利用因素纳入系统综合评价的范畴。

4. 效益性原则

进行旅游资源调查与评价是为其开发利用服务的。开发利用的目的是要取得一定的综合效益。这种效益不单是只用经济效益来衡量，还包括它的社会效益和生态效益，在某种程度上，区域旅游资源带来的社会效益和生态效益远远高于其经济效益本身的价值。因此，在评价旅游资源时，我们要考虑投入资金后的经济、社会和生态环境效益，以确定适宜的开发程度。

5. 市场性原则

旅游供给与旅游需求是旅游作用体系的两个基本方面。旅游的空间组织，事实上就是旅游供给与旅游需求的空间特性、导致形成特定空间特性的内在规律及旅游供给与需求相互作用的空间格局。建立最适宜的旅游作用空间体系，必须同时考虑旅游供给与旅游需求两个方面，这样才能达到旅游作用体系的动态平衡，取得旅游经济效益、社会效益、生态效益三者的最佳组合状态。单方面强调旅游供给或旅游需求，而忽视供给与需求的衔接，可能造成旅游体系的内部因素不协调，使之成为一个低效率、低效益的体系，甚至成为旅游业发展的阻碍因素，产生供过于求或供不应求的现象，破坏旅游供给与旅游需求在空间上的均衡和秩序。

6. 动态性原则

评价旅游资源，需要以体验与认识作为基础，深入考察旅游资源的本质属性，了解旅游资源的长期趋势，变化特性与过程，使资源评价结果具有预见性，并针对不同条件修正结论，考察不同时间序列，以确定旅游资源所呈现的动态属性，这样方可发现其变化的规律性，为调节和控制旅游组织的空间格局指明方向。

7. 可达性原则

交通可达性是旅游产品的重要组成部分，也是潜在旅游资源转化为现实旅游资源的主要途径，又是开发旅游资源、争取客源市场、提高旅游资源吸引力的重要条件。任何品位高、内涵丰富的旅游资源，缺少了必要的交通设施都很难体现其应有的价值。因此，可达性是旅游资源评价必不可少的原则。

8. 稀缺性原则

针对同一客源市场，旅游资源的同构与泛化，是旅游资源价值与使用价值难以体现和延伸的重要问题。我们在评价旅游资源时，对于那些区域独有的，并能反映出地方特色和文化底蕴的旅游资源，应遵循稀缺性原则进行评价。

二、旅游资源评价的内容

（一）旅游资源质量评价

区域旅游资源评价，首先要对旅游资源的质量进行评价，旅游资源的质量应从区域旅游资源的特色、价值、功能、数量、密度和结构等方面进行判断。

1. 旅游资源的特色

区域旅游资源或景区景点所具有的超群出众的个性特征，是吸引旅游者前往参观游览的主要因素，具有极大的开发潜力。因此，必须尽可能挖掘那些具有独特性的旅游资源，分析评价的主要对象是旅游资源的地方色彩的浓郁程度，即奇特、珍稀、古老、优美、体量等个性的强弱、艺术造诣的高低和景观的优劣等内容。

2. 旅游资源的价值和功能

旅游资源的价值是指，旅游资源在该区域旅游业中的作用。这个作用的大小是由区域旅游资源的观赏性、历史性、科考性及社会文化性等特性所决定的，是旅游资源质量和水平的反映。例如特别优美的自然风光，由于美学特征突出，因而具有很高的观赏价值；某些历史悠久的珍贵文物古迹，或已进入世界文化遗产名录，或是国家重点文物保护单位，因而具有很高的历史文化价值。区域旅游资源能够满足开展旅游活动需求的各种作用的组合就是旅游资源的功能组合，它是旅游资源价值的具体体现。旅游资源的价值越高，旅游意义越大；旅游资源的功能结构越复杂，提供开展旅游活动的形式就越多。旅游资源的价值和功能评价，就是对区域旅游资源的美学价值、历史价值、科学研究价值、艺术价值，以及可供开发利用的特殊功用的分析评价。

3. 旅游资源的数量、密度和结构

区域旅游资源的多少（主要指景物、景点的数量）、旅游资源的集中程度（单位面积内旅游资源的数量），以及区域旅游资源的分布和组合特征，能进一步地说明旅游资源的吸引功能，这是旅游资源评价的主要内容之一。

在一定区域内，旅游资源数量大、类型多，分布集中，且搭配协调，形成了一定规模的旅游资源，才具有较高的旅游价值。不同性质或不同风格的旅游资源可以相互补偿、开展多种旅游活动，有利于扩大客源市场；区域旅游资源的集中分布，有利于集中开发，减少开发中的投资。一些独立的旅游资源，即使其极具特色且价值较高，但开发前景不一定好。

（二）旅游资源环境评价

旅游资源环境评价包括旅游资源所在区域的自然环境、社会环境、经济环境、环境容量等方面的分析评价。

1. 旅游资源的自然环境

地质、地貌、水文、气候、土壤、动植物等自然要素所构成的自然环境对旅游资源的开发利用前景影响很大。自然环境是构成旅游资源所在区域整体感知形象的一个因素，是旅游活动的重要外部环境条件之一。一个旅游区，通常情况下最重要的是外部环境给人以清洁、雅静的印象，往往青山常在、绿水长流，才是好环境（干旱区除外）。相反，一个区域气候恶劣，大气、水污染严重，甚至出现滑坡、泥石流等自然灾害，不仅破坏旅游资源的美感，也会危及游客的健康和安全，影响旅游资源的开发。气候既是重要的旅游资源，同时又与旅游资源的开发程度、规模、利用季节有直接关系。宜人的气候是旅游的必要条件，并且起着导向作用，避寒消暑即是明证。同时，降水、气温等气候要素的组合状况决定了旅游区的自然景观概貌和不同的观赏性植物，影响旅游的淡、旺季长短。水资源既是旅游景观重要的活跃因子，也是游客生活和旅游区域设施必不可少的要素。地质脆弱的地区，可能有地震、滑坡、泥石流、水土流失等隐患，对旅游资源的开发有一定影响。因此，旅游资源的自然环境评价要求对自然环境及其各组成要素进行综合评价分析，并根据环境要素的作用机理和影响范围、深度、速度等，预测自然环境的演化状况和后果。

2. 旅游资源的社会环境

由旅游资源所在区域的改革开放程度、社会治安、医疗保健、政府及当地居民对发展旅游业的态度，以及精神文明状态等共同构成的社会环境，会直接影响旅游资源开发利用的需求、速度、质量和总体规模，因而以上的社会环境要素也是分析评价旅游资源环境的重要内容之一。

3. 旅游资源的经济环境

旅游开发实际上就是经济开发。社会经济需要和地区经济实力，直接决定和影响着旅游资源的开发。资金和人力资源条件直接关系到旅游资源开发利用的深度、广度、进度和开发的可能性；基础设施和旅游专用设施的容纳能力直接影响到旅游资源的可进入性和旅游服务质量；而城镇的发展和居民的收入水平，则直接关系到旅游产品的提供和旅游市场的大小。

4. 旅游资源的环境容量

旅游资源的环境容量是指旅游资源所在区域在一定时间条件下，旅游活动的容纳能力。它是旅游资源构成的景区景点规模和效率的总标志。

（三）旅游资源开发条件评价

1. 旅游资源的区位条件

旅游资源所处的地理区位、交通区位和客源区位的优劣，往往影响到旅游资源的吸引力、开发规模、线路布置和利用的方向。旅游资源开发的成功与否，不仅取决于资源本身，还取决于资源所处的空间位置、与邻近区域资源的组合结构，以及交通区位状况。一般情况下，处在交通枢纽或交通沿线附近的旅游资源更有利于开发利用。

反之，地处偏僻、交通不便的旅游资源，由于可进入性差，即使资源价值较高，也难成为热点旅游地。旅游资源与其邻近区域旅游资源的组合结构，决定着旅游资源开发利用的前景。如果某旅游资源与其邻近区域旅游资源的等级相当，类型相似，则呈现相互替代的状态，造成游客的分流，旅游市场将会受到影响；相反，则呈现互补状态，产生集聚效应，可以连片开发，起到提携作用，从而吸引更多的旅游者，其开发前景乐观。

2. 旅游资源的客源市场条件

客源市场决定着旅游资源的开发规模和开发价值。没有一定数量的游客保障，旅游资源的开发就不可能产生良好的经济效益。因此，分析研究旅游资源开发后所能吸引的客源范围、客源层次、客源特点，确定和揭示主要的客源市场，有针对性地进行规划开发，这样才有利于促进区域旅游业的发展。

3. 旅游资源的投资、施工环境条件

任何区域旅游资源的开发都需要大量的资金，或吸引国内外的投资。投资者就国家政治局势、地区社会治安状态、地区政策、经济发展战略、投资优惠政策等相关投资环境会做全面的分析评价。营造良好的投资环境，有利于增强投资的积极性，提高旅游资源的开发利用价值。

旅游资源的开发必须有一定的施工现场，这种现场主要用于建设游览、娱乐设施和各种接待、管理设施，因此，旅游资源评价还应该考虑开发项目的难易程度及其工程量的大小等施工环境条件。评价施工环境条件的关键是权衡经济效益。由各开发区域的地质、地貌、水文、气候等自然条件决定的工程建设环境，以及设备、食品、建筑材料等基本供应条件，都直接影响到开发工程的投资大小和受益程度。

三、旅游资源评价的方法

（一）旅游资源定性评价法

定性评价也称为体验性评价。大多数是基于评价者（一般是旅游者或旅游专家）对评价客体的质量体验。他们对旅游资源提出的评价与分级，无具体的数量界限，只有定性的结论。根据评价的深入程度及评价结果的形式，旅游资源定性评价法可以分为一般体验性评价法和美感质量评价法等方法。

1. 一般体验性评价法

一般体验性评价法是由体验者根据自己的亲身体验对一个或一系列的旅游资源就其整体质量进行定性评估的方法。对于一系列旅游资源进行一般体验性评价，其结果可以形成一个评价序列。一般情况下，评价的项目很简单，只要求就旅游资源进行整体质量评价，或是在问卷上按表示质量优劣的序号填上评价者认定的旅游资源即可。

2. 美感质量评价法

美感质量评价法一般是基于对旅游者或专家体验的深入分析，建立规范化的评价模型的方法，评价的结果多是具有可比性的尺度或数量值。关于自然风景质量的视觉评估，目前较为公认的有专家学派、心理物理学派、心理学派和现象学派四大学派。

（1）专家学派。专家学派认为，凡是符合形式美原则的风景（皆指自然风景）就具有较高的风景质量。因而，对风景的分析基于其线条、形体、色彩和质地四个要素，强调多样性、奇特性、协调统一性等形式美原则在风景质量分级中的主要作用。专家学派的风景质量评价方法，突出表现为一系列的分类分级过程，其依据除了形式美原则外，还有生态学原则。

美国土地管理局的风景资源管理系统对自然风景质量的评价，先是选定七个风景质量因子进行分级评分（见表 3.3），然后再将这七个单项因子的得分值相加作为风景质量总分值，最后将风景质量归入三个等级，即 A 级总分 19 分及以上、B 级总分为 12~18 分、C 级总分为 0~11 分。

表 3.3　风景质量分级评价

评价因子	评价分级标准和评分值		
地　形	断崖、顶峰或巨大露头之高而垂直的地形起伏；强烈的地表变动或高度冲蚀之构造（包括主要的劣地或沙地）；具支配性、非常显眼而又有趣的细部特征（如冰河等）(5)	险峻的峡谷、台地、孤丘、火山丘和冰丘；有趣的冲蚀形态或地形变化；虽不具支配性，但仍存在趣味性的细部特征（3）	低而起伏之丘陵、山麓小丘或平坦之谷地，有趣的细部景观特征稀少或缺乏（1）
植　物	植物种类、构造和形态上有趣且富于变化（5）	有某些植物种类的变化，但仅有一、二种主要形态（3）	缺少或没有植物的变化或对照（1）
水　体	干净、清洁或白瀑状之水流，其中任何一项都是景观上的支配因子（5）	流动或平静的水面，但并非景观上的支配因子（3）	缺少，或虽存在但不明显（1）
色　彩	丰富的色彩组合；多变化或生动的色彩；岩石、植物、水体或雪原的愉悦对比（5）	土壤、岩石和植物之色彩与对比具有一定程度的强度的变化,但非景观之支配因子(3)	微小的颜色变化；具对比性或尚有趣；一般而言都是平淡的色调（1）
邻近景观之影响	邻近之景观大大地提升视觉美感质量（5）	邻近之景观一定程度地提升视觉美感质量（3）	邻近景观对于整体视觉美感质量只有少许或没有影响（1）
稀有性	仅存性种类、非常有名或区域内非常稀少；具观赏野生动物和植物花卉的一致机会（6）	虽然和区域内某些东西有相似之处,但仍是特殊的（2）	在某立地环境内具趣味性，但在本区域内非常普遍（1）
人为改变	未引起美感上的不愉悦或不和谐；或修饰有利于视觉上的变化性（2）	景观被不和谐干扰，质量有某些减损，但非很广泛而使景观质量完全抹杀或修饰，只对本区增加少许视觉之变化或根本没有（0）	修饰过于广泛，致使景观质量大部丧失或实质上降低（-4）

资料来源：保继刚，楚义芳. 旅游地理学［M］. 北京：高等教育出版社，1993.

（2）心理物理学派。心理物理学派把风景与风景审美理解为一种刺激—反应的关系，将心理物理学的信号检测方法引用到风景质量评价中，通过检测公众对风景的审美态度获得一个反映风景质量的量表，然后将该量表与风景组成成分之间建立起数学关系。心理物理学派的基本思想是：①人类具有普遍一致的风景审美观，可以将这种普遍的、平均的审美观作为风景质量的衡量标准；②人们对于自然风景质量的评估

（审美评判），是可以通过风景的自然要素来定量表达的；③风景审美是风景（客体）和人（主体）之间的一种作用过程，风景质量评估实质是指建立反映这一作用关系的定量模型。

评价模型操作可以分四个步骤进行：一是测量公众的平均审美态度，以照片或幻灯片作为工具获得公众对所展示风景的美感评价；二是确定所展示风景的基本要素；三是建立风景质量与风景的基本成分间的相关模型；四是将建立的数学模型用于同类风景的质量评估。

（3）心理学派，又称认知学派。该学派把风景作为人的生存空间、认识空间来研究，强调风景对人的认识作用在情感上的影响，试图用人的进化过程及功能需要来解释人对风景的审美过程。20世纪70年代中期，环境心理学家卡普兰（Kaplan S.）夫妇以进化论为前提，从人的生存需要出发，提出了风景信息的观点。他们认为，人在风景审美过程中，既注重风景中那些易于辨识和理解的特性，又对风景中蕴藏的具神秘感的信息感兴趣。因此，具有这两种特性或信息的风景的质量就高。

（4）现象学派，又称经验学派。该学派把人在风景审美评判中的主观作用提高到了绝对高度，它把人对风景的审美评判看作是人的个性及其文化历史背景、志向与情趣的表现。现象学派的研究方法，一般是考证文学艺术家们关于风景审美的文学、艺术作品，考察名人的日记等，以此来分析人与风景的相互作用及某种审美评判所产生的背景；另外，也通过心理测量、调查、访问等形式，记录现代人对具体风景的感受和评价。但这些调查不是简单地评价风景优劣，而是详细描述自己个人经历及关于某风景的感受，以此分析某风景价值所产生的环境与背景。因此，现象学派的方法和研究结论往往不能被风景评价学者直接应用。

除一般体验性评价和美感质量评价外，近年来有不少专家学者在原有方法的基础上，还提出了一些新的定性评价的方法，如卢云亭的“三三六”评价法、黄辉实的“六字七标准”评价法、北京旅游学院科研室提出的“八六五”评价法等。但由于定性评价的描述对象不同，所用的标准差别很大，往往要求评价者自己根据旅游资源的实际情况去加以创造。因此，定性评价的方法虽然简便易行，但因个人意见的局限性，常常带有主观色彩，运用此类评价方法必须遵循以下三个原则。

①实事求是的原则。该原则要求对风景名胜区旅游资源的价值作用必须进行如实地科学地评估，既不夸大，也不缩小，力求做到恰如其分，通常采用区际项目比较方法。

②高度概括的原则。定性评价是以大量第一手资料为基础的，因此评语不能太细，力求以明确、简练的描述，概括出区域旅游资源的价值、特点和功能。

③力求数据的原则。定性评价虽不属定量评价，但在评价中也要尽可能减少主观色彩，尽量向定量、半定量评价倾斜，努力使定性评价实现数据化。

（二）旅游资源定量评价法

定量评价方法是通过统计、分析、计算的方法，用具体的数量来表示开发区域的旅游资源及旅游环境等级的一种方法。定量评价一般又分为技术性单因子评价法和综合性多因子评价法两类，以下做一个概括介绍。

1. 技术性单因子评价法

技术性单因子评价，是评价者在评价区域旅游资源时，集中考虑某些典型而又关键的因素，并对这些起决定性作用的因素进行适宜性或优劣评价。这种评价方法对于开展专项旅游活动，如登山、滑雪、游泳等非常适用，一般只限于对自然旅游资源的评价。

例如，对海水浴场的评价，主要是考虑海滩和海水状况等决定因素对活动的影响程度。日本东急设计咨询公司在为我国台湾南部垦丁公园制定的旅游开发规划中，曾提出如表 3.4 所示的海水浴场评价的技术指标。

表 3.4　海水浴场评价标准

序号	资源项目	符合要求的条件	附注
1	海滨宽度	30~60 m	实际总利用宽度 50~100 m
2	海底倾斜	1/10~1/60	倾斜度越低越好
3	海滩倾斜	10/1~1/50	倾斜度越低越好
4	流速	游泳对流速要求在 0.2~0.3 m/s，极限流速 0.5 m/s	无离岸流之类局部性海流
5	波高	0.6 m 以下	符合游泳要求的波高为 0.3 m 以下
6	水温	23 ℃以上	不超过 30 ℃，但越近 30 ℃越好
7	气温	23 ℃以下	
8	风速	5 m/s 以下	
9	水质	透明度 0.3 m 以上，COD 2 g 以下，大肠菌数 1 000 MPN/100 ml 以下，肉眼难以看清油膜	
10	地质粒径	没有泥和岩石	越细越好
11	有害生物	不能辨认程度	
12	藻类	在游泳区域中不接触身体	
13	危险物	无	
14	浮游物	无	

注：表中海滨意为海滩。

资料来源：保继刚，楚义芳. 旅游地理学（修订版）[M]. 北京：高等教育出版社，1999.

美国土地管理局在其制定的土地供游活动适宜性评估系统中，对于海水浴场的技术评估选用七个资源因素实行分级评价，具体评分方法见表 3.5。

表 3.5　海水浴场适宜性评估（美国）

决定因素	评估标准及计分		
水质	清澈　(5)	混浊　(4)	污染　(1)
危险性	无　(5)	有一点　(4)	有一些　(1)
水温	>22.2 ℃　(5)	19.4~22.2 ℃　(4)	<19.4 ℃　(1)
颜色与浑浊度	清明　(3)	稍浑浊　(2)	浑浊　(1)
风	全季适应　(3)	>1/2 季适应　(2)	<1/2 季适应　(1)
1.5 m 深水域（距海岸线）	>30.5 m　(3)	15.25~30.5　(2)	9.15~15.25 m　(1)
* 海滩状况	良好　(5)	一般　(4)	差　(1)

注：A 为 26~29，B 为 21~25，C 为 13~20。

良好级：坡度低于 10%，海岸平滑，稳定性好，障碍物少且易移除；一般级与差级，依次类推。

* 包括坡度、平滑、稳定性、障碍性。

资料来源：保继刚，楚义芳. 旅游地理学（修订版）[M]. 北京：高等教育出版社，1999.

2. 综合性多因子评价法

综合性多因子评价法是在考虑旅游资源所在区域的特定区域空间的多因子的基础上，运用一些数学方法，通过建模分析，对区域旅游资源及其环境和开发条件进行综合评价。评价的结果为数量化的指标数值，便于对不同地区旅游资源的评价结果进行比较。现有的综合性多因子评价方法很多，以下就指数表示法和中国观赏性旅游地评价模型做相关介绍。

（1）指数表示法。旅游资源的指数表示法一般分三步进行。

首先，调查分析旅游资源的开发利用现状、吸引能力及外部区域环境，调查要求有准确的统计定量资料。

其次，调查分析旅游的需求量、旅游者的人口构成、平均逗留时间、旅游消费趋向、旅游需求构成，以及需求的节律性等旅游需求要素。

最后，总评价的拟定，建立表达旅游资源特质、旅游需求与旅游资源之间关系的若干量化模型。其公式如下：

$$E = \sum_{i=1}^{n} F_i M_i V_i \quad (5.1)$$

式中，E_i—— 旅游资源的评价指数；

F_i—— 第 i 项旅游资源在全体旅游资源中的权重；

M_i—— 第 i 项旅游资源的特质和规模指数；

V_i—— 旅游者对第 i 项旅游资源的需求指数；

n—— 旅游资源总数。

国外有些学者在评价旅游资源时，不仅采用了需求指数形式，而且与旅游者可利用程度（供给）结合起来，最终决定旅游资源的总价值。他们把旅游点的潜在吸引力程度称作旅游资源潜力指数。公式如下：

$$I = \frac{A + B}{2} \quad (5.2)$$

式中，I—— 旅游资源潜力指数；

A—— 旅游需求值；

B—— 旅游可得性值(即旅游供给)。

I 可表示一个旅游点的实际可利用程度，充分代表它具有的旅游吸引力，其中 B 值的获取，是根据人们的一般感受、观察和经验，选择季节性、可进入性、准许性、重要性、脆弱性和普及性六个反映旅游资源基本特性的标准，让更多的专家学者对其判断比较，以数量的形式给出的六个标准的相对贡献值，并按好、中、差等级排出其序位。

(2) 中国观赏性旅游地评价模型。对于旅游资源所在地的综合性评价，主要着眼于旅游资源的整体价值评价，或资源所在地开发价值的评价。楚义芳建立的中国观赏性旅游地评价模型，就旅游地的旅游资源、区位条件和区位特征三部分进行了综合评价。

中国观赏性旅游地评价模型相应的因子模型见图 3.1。评价的数量模型采用菲什拜因—罗森柏格关于旅游地综合性评估模型，即

$$E = \sum_{i=1}^{n} Q_i P_i \tag{5.3}$$

式中，E—— 旅游地综合性评估结果值；

Q_i—— 第 I 个评价因子的权重；

P_i—— 第 I 个评价因子的评价值；

n—— 评价因子数目。

评价因子的权重，应用德尔非法，根据层次分析的标度理论，向地理学界、旅游学界、建筑学界、各省旅游局、城市规划和管理研究机构的有关专家发出问卷征询，获取有效原始数据，将所有专家的标定值进行加权处理，得到最终标定值的判断矩阵，运用层次分析法并借助计算机处理判断矩阵，得到评价因子排序权重值。图 3.1 为旅游资源评价因子模型。表 3.6 表明，旅游资源在旅游地评价三大类因子中处于最为重要的地位，而旅游地所在的区域的自然和社会经济条件同旅游地的区位特性有近似的权重值，表明二者在旅游地评价中的重要程度基本相同。表 3.7 表明，同一旅游资源因子在不同类型的观赏性旅游地评价中，重要程度有很大的差别。

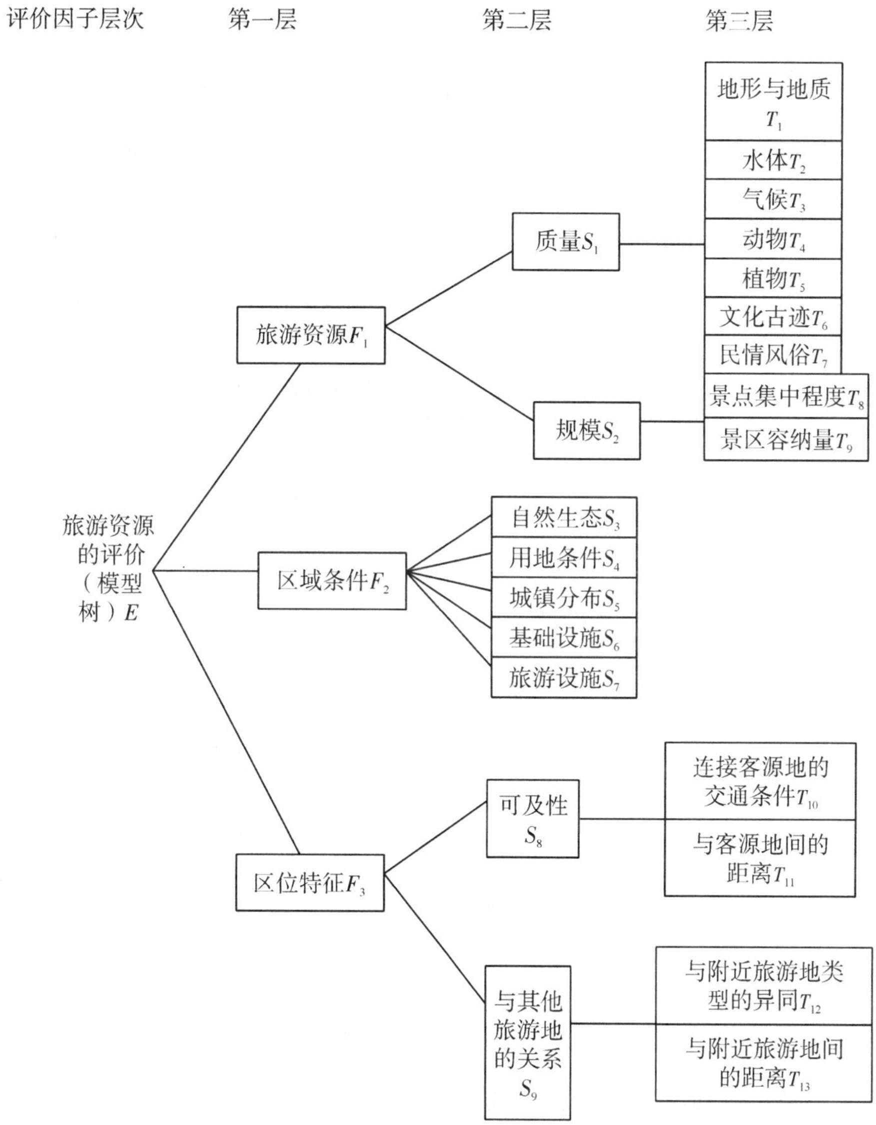

图 3.1　旅游资源评价因子模型

资料来源：保继刚，楚义芳. 旅游地理学（修订版）[M]. 北京：高等教育出版社，1999.

表 3.6　第一、二层评价因子权重

评价因子	代码	权重值
旅游资源	F_1	7.024（10.00）
质量	S_1	5.762（8.202）
规模	S_2	1.262（1.798）
区域条件	F_2	1.431（10.00）
自然生态	S_3	0.681（4.598）
用地条件	S_4	0.159（1.073）
城镇分布	S_5	0.164（1.105）
基础设施	S_6	0.229（1.549）

表3.6(续)

评价因子	代码	权重值
旅游设施	S_7	0.243（1.675）
区位特性	F_3	1.495（10.00）
可及性	S_8	1.273（8.514）
与其他旅游地的关系	S_9	0.222（1.486）
总计		10.000

资料来源：保继刚，楚义芳. 旅游地理学（修订版）[M]. 北京：高等教育出版社，1999.

表 3.7　观赏性自然旅游资源因子重要度比较

	海岸型	河流与湖泊型	山岳型	平原型
1	水体（2.804）	水体（2.994）	地形与地质（3.935）	文化古迹（3.201）
2	地形与地质（2.087）	地形与地质（2.073）	文化古迹（1.512）	民情风俗（2.448）
3	气候（2.025）	文化古迹（1.445）	植物（1.095）	水体（1.232）
4	文化古迹（1.154）	气候（1.391）	民情风俗（0.983）	植物（1.029）
5	民情风俗（0.893）	民情风俗（0.935）	气候（0.948）	气候（0.957）
6	植物（0.642）	植物（0.700）	水体（0.859）	地形与地质（0.660）
7	动物（0.449）	动物（0.452）	动物（0.668）	动物（0.473）

资料来源：保继刚，楚义芳. 旅游地理学（修订版）[M]. 北京：高等教育出版社，1999.

（三）国家标准规定的综合打分评价方法

采用国家标准规定的旅游资源评价体系（见表 3.8），即依据“旅游资源共有因子综合评价系统”赋分。评价系统设“评价项目”和“评价因子”两个档次。评价项目为“资源要素价值”“资源影响力”“附加值”。其中，“资源要素价值”项目中含“观赏游憩使用价值”“历史文化科学艺术价值”“珍稀奇特程度”“规模、丰度与概率”“完整性”五项评价因子；“资源影响力”项目中含“知名度和影响力”“适游期或使用范围”两项评价因子；“附加值”含“环境保护与环境安全”一项评价因子。

（1）基本分值。

评价项目和评价因子用量值表示。资源要素价值和资源影响力分值为 100 分，其中“资源要素价值”为 85 分（“观赏游憩使用价值”30 分、“历史科学文化艺术价值”25 分、“珍稀或奇特程度”15 分、“规模、丰度与概率”10 分、“完整性”5 分），“资源影响力”为 15 分（“知名度和影响力”为 10 分、“适游期或使用范围”为 5 分），附加值中“环境保护与环境安全”，分正分和负分。每一评价因子分为四个档次，其因子分值相应分为四档。旅游资源评价赋分标准见表 3.8。

（2）计分。

根据对旅游资源单体的评价，得出该单体旅游资源共有综合因子评价赋分值。旅游资源评价等级指标，依据旅游资源单体评价总分，将其分为五级。从高级到低级为：五级旅游资源，得分值域≥90分；四级旅游资源，得分值域为75~89分；三级旅游资源，得分值域为60~74分；二级旅游资源，得分值域为45~59分；一级旅游资源，得分值域为30~44分；此外还有未获等级旅游资源，得分≤29分。

五级旅游资源称为“特品级旅游资源”；五级、四级、三级旅游资源被通称为“优良级旅游资源”；二级、一级旅游资源被通称为“普通级旅游资源”。

表3.8 旅游资源评价赋分标准

评价项目	评价因子	评价依据	赋值
资源要素价值（85分）	观赏游憩使用价值（30分）	全部或其中一项具有极高的观赏价值、游憩价值、使用价值	22~30
		全部或其中一项具有很高的观赏价值、游憩价值、使用价值	13~21
		全部或其中一项具有较高的观赏价值、游憩价值、使用价值	6~12
		全部或其中一项具有一般观赏价值、游憩价值、使用价值	1~5
	历史文化科学艺术价值（25分）	同时或其中一项具有世界意义的历史价值、文化价值、科学价值、艺术价值	20~25
		同时或其中一项具有全国意义的历史价值、文化价值、科学价值、艺术价值	13~19
		同时或其中一项具有省级意义的历史价值、文化价值、科学价值、艺术价值	6~12
		历史价值、或文化价值、或科学价值，或艺术价值具有地区意义	1~5
	珍稀奇特程度（15分）	有大量珍稀物种，或景观异常奇特，或此类现象在其他地区罕见	13~15
		有较多珍稀物种，或景观奇特，或此类现象在其他地区很少见	9~12
		有少量珍稀物种，或景观突出，或此类现象在其他地区少见	4~8
		有个别珍稀物种，或景观比较突出，或此类现象在其他地区较多见	1~3
	规模、丰度与概率（10分）	独立型旅游资源单体规模、体量巨大；集合型旅游资源单体结构完美、疏密度优良级；自然景象和人文活动周期性发生或频率极高	8~10
		独立型旅游资源单体规模、体量较大；集合型旅游资源单体结构很和谐、疏密度良好；自然景象和人文活动周期性发生或频率很高	5~7
		独立型旅游资源单体规模、体量中等；集合型旅游资源单体结构和谐、疏密度较好；自然景象和人文活动周期性发生或频率较高	3~4
		独立型旅游资源单体规模、体量较小；集合型旅游资源单体结构较和谐、疏密度一般；自然景象和人文活动周期性发生或频率较小	1~2
	完整性（5分）	形态与结构保持完整	4~5
		形态与结构有少量变化，但不明显	3
		形态与结构有明显变化	2
		形态与结构有重大变化	1

表3.8（续）

<table>
<tr><th>评价项目</th><th>评价因子</th><th>评价依据</th><th>赋值</th></tr>
<tr><td rowspan="8">资源影响力（15分）</td><td rowspan="4">知名度和影响力（10分）</td><td>在世界范围内知名，或构成世界承认的品牌</td><td>8~10</td></tr>
<tr><td>在全国范围内知名，或构成全国性的品牌</td><td>5~7</td></tr>
<tr><td>在本省范围内知名，或构成省内的品牌</td><td>3~4</td></tr>
<tr><td>在本地区范围内知名，或构成本地区品牌</td><td>1~2</td></tr>
<tr><td rowspan="4">适游期或使用范围（5分）</td><td>适宜游览的日期每年超过300天，或适宜于所有游客使用和参与</td><td>4~5</td></tr>
<tr><td>适宜游览的日期每年超过250天，或适宜于80%左右游客使用和参与</td><td>3</td></tr>
<tr><td>适宜游览的日期超过150天，或适宜于60%左右游客使用和参与</td><td>2</td></tr>
<tr><td>适宜游览的日期每年超过100天，或适宜于40%左右游客使用和参与</td><td>1</td></tr>
<tr><td rowspan="4">附加值</td><td rowspan="4">环境保护与环境安全</td><td>已受到严重污染，或存在严重安全隐患</td><td>−5</td></tr>
<tr><td>已受到中度污染，或存在明显安全隐患</td><td>−4</td></tr>
<tr><td>已受到轻度污染，或存在一定安全隐患</td><td>−3</td></tr>
<tr><td>已有工程保护措施，环境安全得到保证</td><td>3</td></tr>
</table>

注：根据国家标准《旅游资源分类、调查与评价》（GB/T 18972-2017）表1制作。

四、旅游资源调查与评价成果提交要求

提交的成果应包括以下全部文（图）件：

（1）《旅游资源调查报告》。

（2）《旅游资源图》。

（3）填写完成的旅游资源调查区实际资料表。

拓展案例

峨沙康养休闲走廊康养休闲旅游资源评价

一、峨沙康养休闲走廊旅游资源整体评价

2016年，“整体规划开发峨眉山系，打造峨眉—沙湾康养休闲走廊”首次被列入乐山“加快核心景区扩容提质”的重点旅游项目。峨沙康养休闲走廊以康养度假休闲为主开发，既扩容乐山境内的“大峨眉旅游圈”，又促进其转型升级、提质增效，从而提高了整个乐山境内峨眉山系的实力。

（一）康养旅游资源基底概况与开发方向

峨沙康养休闲走廊区的资源形成“绿底、山骨、水灵、文魂”组合，尤其延伸出丰富的康养休闲旅游资源。康养“六度”皆优：按照“温度、湿度、高度、优产度、

洁静度、绿化度”的康养指标衡量，峨沙康养休闲走廊区的康养资源总体都是优级，其中湿度略为偏高。

（二）基于多项国家标准的康养资源条件综合评价

根据《国家旅游资源分类、调查与评价》《中华人民共和国旅游度假区等级划分标准》《国家康养旅游示范基地标准》等标准逐项评价后，本区康养资源都为优良级且以优等级为主。

（三）旅游资源品位与特征评价

（1）总体具有优质品位。

无论是避暑度假类，还是休闲体验类和观光类资源，总体而言，峨沙康养休闲走廊区的资源品位都是优质的。

（2）休闲康养资源种类丰富。

峨沙康养休闲走廊区拥有夏季避暑、春秋养身、各类户外主题体验活动、各类观光资源等种类的休闲康养资源。

（3）康养资源具有四大主题分区特点。

二峨山以道教避暑康养休闲资源为主，三峨山以佛教避暑康养休闲资源为主，范店一线天及龚嘴库区以避暑与中医药养生康养休闲资源为主，四峨山以乡村休闲度假和户外运动为主。

（4）以夏半年为主适合全年全区域康养休闲。

峨沙康养休闲走廊区主体区域海拔高度范围在600米至1 800米，山势除进入山顶区域相对陡峭外，相对其他大山区域，整体都比较平缓，山顶区域多为平地。

二、旅游资源基本分类与品位评价

国家标准《旅游资源分类、调查与评价（GB/T 18972-2017）》将旅游资源分为8个主类、23个亚类、110个基本类。依据本标准评价，峨沙康养休闲走廊区8个主类，占国家标准主类的100%；亚类22个，占95%；基本类54个，占49%。主要缺失遗址遗迹和建筑与设施等方面的基本类型，其次是如沙漠、冰川积雪、海洋类的基本类型。根据《旅游资源评价赋分标准》，本区得分91分，属于特品级旅游资源。

三、休闲体验资源评价

峨沙康养休闲走廊存在丰富的自然资源与人文资源，森林富集、农耕多样，具备能够开展各类休闲体验的资源，如遗迹探险、文化体验、农事休闲、茶文化体验、写生摄影、垂钓休闲、山地活动等20多类体验活动。

四、度假旅游资源评价

峨沙康养休闲走廊拥有度假的核心资源——优质环境、气候资源、负氧离子，特别是绿色森林前提下清新的空气和舒适的气候。

（一）度假气候资源评价

四川省康养旅游规划（2015—2025）划分了康养气候区划，其中峨沙康养休闲走廊属于初春、晚秋型度假区，即峨沙康养休闲走廊区的气候适宜从初春开始经过盛夏直至晚秋时节度假，度假总体时间6~9个月。

（二）森林覆盖率与负氧离子评价

峨沙康养休闲走廊区森林覆盖率在70%以上，本区负氧离子每立方厘米不低于1 500个，高值在每立方厘米10 000个以上。因此，峨沙康养休闲走廊的森林覆盖率高、负氧离子含量高，空气处于清新和非常清新水平，利于康养。

五、养生资源评价

峨沙康养休闲走廊区富含养生文化、特色药材、特色食材与养生餐饮，养生资源丰富。

六、环境质量评价

根据《环境空气质量标准》（GB 3095-2012）、《地表水环境质量标准》（GB 3838-2002）、《土壤环境质量标准》（GB 15618-1995）① 等国家相关标准，峨沙康养休闲走廊区环境总体质量优良，处于相关标准的一二级或一二类。

案例来源：四川旅游发展研究中心编制的《峨沙康养休闲走廊开发策划方案》。

本章小结

旅游资源作为旅游的客体，最重要的意义在于它对旅游者的吸引。旅游资源作为一个发展的概念，随着研究的深入和旅游业的发展，它的范围将会不断扩大，涉及的知识也会不断深化。因此本章意在通过对旅游资源与劳务、旅游资源与旅游产品、旅游资源与旅游景观的关系进行阐述，进一步突出旅游资源的内涵及特征，以此帮助学习者了解旅游资源的分类，以及旅游资源调查和规划开发的意义。

本章从旅游资源调查的目的、指导思想和重点入手，阐述了旅游资源调查的方法和程序；从旅游资源评价的目的和内容入手，阐述了旅游资源评价的基本原则，重点介绍国家标准（GB/T 18972-2017）规定的旅游资源评价体系和基本方法。重点是对旅游资源评价国家标准规定方法的掌握。

复习与思考

1. 什么是旅游资源？为什么说旅游资源是一个发展的概念？
2. 旅游资源分类原则及主要分类方法有哪些？
3. 简述为什么要进行旅游资源调查？试述旅游资源调查的方法与内容。
4. 简述旅游资源调查的步骤。
5. 根据国家标准《旅游资源分类、调查与评价》（GB/T 18972-2017）要求，简述旅游资源调查报告的主要编写内容。

---

① 2018年8月1日，《土壤环境质量标准》（GB 15618-1995）废止。

第四章 旅游市场分析与预测

第一节 旅游市场调查

旅游市场有广义与狭义之分。广义的旅游市场是指旅游产品交换过程中所反映的各种经济现象和经济关系，不仅仅局限于旅游产品交换的场所。狭义的旅游市场是指旅游客源市场。本教材中的旅游市场是指狭义的旅游客源市场。

一、旅游市场调查的定义

随着经济全球化的发展和市场界限的无国界化，旅游市场迅速扩大，消费者需求因为交通与通信的发展而越来越多样化和多变化，旅游企业之间的竞争也日益激烈。如何分析市场、发现市场和确定市场已是旅游企业关注的关键问题。

旅游市场调查是指运用科学的方法，有针对性地、有计划地、系统地收集整理和分析有关旅游营销活动方面的信息，以了解旅游营销环境与市场状况，为旅游经营决策提供依据的活动。

二、旅游市场调查的内容

为了进一步明确旅游市场调查的概念，本书对旅游市场调查中包含的几方面内容进行具体说明。

（一）旅游市场调查目的

其目的是为旅游企业决策者或管理部门提供参考依据，可能为制定旅游企业长远性的战略性规划，也可能为制定某阶段规划或针对某问题的具体政策提供参考依据。研究可以是学术性的，也可以是实用性的。

（二）旅游市场调查的内容

旅游市场调查的内容一般是由旅游市场调查的目的决定的。一般说来，旅游市场调查主要涉及五个方面的内容。

1. 旅游市场环境调查

旅游市场环境因素包括旅游企业的外部环境因素和旅游企业内部环境因素。

（1）外部环境因素。任何企业都应充分认识外部环境因素的变化给企业带来的机遇和威胁，应随时监测这些变化并与之相适应是非常重要的。影响旅游市场的外部因素有很多，包括经济、政治、法律、社会文化、技术、人口、自然环境、消费者市场、产业市场、竞争者状况等。

（2）内部环境因素。除了对外部因素研究之外，旅游市场调研还必须研究旅游地或企业自身与市场需求的发展是否相协调的问题，包括自己的营销策略、营销手段或营销组合是否能有效开拓市场，如自己的旅游产品、价格、分销渠道以及促销方面是否存在问题。此外，企业应对自己营销活动进行管理评估，例如在营销计划、组织实施以及控制方面是否适应市场变化。

2. 旅游市场需求调查

旅游市场需求调查也称客源市场需求调查，一般包括客源市场总体状况调查和旅游消费行为调查。

（1）客源市场总体状况调查，包括调查客源市场现在和潜在的购买人数、销售量和购买原因。

（2）旅游消费行为调查，包括调查旅游者的数量、类别、结构、地理和季节性分布、购买能力、购买欲望与购买动机、旅游方式、旅游偏好和停留时间等。

3. 旅游市场供给调查

旅游市场供给调查，是在一定时期内，调查旅游市场提供的旅游产品的总量，包括旅游吸引物调查、旅游设施调查、可进入性调查、旅游服务调查、旅游形象调查和旅游容量调查。

4. 旅游企业营销运行状态及效果调查

营销运行状态及效果调查可通过调查旅游企业可控制的因素加以体现。旅游企业的可控因素主要包括旅游产品、旅游价格、旅游分销渠道和旅游促销。

5. 旅游竞争调查

旅游竞争调查包括竞争者的数量、分布和市场营销能力；竞争者的优势与不足；主要竞争对手的实力、市场营销策略和实际效果；与竞争对手合作的可能性和方式；本单位营销、战术及其效果。

三、旅游市场调查的程序

（一）旅游市场调查企划阶段

旅游市场调查的企划阶段是调查工作的准备和开始，企划阶段是否充分周到，对后面的市场调查工作的开展和调查的质量影响很大。这一阶段的主要内容是确定调查目标和调查项目、选择调查方法、估算调查费用、编写调查建议书等。

调查目标是调查所要达到的具体目的，包括旅游企业产品和服务问题、经营中出现的困难、市场竞争问题及未来发展方向等。为使调查目标明确具体，我们必须要考虑调查的目的、调查的内容、调查结果的用途及调查结果的阅读者等问题，从而为下一步调查工作的顺利进行奠定基础。

在确定调查目标后，就要拟订调查方案和工作计划。调查方案是对某项调查本身的具体设计，主要包括调查的具体对象、调查的地区范围、调查资料收集和整理的方法等内容。调查工作计划是对某项调查的组织领导、人员配备和考核、完成时间、工作进度和费用预算等事先进行的安排，目的是使调查工作能够有计划地进行，以保证调查方案的实现。

（二）旅游市场调查的资料收集阶段

拟订的调查企划建议书经批准后，就进入调查资料的收集实施阶段。这个阶段的主要任务是组织调查人员按照调查方案的要求和工作计划的安排，通过案头调查和实地调查系统地收集各种资料。一般而言，旅游企业市场调查所要收集的资料主要有直接资料和间接资料。

直接资料是旅游企业市场调查者自己采用各种市场调查方式，如典型调查、重点调查、抽样调查；各种市场调查方法，如观察法、实验法、访问法等，对市场信息进行收集、整理、分析的结果。直接收集的市场资料实用性强、可信度高，但取得直接资料需要较多的费用，有些资料又是旅游企业无法取得的。

间接资料是指从别人所组织的各种调查所收集和积累起来的资料中，摘取和整理出的旅游市场或与旅游市场有关的资料。报纸、年鉴等都是其重要来源。间接资料的主要特点是节约费用，可以充分利用别的组织提供的而自身企业无法获得的调查资料，但须考证其真实性，且适用性较直接资料低。

资料收集阶段是旅游企业进行市场调查的重要阶段，是调查能否取得成功的关键，也是花费财力和人力最多而且最容易产生差错的阶段。因此要深入研究各种调查方法、调查方式以及科学地制作调查问卷。

（三）资料整理分析和撰写调查报告阶段

旅游市场调查资料的整理分析、撰写调查报告阶段是调查全过程的最后一环，也是市场调查能否充分发挥作用的关键。它包括资料的整理、资料的分析和旅游市场调查报告的撰写。当取得大量的旅游市场调查资料之后，调查人员首先要对其进行审核订正，分类汇总，根据研究目的进行加工整理，然后进行分析，在确实弄清旅游市场活动和过程的基础上，研究其动向及其发展变化规律，探索解决问题的方法。

四、旅游市场调查的方法

在旅游市场调查中常用的方法主要有询问调查法、文案调查法和观察法。

（一）询问调查法

询问调查法是调查人员与被调查者直接接触的实地调查方法，旅游市场调查人员通过将事先拟定好的调查问题以各种方式向被调查者提出询问，通过其回答获取所需资料。为方便调查人员收集资料与整理资料，事先拟定的问题一般以调查问卷的形式出现，所以，调查问卷的设计直接影响调查的效果。

询问调查法一般分为访谈法、问卷法和电话法。

（1）访谈法。由调查人员访问被调查者，根据调查提纲当面提问或电话提问，其方式有个人访谈、小组访谈、会议访谈。采用这种方法，调查人员可以依据被调查者的具体情况，灵活决定谈话方式、谈话内容和时间，并有助于消除被调查者的疑虑，建立融洽的访谈气氛，因而调查效果好、质量高。但是，这种方法费时间，费用也比较高，又容易受调查人员素质的影响，管理操作比较困难。

（2）问卷法。调查人员将设计好的调查问卷通过各种媒介（如家庭访问问卷、户外现场填答问卷、邮寄问卷、网络问卷等形式）传递给被调查者，请其填写后交回。这种方法具有组织简单、费用低廉、调查结果客观性高、传播快速与直观、不受时空与地域限制、调查周期短等优点。但是，这种调查的问卷回收率低、信息反馈时间长，调查人员从表格中也很难判断被调查者回答的真实性。因此，使用问卷调查法可以使用一定的物质激励来提高调查表的回收率。

（3）电话法。由调查人员通过电话向被调查者直接征询意见。这种方法的优点是信息反馈快、费用比较低；但是，调查的问题不可能太多，也无法与被调查者深入交谈。

（二）文案调查法

旅游市场调查需要收集两类数据，即统计数据与原始数据。其中，统计数据也称二手数据，是经别人收集、加工整理和已经发表的数据。文案调查法就是通过收集各种历史和现实的动态统计资料（二手资料），从中摘取与市场调查有关的情报，在办公室内进行统计分析的调查活动。所以文案调查法也称间接调查法、资料分析法或室内研究法。就一般情况而言，统计数据的收集相对快捷、成本较低。

统计数据的资料来源主要有：

（1）旅游企业内部积累的各种资料，如旅游报刊以及一些内部文件。

（2）国家机关公布的国民经济发展计划、统计资料、政策、法规等及其内部资料。

（3）旅游行业协会和其他旅游组织提供的资料，或旅游研究机构、旅游专业情报机构和咨询机构提供的市场情报和研究结果。

（4）旅游企业之间交流的有关资料。

（5）国内外公开出版物，如报纸、杂志、书籍及图书刊登的新闻、报道、消息、评论以及调查报告。

获取以上统计数据的方法主要有以下三种：

（1）文献资料筛选法。这种方法通常根据旅游市场调查目的和要求，有针对性地查找有关文献资料，从中分析和筛选出与旅游企业市场有关的信息情报。例如，某旅游企业要收集有关我国旅游者旅游消费支出状况的统计数据，就可以通过《中国旅游统计年鉴》查出不同年龄阶段、不同职业状况的旅游者在不同城市旅游消费支出状况，并且可以进而查出旅游者在餐饮、住宿、市内交通、购物、娱乐方面的状况。由于文献筛选法具有传播广泛、查找记录方便的优点，因而文献资料筛选法是旅游企业获取技术和经济情报的最主要来源。

（2）报刊剪辑分析法。这种方法是指调查人员平时从各种报刊中分析和收集旅游信息的方法。信息社会突出的特点是信息量大和信息流动快，市场情况的瞬息万变在日常新闻报道中都会有所体现。

旅游调查人员如果仔细去观察、收集、分析各种公开发行的报纸与杂志中与旅游企业市场有关的信息，往往会收到意想不到的效果。因此，旅游企业应积极订阅与旅游相关的报纸杂志，同时还应该充分利用广播、电视、互联网络等现代通信宣传渠道，收集情报信息，以及时发现市场机会，争取和占领市场。

（3）情报联络网络。这种方法是指旅游企业在全国范围内或国外某些地区设立情报联络网，扩大商业情报资料收集工作的范围。一般由旅游企业派遣专门人员在重点地区设立固定情报资料收集点或同旅游相关部门以及有关情报中心定期互通情报，以获得有关旅游市场供求趋势、旅游者购买行为、价格情况等方面的信息，从而建立起旅游情报网。

世界上大型连锁酒店一般都设有情报联络网，连锁集团内部酒店可以共享相关的旅游营销信息。情报联络网由于涉及的范围广，因而获取的情报信息量大、综合性高。但是这种方法也受到旅游企业自身规模、资金和人力的制约，它一般适用于一些大型的旅游集团企业。

（三）观察法

观察法是指由旅游调查人员到各种现场进行观察和记录的一种市场调查方法。调查人员在观察时，既可以耳闻目睹现场情况，也可以利用照相机、录音机、摄像机等仪器对现场进行记录，以获得真实的信息。

观察法的优点是被调查者往往是在不知不觉中被观察调查的，他们处于自然状态，因此用这种方法所收集到的资料较为客观、可靠、生动、详细。但这种方法所耗费用较大，并且只能观察到事实的发生，观察不到行为的内在因素（如感情、态度等），因此一般要与面访调查等其他方法结合使用。

五、旅游市场调查问卷的设计

问卷设计是一项十分细致的工作，一份好的问卷应做到内容简明扼要、信息要素齐全，问卷问题安排合理、合乎逻辑、通俗易懂，以便于调查者对资料的分析处理。

一份问卷通常由四部分组成：题目、说明书（前言与结束语）、主体内容和编码。问卷的题目主要是直接说明调查的主题，要求明确、简洁、具有针对性。问卷前言主要是对调查目的、意义及填表要求等的说明。前言部分文字须简明易懂，能激发被调查者的兴趣。问卷结束语主要表示对被调查者合作的感谢，记录下调查人员姓名、调查时间、调查地点等。问卷主体是市场调查所要收集的主要信息，它由一个个问题及相应的选择项目组成。通过主体部分问题的设计和被调查者的答复，调查者可以对被调查者的个人基本情况和对某一特定事物的态度、意见倾向以及行为有较充分的了解。在问卷主体的问题标明编码，一般可以使用阿拉伯数字与英语字符，便于资料整理。

资料收集的准确与否，直接来源于问卷主题设计是否科学与合理。一份好的问卷主体设计应符合以下准则。

（1）文字表达要准确，内容具体明确。问卷的设置不应使被调查者有模糊认识，例如，“您经常外出旅游吗?”就是用词不准确，因为不同的人对“经常”一词有不同的理解，回答各异，不能取得准确的信息。若将此问改为具体的问题：“您去年外出旅游的次数是?”这样表达就很准确，不会产生歧义。因此，问题中应不包含“经常”“也许”“大概”等容易使填卷人与调查者产生理解分歧的词汇。

（2）避免出现被调查者可能不明白的缩写、俗语或生僻的用语。例如面对老龄市场需求调查时，使用“驴友”一词，就可能引起误会。

（3）问卷要避免使用引导性的语句。例如设计问卷时，问“××旅行社的旅游产品质优价廉，您是否准备选购?”这样的问题将容易使被调查者由引导得出肯定性的结论或对问题反感，简单得出结论，这样不能反映消费者对商品的真实态度和真正的购买意愿，所以产生的结论也缺乏客观性，结果可信度低。

（4）问卷问句设计要有艺术性，避免对被调查者产生刺激而不能很好地合作。例如下面两种问句：

①您至今未出国旅游的原因是什么?

A. 没有钱　B. 没有兴趣　C. 不懂外语　D. 对现有产品不满意

②您至今未出国旅游的主要原因是什么?

A. 价格比较高　B. 对组团的旅行社不满意　C. 现有产品设计不合理　D. 其他

显然第二种问句更有艺术性，能使被调查者愉快地合作。而第一种问句较易引起填卷人反感、不愿合作或导致调查结果不准确。

（5）避免敏感性问题。涉及被调查者的心理、习惯和个人生活隐私而不愿回答的问题，即使将其列入问卷也不易得到真实结果。遇有这类问题，如果实在回避不了，可列出档次区间或用间接的方法提问。如调查个人收入，如果直接询问，则不易得到准确结果，而划分出不同的档次区间供其选择，效果就比较好。

（6）避免误差性问题。比如由于时间久、回忆不起来或回忆不准确的问题。

根据调查行业和调查方向的不同，问卷的设计在形式和内容上也有所不同，但是无论对于哪种类型的问卷来说，在设计过程中都必须要注意以下几个要点：①明确调查目的和内容，问卷设计应该以此为基础；②明确针对人群，问卷设计的语言措辞选择得当；③在问卷设计的时候，就应该考虑数据统计和分析是否易于操作；④卷首最好要有说明（称呼、目的、填写者受益情况、主办单位），如有涉及个人资料，应该有隐私保护说明；⑤问题数量设计应做到合理化、逻辑化、规范化。

即使是一份看起来设计很成功的问卷，也不一定在实践中就是成功的，必须要经历实践的考验，所以在问卷初步设计完成时，应该设置相似环境，在小范围内进行试填，并对结果反馈，及时进行修改，只有这样，才能够达到市场调查的终极目的，就是以准确的数据和分析来为策略做一个有价值的参考。

第二节　目标市场选择

一、旅游市场细分

（一）旅游市场细分的概念

旅游市场细分是将整个市场按照旅游者的特点划分为不同旅游者群的过程，所划分出来的每一个旅游者群，就是一个旅游细分市场。旅游市场细分，便于选择恰当的目标市场，恰当的目标市场选择是旅游规划的重要基础和保障。

（二）旅游市场细分的原则

旅游市场细分的目的是识别消费者需求上的差异，以发现有利的营销机会。旅游企业可根据单一因素，也可根据多个因素对市场进行细分。一般而言，成功、有效的市场细分应遵循以下基本原则：

1. 层次性

细分出的市场应当在产品上区分高、中、低三个档次，在规模上区分大、中、小三个规格，在需求上区分不足、平衡、供大于求三种关系，使细分后的市场具有明显的层次性，以便采取不同的营销策略。

2. 衡量性

衡量性是指企业在进行市场细分时所选择的细分标准必须是可以识别和度量的，即细分出来的市场不仅范围明确，而且对其容量大小也能大致做出判断。细分标准要具有客观性，如按年龄、性别、收入、受教育程度、地理位置、民族等标准，以便确定企业的目标市场。

3. 适合性

细分出的市场必须同时适合营销者和消费者。一方面，营销者能以子市场作为目标市场，有效地开展营销活动，通过一定媒体把有关产品的信息顺利传递给该市场的大多数旅游者；另一方面，目标市场的消费者愿意接受，并能买到营销者提供的产品。

4. 效益性

细分出的市场不仅要相对稳定，还必须要有一定的规模、能满足现实和潜在的需求、能够使组织或企业获得效益，否则这种市场细分就没有意义。

5. 占领性

细分出的市场应是组织或企业营销活动能够进入的，即必须适应组织或企业自身的开发和营销能力，是有能力占领的市场。

6. 空白性

组织和企业应在对细分出的市场分别做出营利性预测的基础上，留出一部分空白市场供其他组织或企业的产品进入，尤其是具有垄断和明显竞争优势的组织或企业。其目的是通过观察其他产品的进入、竞争和发展情况，发现自身在产品和营销策略上的问题，并改进和提高。

（三）旅游市场细分的程序

1. 划分范围

划分主要从产品和市场两个方面进行，即确定本组织和企业中哪些产品要投入市场，以及这些产品要进入哪些市场。这里要注意，如果有以下情况发生时，市场划分应当调整范围：

（1）组织或企业整体经营目标和策略发生调整。

（2）消费需求因外部因素发生明显且持续的变化。

（3）出现与本组织或企业某类产品性质相似、具有压倒性竞争力的产品，如某产品申遗成功。

（4）与旅游产品相关的技术实现重大创新，如移动互联网技术。

2. 明确标准

明确标准，即旅游市场的细分标准，可分为单一性标准和结合性标准两种。这里需要注意以下两点：

（1）这种标准必须是清晰的、可执行的。

（2）结合性标准各依据之间的所有内部要素不能存在冲突和重合，否则会造成细分市场人为缩小，部分消费者群体的需求被忽略。

3. 筛选评估

筛选评估分以下三个步骤：

（1）在选择细分变量的基础上，选出各类典型的旅游者，分析旅游者的需求特征，进行初步划分。需要注意的是，这些特征一般不要超过三个。

（2）通过调查，分析各个细分市场的特点，排除那些不需要的一般性消费需求因素，合并一些特点类似的消费需求因素，重点分析目标旅游者的特点。需要注意的是，这些特点是可以被罗列和描述的。

（3）确定各个细分市场的范围，并审查、估量各细分市场的现有和潜在旅游者的需求情况、竞争状况、大小和变化趋势等，分析、估计各个细分市场的规模。需要注意的是，这个规模必须是可以量化的。

4. 选择目标

通过分析，发现所有可以和值得进入的细分市场，结合自己的优势和特点，以预测盈利大小顺序，选择目标市场。需要注意的是，选择的目标市场数量和规模都必须与其营销能力和所提供的产品相适应。

5. 制定策略

根据所选的目标市场，有针对性地制定市场营销的组合策略，包括产品开发、价格策略、渠道建设、销售网络、广告宣传等，以保证产品能有效地进入每一个选作目标市场的细分市场。需要注意的是，制定这种策略，一定要比较完整、相对精准、具有较高的可操作性。

6. 合理取名

在这一步，规划者要为细分市场取名。规划者针对细分出来的市场，结合其中潜在旅游者的特点，为其安排名称。至此，市场细分的工作暂告一段落。

（四）旅游市场细分的标准

影响旅游市场需求的因素是多样的，一般来说，常见的旅游市场细分标准如下：

1. 地理细分

所谓地理细分就是将市场划分为不同的地理单元，如国家、省、地、市、县、乡、镇等，然后选择其中的一个或几个作为市场营销的目标。常见的地理细分变量有所在地区、城市规模、气候等（见表 4.1）。

表 4.1　常见地理细分举例

地理细分变量	细分类型
所在区域	华东、华中等
城市规模	城镇、大城市、特大城市等
气候条件	温带、亚热带、热带等

2. 人口细分

人口细分是按旅游者的年龄、性别、家庭人口、家庭类型、收入、职业、受教育程度、种族、宗教等人口变量来对客源市场进行划分，该类因素对旅游者的需求影响因素较大，并且该信息可以较好地为市场营销人员所获得，并进行分类处理。因此，这类标准在旅游市场细分中使用较为频繁，常见人口细分举例如表 4.2 所示。

表 4.2　常见人口细分举例

人口细分变量	细分类型
年龄	青年市场、中年市场、老年市场等
性别	男性旅游市场、女性旅游市场等
家庭人口	情侣市场、三口之家市场、四世同堂市场等
收入	高收入市场、中等收入市场、低收入市场等
职业	商务旅游市场、学生旅游市场等

3. 行为细分

行为细分是指旅游者选择购买旅游产品的行为方式来进行旅游市场细分，通常采用的标准有旅游动机、价格敏感度、品牌敏感度、旅游方式、旅游距离、旅游时间等。常见行为细分举例如表 4.3 所示。

表 4.3　常见行为细分举例

行为细分变量	细分类型
旅游动机	观光旅游市场、度假旅游市场、康养旅游市场、休闲旅游市场、商务会议旅游市场、研学旅游市场等
价格敏感度	豪华型旅游市场、经济型旅游市场等

表4.3(续)

行为细分变量	细分类型
品牌敏感度	高忠诚度旅游市场、低忠诚度旅游市场等
旅游方式	团队旅游市场、散客旅游市场等
旅游距离	短途旅游市场、远程旅游市场等
旅游时间	春季旅游市场、夏季旅游市场、秋季旅游市场、冬季旅游市场等

二、旅游目标市场选择

(一) 旅游目标市场的概念

旅游目标市场是指旅游企业在市场细分的基础上，根据自身的资源条件，选择作为经营目标的市场，或进行营销活动所需要满足的市场需求。

(二) 旅游目标市场选择的概念

目标市场选择是在市场细分的基础上进行的，即选出能为旅游地所利用，通过满足该部分旅游者的需求实现自身发展目标的细分市场的过程。旅游地应该根据自身优势、竞争状况、旅游者偏好等主客观条件，从各个细分市场中，确定其中一个或几个细分市场，作为本旅游地的目标市场，并使本旅游地的定位策略和经营组合策略适应目标市场的需求的过程。

(三) 有效的目标市场应遵循的原则

1. 目标市场应具有可测量性

目标市场的可测量性是指市场的规模、购买潜力以及未来发展走向均可以被测量。

2. 目标市场应具有可进入性

可进入性是指选定的目标市场应该在经济上、政策上、文化上都具有可进入性，这是目标市场有效性的重要前提。对于进入门槛较高的细分市场，除非能够肯定从中受益大于所付出的成本，否则将不是理想的目标市场。

3. 目标市场应具有可盈利性

从经济性的角度考虑，盈利性无疑是旅游开发区域关注的重要内容，因此，选择的目标市场应该在长期内保证在经济上获益。

4. 目标市场应具有可操作性

可操作性是指所选择的细分市场内，制定的市场营销策略能够付诸实践，有效吸引该市场。例如某个国外细分市场，虽然其具有一定的潜在规模，但是因为距离、文化差异等原因，无法针对其制订营销计划或制订的计划无法实施，那么该细分市场则不应列入目标市场。

(四) 旅游目标市场选择的策略

一般来讲，旅游目标市场选择的策略有三种方式：无差异目标市场策略、差异性目标市场策略和密集性目标市场策略。

1. 无差异目标市场策略

无差异目标市场策略是指旅游企业无视整体市场内部旅游者需求的差异性，而将所有细分出的子市场都作为自己的目标市场，只推出一种旅游产品，制定一种价格，运用统一的旅游营销组合，为满足旅游者共同的需求服务。这种策略突出的优点在于，企业可以大规模销售、简化分销渠道、相应地节省市场调研和广告宣传的经费开支，使平均成本降低。另外，对于垄断性、吸引力大的旅游产品，应该扩大品牌的影响力，创造规模效应。这种策略的缺点是不能完全满足旅游者的差异性需求。随着旅游者的社会经济情况、生活方式以及个人兴趣的不断变化，对旅游多样化的需求日益增长，单一的市场策略不易吸引旅游者。因此，本策略主要适用于市场上供不应求或少数垄断性较强以及初上市的旅游产品市场，随着旅游市场竞争的加剧，旅游企业采用本策略的机会越来越少，它已不能适应现代旅游的发展。

2. 差异性目标市场策略

差异性目标市场策略旨在根据消费者的不同需求特点，对整体市场进行细分。企业在此基础上选择整体市场中数个或全部细分市场作为自己的目标市场，针对不同细分市场的需求特点，提供不同的旅游产品及制定不同的营销组合，为满足不同的细分市场的需求服务。例如，将旅游市场细分为观光、度假、会议、体育等不同的细分旅游市场，而观光旅游市场又可细分为丝绸之路、名胜古迹、田园生活、山水风光等不同内容。旅游企业针对不同的需求，设计各种旅游路线、提供不同的服务设施和服务项目。这种策略的优点是能更好地满足各类旅游者的不同需求，有利于提高旅游产品的竞争力和扩大旅游企业的销售量。如果一个旅游目的地或旅游企业能够同时在几个细分市场上占有优势，就会产生连带效应，从而树立起旅游者所信赖的、声誉很高的旅游目的地形象或旅游企业形象。另外，旅游企业同时经营数个细分市场，有助于降低经营风险。这种策略的局限性表现在，旅游企业产品种类多，导致研发费用增多，要求具有多种销售渠道，会使广告费用、推销费用、行政费用等随之增加。由于经营分散，旅游企业在某一种产品中难以实现规模经济效益，从而影响了经营效率，影响自身优势的发挥。

3. 密集性目标市场策略

密集性目标市场策略是指旅游企业在市场细分的基础上，选择一个或几个细分市场作为自己的目标市场，集中企业的全部精力，以某几种营销组合手段服务于该市场，实行高度的专业化经营。比如有的旅行社专门为探险旅游、农业旅游等特色旅游服务。这种策略往往适合资源能力有限的中小型旅游企业以及旅游资源独特的旅游目的地。他们在较大的市场上难以取得竞争优势，因而力图在较小的市场范围内取得较高的市场占有率。采取这种策略的突出优点在于能充分发挥企业的优势，使企业在特定市场上具有很强的竞争力。企业经营范围针对性强，容易形成产品与经营特色，从而有利于提升企业在特定细分市场上的知名度、增加销售额。这种策略的不足之处在于，企业将过分依赖小部分市场，具有较大的风险。由于市场面窄，一旦需求发生变化，企业就会出现危机。

三、目标市场的确定

下面分别从目标市场的界定方法与界定内容进行阐述。

（一）界定方法

常用的旅游市场的界定方法有五种。一是根据已有统计数据分析确定目标市场。可利用地方文旅局、重点旅游企业的游客数据库信息进行分析，以此确定规划区的目标市场。二是游客问卷调查法。在游客问卷调查中获取游客来源地，以此分析确定目标客源市场。三是利用距离衰减规律确定目标市场。以规划区为圆心，以 500 千米为半径画圆圈，进入圆圈范围内的区域为主要客源市场。四是手机定位法。通过规划区所在地通信商或者主要旅游城镇景区的游客移动信息，我们可以确定游客来源地，以此来界定规划区的主要客源地。五是利用旅游大数据确定目标市场。比如利用百度迁徙指数和地图、OTA 平台网络评论数据、抖音视频发布者的相关数据等，均可以分析和确定规划区的主要客源市场，还能够精准描绘潜在游客的画像，包括其偏好、消费习惯及出行时间等关键信息。

（二）界定内容

一是界定目标市场的地域分布，分为国内市场和国际市场。国内市场和国际市场均分为三个层次，分别是核心市场、重点市场、机会市场。其中核心市场是来自该区域的旅游者占规划区游客总量占比大的国家或地区市场（top 5/top 10）；重要市场是来自该区域的旅游者占规划区游客总量比例较大的、具有较大发展潜力的国家或地区；机会市场是计划开拓的市场，出游的人数迅速增加，但前往规划区的人数很少。

二是界定需求类型或旅游目的。根据旅游目的细分，旅游需求包括休闲度假、观光、康体/户外运动、商务、教育、宗教、其他。根据市场需求趋势和旅游资源禀赋，我们可以确定规划区域的旅游需求类型和细分市场。

第三节　旅游市场预测

旅游市场预测是根据目前旅游市场状况和过去发展特点，对未来旅游市场可能的发展和变化趋势做出判断，以提高发展旅游业的计划性和目的性。

一、旅游市场预测的步骤

旅游市场预测，预测人员应做到以下内容：

1. 确定预测目标，拟定预测计划

旅游市场预测首先要明确预测的目标，必须弄清楚本次预测的要求、要达到的预测目的，以及通过预测要解决的问题，只有这样才能够做到对预测的工作有的放矢。

2. 收集整理和分析资料

旅游市场预测要重视市场调研过程中对信息的收集和分类。市场预测人员只有在掌握充分信息的基础上，才能进行预测，预测的结果才更具有指导性。

3. 选择预测方法，建立预测模型

预测方法的选择和预测模型的构建，需要借助预测人员的经验判断、逻辑推理、数理统计、数学模型以及计算机运算等方法和手段，进行科学预测。

4. 进行预测

在选择好预测方法、构建好预测模型后，将各种基础数据及参数代入模型，进行预测。

二、旅游市场预测的方法

旅游客源市场预测趋势主要是指旅游市场需求的预测，旅游市场需求的预测方法主要有定性法、趋势外推法、趋势拟合法等；其他方法还有仿真模型法、类比项目测试法等。

（一）定性法

应用最广的定性法是德尔菲法（又称专家咨询法）和情景预设法。德尔菲法是常用的定性预测方法，适用于缺乏历史数据和倾向数据，或在偶发性因素干扰较大、各种模型难以起作用的情况。其基本步骤如下：

（1）确定预测问题，选择专家组，并设定控制条件。

（2）设计分发第一轮调查表，要求回答者确定后提出某些事件发生的可能性及可能出现的日期。

（3）收回并整理第一轮调查表，确定中位数和两个中间四分位数的范围。

（4）把统计整理的结果制成第二轮调查表返给专家，询问各专家在熟知平均结果后是否改变自己的预测，并解释原因。

（5）将第二轮调查表的结果及评价意见整理成表。

（6）如果预测的差异过大，再进行第三轮、第四轮征询，直到取得较一致的意见，最后总结预测结果。

情景预设法也可以用来解决定性因子问题，它可以对未来发展场景进行设想，对可能发生的变化做出不同的预测。

（二）趋势外推法

趋势外推法，也称时间序列法，是将某个要预测的指标的历史数据按时间顺序加以排列，构成一个数字序列后，依该序列的动势进行预测的方法。这种方法一般用于预测指标受到许多因素的制约，而且这些因素之间又保持着错综复杂的联系，运用结构性的因果模型进行分析和预测比较困难的情况，如对旅游者人数、旅游收入等数据的预测。在短时间预测情况下，用趋势外推法比结构模型法效果更好，趋势外推法的关键是预测模型的建立及其灵活运用。趋势外推法的一般步骤有五点。

（1）绘出散点图。

（2）根据变化趋势建立预测模型。

（3）拟合模型，估计参数。

（4）模型检验，包括显著水平检验、计算统计参数。

（5）预测数值进行标准差修正后，即得到未来年份预测指标的预测值区间。

（三）趋势拟合法

趋势拟合法，是对历史数据运用统计方法，建立数学模型来模拟预测指标的变化趋势，从而进行预测的方法。主要的拟合模型包括一元线性回归模型、多项式回归模型、双曲线模型、指数模型等。通常在绘出历史数据时，我们就可看出变化趋势，如果有必要，可以借助计算机软件直接进行模拟，对难以找出规律的散点数据，可以用人工神经网络模型进行变化趋势的模拟。

1. 一元线性回归模型

一元线性回归分析预测法，是根据自变量 X 和因变量 Y 的相关关系，建立 X 与 Y 的线性回归方程进行预测的方法。由于市场现象一般是受多种因素的影响，而并不仅仅受一个因素的影响。所以运用一元线性回归分析预测法，必须对影响市场现象的多种因素做全面分析。只有当诸多的影响因素中，确实存在一个对因变量影响作用明显高于其他因素的变量，才能将它作为自变量，运用一元线性回归分析市场预测法进行预测。

一元线性回归分析法的预测模型如下：

$$Y_t = ax_t + b$$

式中，x_t 代表 t 期自变量的值，Y_t 代表 t 期因变量的值，a、b 代表一元线性回归方程的参数。

a、b 参数由下列公式求得：

$$a = \frac{n\sum x_i Y_i - \sum x_i \sum Y_i}{n\sum x_i^2 - (\sum x_i)^2},\quad b = \frac{\sum Y_i}{n} - a\frac{\sum X_i}{n}$$

2. 人工神经网络模型

人工神经网络的基本思想是从仿生学的角度对人类的神经系统进行模拟，使计算机具有人的学习和推理智能，其特点是能充分逼近任意复杂的非线性关系，这种预测方式适用于统计数据具有不确定或复杂的非线性关系的情况，其原理是用某种算法对已知的统计数据进行模拟，经过多次复杂计算后，得到一个能充分逼近统计数据变化规律的模型，使模型的输出值（预测值）与实际值的误差达到最小，从而进行预测。

这种方法的局限在于：第一，如果模拟方法不当，计算过程可能陷入某些极值或在极值之间震荡不能收敛，这时不论进行多少次迭代计算，系统都存在很大误差；第二，能消除偶然性事件所造成的非正常数据对变化趋势的影响。

（四）其他旅游市场预测方法

1. 仿真模型法

较典型的仿真模型是由趋势外推法和结构模型结合而成的一组综合的系统方程，由于这类模型对资料的时间序列和精度要求很高，目前较少使用，但随着计算机的发展及统计工具的系统化，这种预测方法将是未来的一个发展方向。

2. 类比项目预测法

类比项目预测法是根据其他项目的发展情况，结合该项目资源、区位特点和当时的社会经济状况进行预测的方法，通常用于新开发旅游项目的发展预测。

第四节　营销推广策划

一、营销渠道设计

旅游市场的营销渠道是使产品能够被旅游者购买并消费而配合起来的一系列独立组织的集合。因此，营销渠道实际上是以销售旅游产品为目的，由旅游业或其他行业的部门组合而成的一套网络。营销渠道的存在能够有效促进旅游目的地与旅游者之间的信息沟通，通过营销渠道网络的扩散作用能以较少的成本支出获得较大的市场认知。旅游市场的营销渠道的类型按照其出现的先后次序可分为两大类，即传统的营销渠道和创新的营销渠道。

（一）传统的营销渠道

传统的营销渠道主要有旅游分销商、大众媒体、户外媒体和专业媒体。

1. 旅游分销商

旅游分销商是传统的营销渠道，其中最主要的是旅行社。企业在实际运作过程中，通过与旅行社联系，将其旅游产品纳入旅行社采购的范围，然后旅行社再对旅游地进行包装销售。在该营销渠道中，市场营销需要完全依靠旅行社，旅游产品的销售与旅行社的经营能力直接挂钩，因此旅游地不具有操控性，具有一定的风险。

2. 大众媒体

由于旅游活动的日益普及，大众媒体也成为旅游市场营销的常用渠道，在大众媒体中较常使用的有广播、电视、报纸等。

（1）广播是利用无线电波来传递信息的一种现代通信方式。作为目前我国普及率较高的信息传播方式，不受交通和路程的限制，能以很快的速度把信息传送到各地；具有较高的灵活性，只要是语言能表达的广告都可以传播，并能用群众喜闻乐见的形式表达出来；影响范围广泛且费用便宜；但广播仅有声音效果，展露时间短，不利于反复记忆，给听众留下的印象不深；听众比较分散，不固定收听广播的人易错过机会。

（2）电视是通过图像和声音同时传递信息的现代媒体。其优点是形象生动、色彩鲜艳、逼真、感染力强、观看者理解度高；形式多样，有利于加深印象；可利用名人效应，提高顾客的信任度；送达率高、影响面广。但是电视信息的费用高、消逝速度快。对于旅游营销而言，制作精美的专题宣传片或者以旅游地为背景制作的电视节目等能够获得较为理想的效果，尤其是在专门旅游频道。

（3）报纸是以刊载新闻或新闻评论为主，面向公众定期，连续发行的出版物。它是现代社会传播新闻的主要工具之一，利用报纸往往能在短期内取得显著的效果。报纸的优点是发行量大、覆盖面广、信息传播快、时间性强、读者较稳定，并在读者心目中具有一定的权威性。缺点是不具有动态性和形象性，并且质量有可能比较低下，因而对读者的刺激性较小。此外，报纸的发行量和数量也有限，且寿命短。

3. 户外媒体

户外媒体的形式灵活多样，如公共汽车的车体、出租车顶部的车灯、地铁的车门、路牌、霓虹灯等。户外媒体价格相对比较低廉，并且其鲜明的色彩可以吸引大量行人的注意力。根据户外媒体的不同特性，可大致分为两种类型：固定型户外媒体，如大型广告牌、人行道广告牌、枢纽站广告以及霓虹灯等；移动型户外媒体，主要包括公交车车身广告、热气球等。

4. 专业媒体

专业媒体是指旅游业内定期或不定期连续出版的读物，它可以是公开出版的，也可以是内部发行的。此外，各种自助旅游导游手册以及自驾旅游的指南书等都属于专业媒体的范畴。

（二）创新的营销渠道

1. 互联网营销

凡是利用互联网进行的营销工作，都可称为互联网营销。营销中的诸多要素，如品牌、渠道、促销等都会在互联网营销中体现。互联网营销同时也为营销各要素带来新的形式与内容。随着大数据、云计算、智慧旅游平台等一系列新技术、新思路的发展，消费者与旅游目的地的沟通方式发生着变化，未来更多的是把线下体验需求与线上旅游产品呼应起来，侧重旅游业态如何在线上线下进行结合。从发展趋势来看，互联网营销和传统营销只有紧密结合、扬长避短，才能更好、更快、更有效地满足顾客的需要。

2. 新媒体营销

在科技日新月异的今天，基于移动网络的微博、微信、微电影等新传播媒介逐渐成为人们交往联系的新型工具，为旅游业的发展带来了机遇。在传统媒体发展阶段，城市旅游形象传播的普遍模式是借助行政力量引导尖端媒体进行传播，新媒体的迅速发展大大提高了游客在城市旅游形象塑造与传播中的话语权和引导力。随着近年来游客对于旅游的选择更加趋向于散客和自主化，这就使得旅游目的地更加重视新媒体的传播优势的利用，由于新媒体受众范围广、影响的广度和深度大，所以借助新媒体传播旅游目的地形象可以使得旅游目的地的形象更加形象和具体，从而影响更多旅游者的旅游目的地选择行为。虽然“微时代”里的微博、微信、微电影等是不同的传播媒介，在旅游营销中有不同的运营方式和特点，但究其本质，都具有营销低成本、性价比高、方便快捷、平民化、互动性强等优点，所以受到众多旅游企业的追捧。

新媒体营销策略包括以下几点：

第一，建立过硬的营销团队。新媒体注重互动交流，通过发布大量即时消息，吸引不同年龄段、不同个性特征的旅游者，运用多种方法巩固彼此的关系。这就需要整合强大的旅游资源信息，建立强大的营销团队。

第二，充分利用互动手段。新媒体的突出特点之一便是用户不再是互联网信息的被动接收者，而是主动参与到互联网信息共享中，从一个单纯的网页浏览者变成了信息的提供者和传播者。加强与旅游者的互动和交流，才能维系情感、树立信任感、建立长期关系，使其成为忠诚度高的消费者。

第三，借助名人效应进行营销。明星、“微博大V”、行业领域先锋等社会名人在“微时代”背景下，名人效应尤其突出。名人的可信度高、影响力强、粉丝数量多，经名人发表、转载、分享、评论的事件会更有关注度。

第四，参与热点事件和公益活动。新媒体营销就是要加强旅游影响力、提高大众的关注度，从而达到吸引旅游者进行消费的目的。可以说，策划热点事件和参与公益活动就是达到营销成功的“助力器”。参与热点事件和公益事业，可以更好地增加微博、微信等信息量，加强与旅游者的沟通交流，同时也传播了旅游经营者的文化和理念，使“微”平台更加具有可信度、责任感，也更加拟人化。这将给旅游地营造良好的形象。

第五，危机公关。网络资讯快速且高效，但也隐藏着巨大的危机。“微时代”爆炸式、蔓延式的传播效果，使得一旦有负面消息发出，就算在发布源头上删除也必将造成不可估量的损失，而且关注者越多，损失也将越大。所以，对于“微时代”的危机公关处理，尽早发现、尽早处理就成了营销的重要策略。这是挽回旅游地形象、增强公众信任感的关键。

3. 会展营销

近年来，会展经济的不断发展也大大促进了旅游市场营销渠道的建设。国内的各种旅游交易会十分红火，种类繁多，如国家举办的大型旅游交易会、分区域的旅游交易会、城市举办的旅游交易会和各种国际旅游交易会等。一般而言，大型的旅游交易会云集了各类旅游代理商、分销商以及游客等，交易会的参与者具有明确的目标和较为专业的背景。因此，借助旅游交易会的平台，往往能够花费相对较低的成本来获得更多的营销网络和信息。

例如，乐山市大力发展会展经济，2020年四川省文化和旅游发展大会、第六届中国（四川）国际旅游投资大会、第七届四川国际旅游交易博览会在乐山成功举办，四川三大文旅盛会实现首次同期举办，线上线下60个国家和地区1 400家文旅企业参会参展，线上互动点击超过6亿，现场交易9 000万元，现场签约3 280亿元。此外，乐山市还组织举办了峨眉山花海音乐节、“嘉乐汇”戏剧周、中国成都国际非物质文化遗产节乐山分会场活动、中国茶乡峨眉山国际茶文化博览交易会、四川乐山中医药博览会、世界传统武术锦标赛、乐山国际马拉松赛、环中国国际公路自行车赛等一大批文旅活动和知名赛事，乐山旅游知名度和美誉度得到提升。会展营销已经成为向市场推介产品的重要舞台。

二、营销推广策略

旅游规划与开发中制定市场营销战略的目的是为旅游地的推广运作提供可选择的模式，以适应市场环境的不断变化和保证市场推广的有效性。旅游地的市场推广中使用的营销战略并非固定，可以根据具体市场情形加以分析和组合。这里介绍几种较为常见的营销推广战略。

（一）形象广告策略

当同类产品出现大量不同的品牌后，每一种品牌的品质已经大同小异，在广告中已经很难强调自己拥有某些别人不具备的特色，但可以强调产品所具有的与其他产品不同的形象特征，采用突出产品形象或品牌形象的广告策略。旅游地形象的传播也可使用已经成熟的形象广告策略，将旅游目的地的形象口号、代表性景观制作成能反映该地美感与文化价值的广告制品，通过电影、电视、广播、报纸、杂志、网络、新媒体等媒介的宣传与推广，向受众传达统一的品牌、内涵和口号等形象信息。

（二）公共关系策略

公共关系策略是一种协调组织与公众的关系，使组织达到所希望的形象状态和标准的方法和手段。公共关系一般运用各种庆典活动来提高知名度和美誉度，如开业剪彩、周年纪念、庆功表彰、重要仪式、赞助活动、举办文化体育竞赛评选活动、名人示范举措、危机公关、新闻发布会、制造新闻等。张家界在全球热播电影《阿凡达》受关注的时刻，将其取景山乾坤柱改名为电影中的“哈利路亚山”，并适时推出“阿凡达之旅”为张家界创造了更美好的形象，取得了公关的全面成功。公共关系活动本身具有较大的吸引力，通过吸引媒体的关注，从而达到对外发布的效果。合理、有效地利用公关活动是一种低投入、高产出的传播方式。在旅游形象传播中，可以邀请在区内及国内主流社会上有广泛影响力的新闻媒体和旅游专栏记者到旅游目的地参观游览，然后通过他们对旅游地的相关报道来扩大客源市场，提高旅游地的知名度。

（三）网络媒介策略

互联网在现代社会信息传播中发挥着不可替代的作用。相对于传统的传播方式，网络传播具有快捷、高效、成本低、传播范围广、更新速度快等特点，成为最有效、最普及的旅游形象传播手段。庞大的互联网人群成为旅游形象传播的重要对象。利用互联网传播推广旅游形象具有受众范围广、传播及时、更新快捷等特点，而且能让旅游者获得融图、文、声于一体的全方位感受。随着互联网+、信息技术、移动智能终端的介入，以及科学技术的不断迭代，旅游营销方式发生着巨大变化，网络媒介策略应创新思维方式，以发展式的长远眼光，积极开展个性化定制的特色营销，如微电影、政务官博和游戏传播等，同时不断推进互联网各平台各媒介间的整合互动与交织融合，得以实现全方位、立体化、有层次感的传播，将更加适合大众需要的旅游信息传递给每一位游客。

（四）社会传播策略

社会传播是指旅游目的地形象信息的非商业传播，能够间接影响旅游者对旅游形象的认知。如影视剧中涉及的拍摄基地、名人故居、会议的召开地等，都会间接地在旅游者心中树立旅游形象。社会传播有时比上述各种传播策略效果都好，因为社会传播是无意识的、无针对性的，因而更能加深旅游者对旅游地的印象。这些社会传播主要包括影视拍摄基地、新闻发生地、文学作品描述地或故事发生地，名人的国籍与出生地、历史事件或战争的地点、股票上市等。比如，金庸先生的武侠小说中涉及的许多名山大川对读者建立对旅游景区的印象有相当的影响。《徐霞客游记》对古代地理景观和地点的记载已经成为今天人们间接认知该地形象的重要信息。此外，很多旅游企业如张家界、泰山旅游、华侨城、黄山旅游等不断上市，极大地提升了相关旅游目的地的知名度。由此可见，社会传播可极大地提升相关旅游目的地的知名度，树立良好的旅游目的地形象。

（五）节事活动策略

旅游节事活动是将旅游目的地的人—地感知要素和人—人感知要素有效整合的一种重要方式。一次主题鲜明的旅游节事活动往往能在人们心目中构建一个积极的形象，迅速提高旅游地的知名度。其关键是选择和发展标志性的旅游节事活动，其中节事的主题和级别是最为重要的。一些重大的节事活动已经成为反映所在旅游地形象的指代物，如北京奥运会、上海世界博览会、青岛国际啤酒节、傣族的泼水节等几乎都成为当地最隆重的旅游节事活动。因此，旅游地要充分利用已有的节事活动吸引更多的旅游者，同时开发新的旅游节事活动，扩大影响力，以达到宣传旅游地形象的目的。此外，通过旅游节庆活动推广旅游形象，节庆活动的主题必须要与目的地的旅游定位相一致；否则，不但不能强化旅游形象，反而会削弱旅游形象。同时，旅游节庆活动应长期举办、形成定制，才能对旅游形象的推广起到好的作用。

拓展案例

金口大峡谷旅游市场营销规划

一、宏观旅游市场前景

从世界宏观背景来看，世界范围内旅游业全面步入休闲度假、健康低碳的旅游新时代。

从国内中观趋势看，随着经济、交通、网络技术和汽车产业的持续发展，旅游日益成为人们生活的必要组成部分，并处于从观光旅游向休闲度假旅游转型发展期。运动休闲、健体养生、文化深度体验等因素将更加深入地渗透到旅游产品和服务之中。

从区域旅游微观趋势看，成渝经济带已经进入自驾车旅游时代（2015 年重庆、成都的汽车保有量分别为 399.8 万辆、336.1 万辆，汽车保有量居全国第二和第三，自驾车出游比例高）；异地深度文化体验与度假旅游越来越受到城市旅游消费群的追捧；黄金周与双休假日经济热度依然不减，近郊都市休闲火爆异常。金口大峡谷景区应当发挥地处成都平原、川西、川南三大旅游片区的接合部的区位优势，接受三大旅游片区游客的辐射。

二、景区现状旅游市场

乐山市旅游业发展迅猛，旅游客源市场增长势头强劲。乐山市旅游市场在整个四川省的地位非常重要，全市旅游经济总量位居全省第二位，仅次于成都市。旅游市场发展势头十分强劲，乐山市旅游业对全省旅游做出了巨大的贡献。2016 年金口河旅游人数和旅游收入实现双增长（见表 4.4）。

表 4.4　2016 年国庆黄金周金口河旅游接待情况汇总

指标		国家法定假期数据	同比增涨/%
旅游收入/万元		1 241.22	32
接待人数	过夜旅游者/万人次	1.87	30
	一日游游客/万人次	3.04	30

由表 4.4 可知，2016 年国庆黄金周期间，金口河区共接待游客 4.91 万人次，实现旅游收入 1 241.22 万元，同比分别增长 30%和 32%。主要景点人气旺盛，金口大峡谷和铁道兵博物馆接待游客约 4 万人，大瓦山景区接待游客约 1 万人。外地游客人多面广，省内游客以成都、眉山、绵阳、自贡等地为主，约占游客总量的 60%，省外以重庆、贵州居多，从出行方式看，游客主要以自驾游为主，占 90% 以上，自驾车约 6 000 辆。

根据对金口河区的市场调研资料表明，目前其旅游客源市场特征主要如下：

1. 全部为国内旅游市场

金口河是不对外国人开放的区域，所以游客全部为国内游客。

2. 以自驾游客为主

金口河区自驾游客占 90%以上，是主要目标人群。

3. 游客集中在节假日

国内旅游围绕节假日展开，春节、清明节、“五一”节、端午节、国庆节、中秋节依次形成一年之中的节假日旅游高峰，其创造的收入占旅游总收入的一半左右。

三、旅游市场增长目标

金口河年均游客增长量保持 15%的增长率，至 2020 年，年游客接待量达到 50 万人次以上。

四、旅游客源市场结构

基础市场：峨眉、乐山、成都平原城市群（成德绵）、川南城市群（自贡、内江、泸州、宜宾）；

重点市场：贵州、云南、峨眉—乐山国内分流客源市场；

拓展市场：长江三角洲、珠江三角洲、环渤海地区等国内其他地区。

五、市场营销策略

（一）营销目标

金口河致力于在市场上迅速树立“峡谷观光休闲度假胜地”的形象，主打“周末度假”牌，提高项目在以自驾游、亲子游为主的游客群体中的知名度和美誉度。立足省内市场，开拓国内市场，将项目打造成集地质观光、彝族文化体验、科考探险、休闲避暑于一体的综合性度假旅游胜地。

（二）营销策略

1. 政府营销

金口大峡谷景区被纳入政府对外宣传、推荐的项目清单，并作为市县全域旅游目的地建设新的示范节点。

2. 联合营销

营销活动被纳入峨眉山—乐山风景区营销活动的统一安排，前期重点在于推出金口大峡谷新的观光运动体验产品，短时间内提高自己的知名度。

在乐山市“两核两极两线”全域空间布局中，金口河处于“夹江—沙湾—峨边—金口河自然人文生态风情线”布局中，联合夹江县、沙湾区、峨边县共同开展联合营销。

3. 营销渠道

（1）传统营销渠道。

传统营销渠道主要采取报纸广告、路牌广告和宣传单营销三种方式。具体而言，选择在乐山的主要报社（乐山日报社、三江都市报社）刊登金口大峡谷旅游广告；在成乐高速沿线、乐山车站、公交站台张贴路牌广告；印刷金口大峡谷旅游宣传单，在进入金口河道路边设置前往项目的指示牌。

（2）网络营销渠道。

建立金口大峡谷独立门户网站，开展网络自我营销；通过链接方式等进入市县旅游网站网页；与携程旅行网等国内大型旅游网络等建立合作营销。

（3）新媒体营销渠道。

充分利用新型传媒成本小、受众广、传播快的特征，利用个人和企业员工的微博、微信、抖音等载体开展营销活动。而金口大峡谷应该建立自己的网站，并有微信公众号、官方微博用以发布信息和进行宣传。

（4）旅行社营销渠道。

旅行社营销渠道是一种传统营销形式，即与旅行社合作，将金口大峡谷纳入相关旅行社旅游线路产品，包括作为目的地景区产品、旅游过境集散服务节点产品。

（5）俱乐部行业协会营销渠道。

该渠道是指与相关自驾旅游俱乐部、骑游俱乐部、户外运动俱乐部、酒店住宿连锁公司、餐饮协会或餐饮连锁公司等合作，开展营销。

4. 具体行动方案

表 4.5 为金口河营销策略的具体行动方案。

表 4.5　金口河营销策略的具体行动方案

项目活动	内容简介	对象	预期效果
公众推销	采用 VR 技术，制作逼真的虚拟现实金口大峡谷景区，在成都人流集中的公共场所进行 VR 体验	公众、媒体	提升金口大峡谷作为旅游休闲度假地的知名度，吸引游客
特邀极限运动爱好者	举办“奇迹大峡谷”主题活动，特邀极限运动爱好者在峡谷段开展蹦极、跳水、漂流、攀岩等极限运动，邀请媒体包括四川电视台、成都电视台西部频道、成都商报、华西都市报、西部旅游杂志等	极限运动爱好者、旅游及相关栏目的主持人、记者	挑战吉尼斯世界纪录，造势营销，吸引媒体、公众和目标市场的兴趣与关注

表4.5(续)

项目活动	内容简介	对象	预期效果
特邀铁道兵	举办"铁道兵回家"主题活动，特邀铁道老兵参观铁道兵博物馆、关村坝火车站、成昆铁路沿线，邀请媒体跟踪报道	铁道老兵、在校学生、旅游及相关栏目的主持人、记者	推广世界罕见的高山峡谷铁路工程景观，使其成为全国知名的铁道老兵的精神家园、爱国主义教育基地
电视广告	在四川电视台等有影响的媒体播放金口大峡谷旅游广告，唱响《大渡河金口大峡谷之歌》	公众及外地游客	刺激旅游消费欲望、制订赴金口大峡谷旅游的计划
形象代言	利用《观音山》影视营销，造势传递信息——观音山很远，金口河很近	影迷、粉丝及公众	结合《观音山》影片场景，强势推出相关主题线路
特邀旅行商	利用旅博会搭建平台，邀请国内知名旅行社，共推金口大峡谷旅游	旅游中间商和零售商	建立长期合作关系，扩大销售渠道
印刷品广告	在成都商报、华西都市报、西部旅游杂志等报刊上刊登旅游广告，在成都市大型活动及人群集中时散发宣传品	公众	扩大影响、刺激消费、吸引游客

案例来源：四川旅游发展研究中心编制的《四川大渡河金口大峡谷景区旅游发展总体规划(2016—2025年)》。

本章小结

旅游规划前期需要充分做好市场调查工作，并且对调研结果进行深入分析与预测，成为市场规模、市场定位、市场细分的重要依据。本章从最基本的市场调查的程序和方法入手，探讨了旅游市场分析和预测的方法，重点阐述了市场细分和目标市场的选择，并对旅游市场营销推广策划进行了阐述。

复习与思考

1. 旅游市场调查的方法有哪些?
2. 如何做好市场调查问卷设计?
3. 旅游市场细分标准有哪些?
4. 如何进行旅游市场预测?
5. 如何设计旅游营销策划?

第五章　旅游空间布局规划

旅游空间布局是指通过对土地及其负载的旅游资源、旅游设施进行区域划分，确定次一级旅游区域的名称、发展主题、形象定位、旅游功能、突破方向、规划设计以及项目选址，从而将旅游六要素的未来不同规划时段的状态，落实到合适的区域，并将空间部署形态进行某种简洁表达。旅游地空间布局包括功能分区与项目选址两个环节。大尺度的旅游空间布局一般按照景观的相似性与地域的连续性进行功能分区，小尺度的旅游空间布局一般按照不同用地性质进行功能分区。

第一节　空间布局的原则

一、突出分区原则

突出分区原则是旅游功能分区的核心原则之一。该原则要求，旅游的规划与开发必须通过各种产品与服务来突出旅游区的主题形象，即通过自然景观、建筑风格、园林设计、服务方式、节庆事件等来塑造与强化不同旅游功能分区的形象。

二、集中功能单元原则

集中功能单元原则是指对不同类型的设施如住宿、娱乐、商业设施等，旅游的规划与开发应采取相对集中的布局。游客光顾次数最多、密度最人的商业娱乐设施区域，宜布局在旅游地中心与交通便利的区位，如在酒店和主要景点附近，并在它们之间布设方便的路径，力求使各类服务综合体在空间上形成聚集效应。

1. 在开发方面

集中功能单元的布局能使基础设施实现低成本、高效益，而且随着旅游开发的深入与市场规模的扩大，新的旅游服务保障部门更易生存。经验表明，当饭店与社会餐饮区域相邻布局时更容易形成综合的市场竞争优势。

2. 在经济方面

集中功能单元的布局带来的多样化景观类型还可以吸引游客滞留更长时间，从而增加地方经济中旅游服务部门的收入，带动社区经济的发展。

3. 在社会方面

集中功能单元的布局有利于游客与当地居民的交流与沟通，利于社会风俗的优化，进而可将其开发成一种新的旅游吸引物。同时，许多旅游设施可以兼作当地社区居民使用，一举两得。

4. 在环境方面

集中功能单元的布局有利于环境保护与控制，对污染物的处理也更为有效，使敏感区得到有效保护。深度开发区实施合理的设计标准，可采用连续的控制管理。

集中功能单元的布局可以避免布局散乱，亦可减少对主要自然景观的视觉污染。另外，集中功能单元的布局也有利于主题形象的形成，从而产生一定的整体规模优势。

三、协调功能分区原则

协调功能分区原则主要表现在处理旅游功能分区与周围环境、旅游功能分区与管理中心、旅游功能分区之间以及旅游功能分区与主要景观结构（核心建筑、主体景观）的关系等。

在规划设计时，有些功能分区由于具有特殊生态价值而应被划为生态保护区，而旅游娱乐区则可承受较大的外界干扰，规划设计中通过适当的合理划分，引入适当的设施使其达到各自最佳的使用状态。另外，协调功能分区还应通过对各种旅游活动进行相关分析，以确定各类活动之间的互补、相依或相斥关系，从而有效地划分功能分区。此外，各功能分区内的设施、活动安排也需要选择适当的布局位置，如野餐区必须具备良好的排水条件、稳定的土壤表层和良好的植被覆盖及方便的停车场。

四、合理规划动、视线原则

合理规划动、视线原则是指，连接各旅游分区交通线路的规划应充分考虑旅游过程中的游客心理特性，以实现符合人体工程学的有效动线规划。其设计必须依照顺序推进，以建立理想的空间布局关系。

旅游区内部交通网络应高效且布局优化，路径与园林景观有效配置，并建立公共交通系统，采用步行或无污染交通方式，限制高速行车，使行走与休息均为一种享受。旅游区应在相距较远的景点之间配备公共交通工具，在邻近的景点之间设置人行道、缆车或畜力交通方式，以使内部实现低污染的交通优化。

空间布局还应尽量考虑旅游者观赏视线上的层次性，在分区内布置有效的观景系统和视线走廊，如在一些制高点、开阔地带或主要景观地区设置一系列的眺望亭与休息区，让游客能在区内最佳视点充分享受到优美奇特的自然景观。

五、保护旅游环境原则

环境保护的目的是保障旅游地可持续发展，它主要包括两个方面：其一是保护旅游区内特殊的环境特色，如主要的吸引物景观；其二是把旅游区的游客接待量控制在环境承载力之内，以维持生态环境的协调演进，保证旅游区土地的合理利用。

第二节　空间布局的主要模式

一、三区结构模式

三区结构模式又称为同心圆式布局（见图5.1），源于景观设计师弗斯特（Forster）。在该模式中，旅游区从里到外依次是自然保护区、娱乐区及服务区。自然保护区受到严密的保护，限制乃至禁止游客进入。围绕它的便是娱乐区，在规划游憩缓冲区配置了野营、划船、越野、观景点等服务设施。最外层是服务区，该区域为游客提供各种服务，有饭店、餐厅、商店或高密度的娱乐设施。

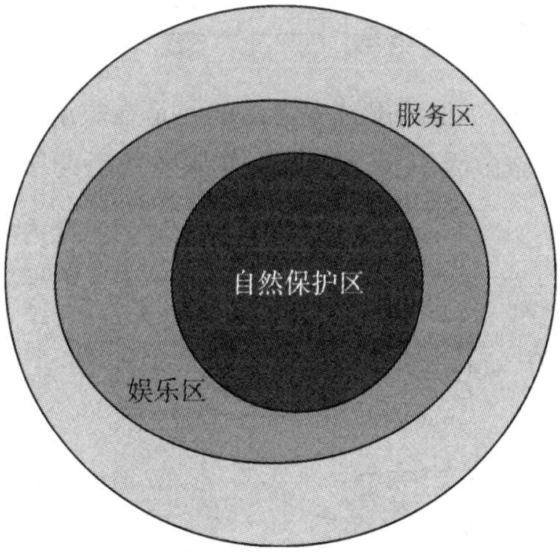

图5.1　三区结构模式

世界上许多国家在对待需要保护的生态型旅游区时都采用了该布局模式。例如，美国国家公园土地利用规划将国家公园分为核心区、缓冲区和边缘区；澳大利亚大堡礁海洋公园规划将该区域分为保护区、国家公园区、缓冲区、保护公园区、生态环境保护区和综合利用区；《中华人民共和国自然保护区管理条例》规定自然保护区分为核心区、缓冲区和实验区。

二、环核式布局模式

环核式布局模式是指旅游地空间布局以重要景观或项目为核心，相关的接待设施、服务设施以及娱乐项目等全部环绕该核心景观和项目进行布局的模式（见图5.2）。一般而言，吸引物较为单一的旅游区的空间布局往往会采用这种布局模式。在该模式下，旅游接待服务设施与旅游吸引物之间由交通联系，呈现出伞骨形或车轮状。

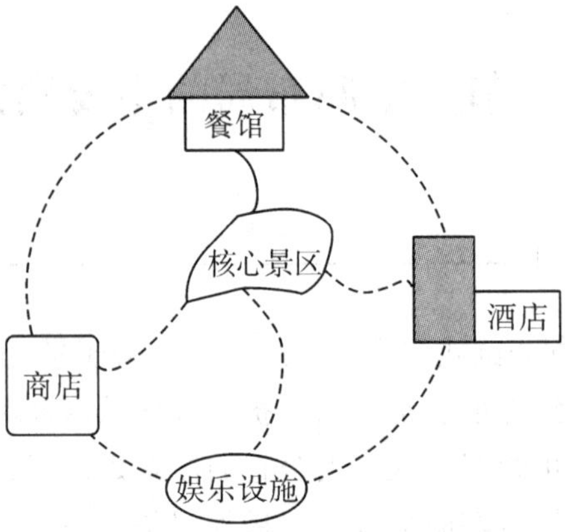

图 5.2 环核式布局模式

三、社区—旅游吸引物式布局

这种布局方式是在1965年由冈恩首先提出的，是在旅游区中心布局一个社区服务中心，外围分散形成一批旅游吸引物综合体，在服务中心与吸引物综合体之间由交通连接（见图5.3）。

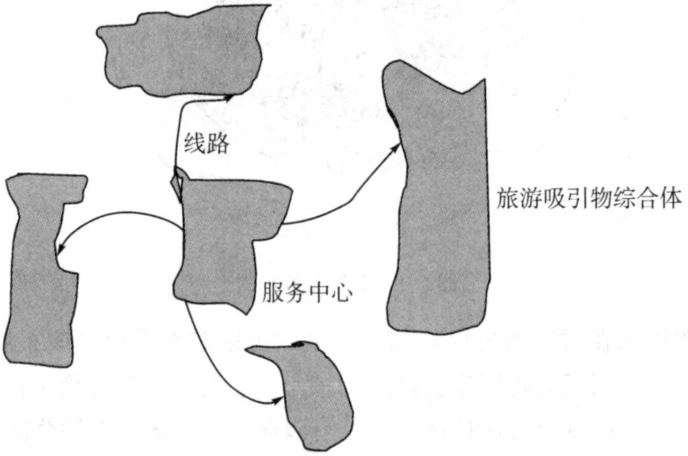

图 5.3 社区—旅游吸引物综合体布局模式

这种布局方式是在旅游资源较为丰富但分布较为分散的情况下产生的一种分布模式。它与环核式布局模式有点相似，不同之处在于，社区—吸引物式布局下位于环状中心的是具有接待功能的社区，而环核式布局模式下位于环状中心的是旅游吸引物。

四、双核布局模式

这种布局方式由特拉维斯（Travis）于1974年提出，为游客需求与自然保护区之间提供了一种商业纽带，通过精心的设计，将服务功能集中在一个辅助型社区内，处于保护区的边缘（见图5.4）。

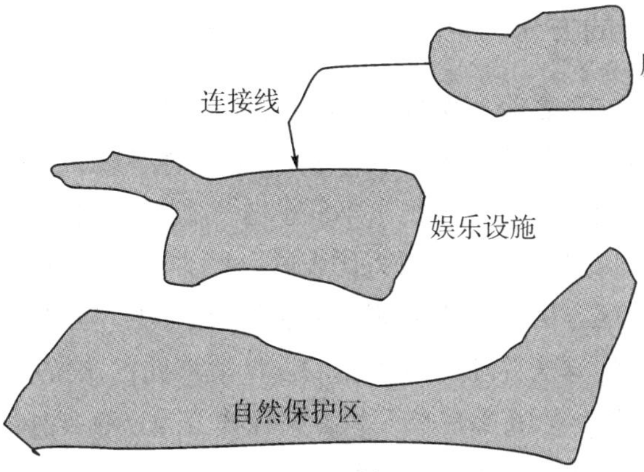

图 5.4　双核布局模式

我国的旅游规划空间布局基本是基于以上四类模式发展起来的。在目前的旅游规划空间布局中，一般会有一个旅游发展的引爆点，以及若干个重要的旅游节点，在引爆点与节点之间通过交通线、水系或山脉等进行连接，进而形成旅游目的地的空间布局，如“一心、两翼、三区、八组团”。在这里“一心”，一般就是旅游发展的引爆点；而“两翼”则是旅游发展的重要节点；“三区”只是将旅游目的地划分为三大区域，“八组团”则是分布在三个区域的旅游项目较为集中的功能组团。常见的旅游空间布局表述如表 5.1 所示。

表 5.1　常见的旅游空间布局表述

规划文本	空间布局
四川省“十二五”旅游业发展规划	一极三带五区五线
四川省“十三五”旅游业发展规划	“511”新格局—5 大区域、10 大旅游目的地、10 大精品旅游线路
丝绸之路旅游区总体规划	一轴六带十四区
桂林市旅游总体规划修编	一核一带两极两轴
乐山市“十四五”旅游融合发展规划	两核两圈两带九组团
乐山市沙湾区“十三五”旅游产业发展规划	一核一轴两翼
乐山市金口河区文化与旅游业“十四五”发展规划	两核三带四组团

第三节　旅游功能区划的方法和内容

科学的功能分区是做好旅游规划的重要基础。根据旅游资源的特色，旅游功能区的划分要发挥交通及城镇体系在旅游开发中的作用，充分结合市场需要和旅游资源的开发潜力、管理要求和产业的组织要求等，对旅游区进行科学、合理的功能分区。

一、旅游功能区划的方法

在介绍功能区划主要方法之前，我们首先要了解旅游功能区划的几个特征：

第一，旅游功能分区的方法并非独一无二的。在不同国家和地区有不同的体现，在不同的地理、人文和社会背景下，体现出不同的分区差异。如以美国和加拿大为代表的国家公园分区方法，以日本国立公园为代表的分区方法，以我国自然保护区、国家森林公园等为代表的分区方法等，都体现了旅游功能区划的差异性。

第二，旅游功能分区的方法并非一成不变的。针对不同的旅游区类型有不同的分区方法，如中国的风景名胜区、自然保护区和国家森林公园，有自身独特的分区方法，所以我们应当重点了解我国旅游区域的类型系统。

第三，旅游功能分区的方法并非以一带全的。针对不同的待规划区域有不同的运用和调整；如一些开发较早、规划较为成熟的区域，在功能分区上应当尽量遵循现有的布局模式，在资源优化的基础上进行相应的调整；如一些完全原生态的区域，应当尽量遵循保护为主的规划原则，在功能分区上尽量凸显保护区域的功能，淡化开发区域的功能。

一般而言，旅游功能区划的方法包括旅游生产力布局法、旅游资源特色法、旅游项目导向法、旅游功能分异法和国家旅游区划标准法。

1. 旅游生产力布局法

旅游生产力布局法是生产力布局理论在旅游规划实践中的具体运用。旅游生产力布局法以区位优势论、比较优势论和增长极理论为主要理论支撑，重在对旅游区域未来生产力布局的整体把握，将每个功能区的资源进行科学的分析，将资源优势转化为生产力。这种方法多运用于较大区域的旅游总体规划或旅游战略规划中，一般用于区域的旅游总体规划或战略的一级功能区划分。

2. 旅游资源特色法

旅游功能分区的基础应当遵循当地旅游资源的系统分布状况，按照旅游资源所体现的功能属性，进行功能分区。如山岳旅游资源集中的地区，可以突出观光、探险、露营、餐饮、运动等主题功能，按照不同的功能进行功能区划分；如海域旅游资源集中的地区，可以突出滨水休闲、海滨度假、海上运动、海产品鉴、疗养康体等功能，按照不同的功能进行划分；如科教旅游资源集中的地区，可以突出科普、培训、休闲、拓展和参观等功能，按照不同功能进行划分。这种方法一般用于较小的区域旅游控制性规划的一级功能区划分或较大区域的旅游总体规划或战略规划的二级（三级）功能区划分。

3. 旅游项目导向法

目前我国旅游规划与开发大都处于项目导向阶段，项目成为旅游深度开发的重要基础，区域旅游功能也需要通过具体的项目支撑得以表现。因此，旅游规划中的功能定位应贯彻实施旅游发展的项目带动战略思想，在进行旅游开发过程中，强调旅游功能定位与旅游项目建设的结合。在旅游功能定位与分区的基础上，以旅游项目建设体现旅游区的功能特征，即在对旅游功能分区建设的过程中，以旅游项目建设为基本元素，旅游功能的体现和旅游产品系列都需要通过项目建设来实现，把项目建设放在第一位。

特别是对一些旅游资源比较破碎零散、甚至缺乏旅游资源的待规划区域，旅游规划可以利用旅游项目特色法，通过一些重大的旅游项目，对旅游资源进行整合，实现区域功能特色的凸显。如主题公园，可以引入一些大型的旅游项目，突出冒险体验、户外竞技、餐饮休闲、观光游览、活动参与等功能，进行区域功能划分。

4. 旅游功能分异法

旅游功能分异法是在总结大多数旅游区规划和开发实践中得出的一般性规律，即一个完整的旅游区应当大致包括旅游服务基地、旅游游览区，旅游住宿和餐饮区、旅游娱乐和购物区、旅游休闲区、旅游生态保护区，旅游生产经营基地等，在具体的规划实践过程中应当参考当地的地理分布特征、人口分布特征、经济发展水平、基础设施现状等诸多要素，明确不同功能的区域在适当区域的布局。这种方法往往运用于比较小型的旅游区的功能划分或大型旅游区的二级（三级）功能细分。

5. 国家旅游区划标准法

对于一些特殊的待规划和待开发区域，如国家森林公园、国家重点风景名胜区和国家自然保护区等，应当首先遵循国家的相应区划标准。国家林业和草原局对国家森林公园的规划，制定了相应的规划基本规则：一个完整的国家森林公园大致分为游览区、野营区、游乐区、狩猎区、旅游商品生产区、生态保护区、生产经营区、接待服务区、行政管理区和住宅区。自然保护区一般应当分为生态核心区、生态缓冲区和生态实践区，旅游规划和开发应当在生态实践区内进行，相应的功能区划也应当在实践区内开展。这种方法一般用于特殊旅游区域划分的过程中。

二、旅游功能区划的内容

旅游功能区划往往是依据用地安排进行分区，每个分区都被赋予了一定功能，是较为典型的功能分区。旅游区的功能区可划分为游览区、接待区、商业服务区、休养区等，其中，游览区是旅游区的核心部分，是旅游景物集中分布区；接待区行使接待功能，是酒店、餐馆、购物等集中分布区；休养区一般为环境质量高的林地、海滨等，通常位于游览区的边缘。

世界各国非常重视旅游景区型旅游目的地的功能分区，包括各类国家公园、自然保护区和森林公园等。表5.2至表5.5分别列出了中国、日本、美国和加拿大的国家公园的分区情况，虽然在表述上存在一些差别，但整体上，各国都在国家公园里针对景观特性的差别及其保护开发利用的不同要求划分出原始核心保护区、文化景观区、低密度游憩区、高密度游憩区和服务区。

表 5.2　中国国家公园功能分区

	类别	位置	开始程度	游憩活动	景观特征
Ⅰ	原始区	生态系统核心保护区	保持原始状态，仅有林间小道	供科研、科学考察之用	稀有物种，濒危物种。独特的生态体系
Ⅱ	自然区	自然状态、环境优良地区	维护自然状态。开发极小，仅有步道，必要时设汽车道	徒步观光、野营划船等原始游憩	景观独特而优美
Ⅲ	史迹区	文化史迹集中地区	有限开发，主要修复原遗迹、遗址	纪念活动，观光、史迹研究等游憩活动	特殊文化史迹
Ⅳ	游憩区	观光、游憩资源较集中地区	开发程度一般，建营地、小型接待设施和游憩设施	休闲、游憩娱乐活动	观光、游憩景观环境
Ⅴ	服务区	公园的最外缘或者公园的入口附近	高密度开发，服务接待中心，管理中心等	旅游购物、美食品味、住宿接待	建筑、庭园环境

表 5.3　日本国家公园内部分区和行为规范

类别		定义	行为法律规定
特别区	特殊保护区	需要严格保护风景区优美景色的区域	原则上禁止建筑物的建筑
	Ⅰ级特别区	保护级别仅次于特殊保护区、需要比较严格保护风景区优美景色的区域，最大限度地保护现存优美景色	原则上禁止建筑物的建筑，即对于特殊保护区的法规也适用于本区域
	Ⅱ级特别区	需要最大限度地调整农业、林业和渔业生产行为的区域	原则上允许原住居民正常生活所必需的设施，如房屋和用于一般农业、林业、渔业的生产性设施。在不阻挡景观的条件下，允许修建食宿设施、小型别墅等
	Ⅲ级特别区	保护级别排在特殊保护区、Ⅰ级特别区、Ⅱ级特别区之后。在不过分影响景观的前提下，允许一般的农业、林业、渔业生产行为	慎重对待修建建筑物，法规适用范围与Ⅱ级特别区相似，允许林业和清理性砍伐
海洋公园区		由于拥有丰富的海洋动植物而具有优美的海洋景色	法规适用范围同特殊保护区
普通区		特别区周边具有优美景然的区域，属于需要保护的过渡性地区，区域内有居住点和农业生产活动	如果有阻挡景观的大型建筑物出现，管理者会可以干涉

注：国家公园内部分区依照国家公园保护规划而确定。

表 5.4 美国 RRC System 功能分区

	类别	位置	开发程度	游憩活动	景观特征
Ⅰ	高密度游憩区	都市内，但也可以是国家公园里的一部分	高度开发，完全以游憩活动为目的	活动导向的运动及游戏	充满吸引力；自然的或是人为的景观
Ⅱ	一般户外游憩区	比Ⅰ区偏远	开发程度较Ⅰ区稍低，包括野餐区、露营区及人为设施如旅馆、商店等	范围广泛，如钓鱼、水上运动、游戏等	充满吸引力；自然与人为景观都有
Ⅲ	自然区	比Ⅰ、Ⅱ区更远，面积更大	有限的开发，如道路、步道、露营、野餐设施等，采用目标经营方式	活动与自然环境分开，如露营、划船、打猎等	自然的，有吸引力的环境；多样性的地形、湖泊
Ⅳ	特殊自然区	任何有特殊景观之地区	非常有限的开发，如步道、小径等	研究自然现象、观景	杰出的自然现象、风景；科学性、地质性景观；经常为一个大区域内的小分区
Ⅴ	原始地区	中央保护地	没有开发必要，或仅有步道，必要时设有汽车道	原野地、露营等	自然的、原始的；未开发的；远离文明
Ⅵ	历史与文化古迹	左述资源存在的地方	有限的开发，如小径及解说服务中心	观景、研究	与历史、文化等兴趣相符的特性；国家性、区域性或地方性

资料来源：ANON. Outdoor Recreation for American [J]. ORRRC, 1992 (1): 6.

表 5.5 加拿大国家公园功能分区

	类别	位置	开发程度	游憩活动	景观特征
Ⅰ	特别地区	中央保护地区	维持自然及原始状态，开发极小	未经许可，禁止人车入内进行任何活动。在限定时间内提供解说、观察	具有独特而优美之景观、生态体系及文化特征
Ⅱ	旷野游憩区	于Ⅰ区之外围	开发程度小，但在保护下仅供非破坏之游憩使用	提供骑马、划舟等较原始性游憩使用	具有自然生态演进及野生动物观赏之景观特征
Ⅲ	自然环境区	Ⅰ、Ⅱ区与开发地区间之缓冲区	开发较频，如车道、设施等	提供接近大自然之度假住宿、乘车赏景等	含自然及人文景观、具游憩资源
Ⅳ	一般户外游憩区	属于国家公园边缘开发地区	具有极大开发潜力，作为车道、露营地、眺望台及其他户外游憩设施	提供种类较频繁之户外游憩活动	具有较多人文景观与游憩资源
Ⅴ	高密度使用区	较小面积，但高度使用	已开发之地区，或原有相当多之人为设施	游客中心解说服务及各类旅游服务	充满人为的建筑、庭园与服务设施

资料来源：ANON. Pianng For Man And Nature in The National Parks [J]. IUCN. Forster, 1973 (2): 62-64.

综上，旅游功能区划工作主要包含以下内容：

1. 明确资源分布状况

旅游资源是旅游规划与开发的客体，也是旅游功能分区的重要依据。在进行旅游功能分区策划时，规划小组必须对整个区域的旅游资源进行完整、仔细的调查并分类。旅游资源调查及评价工作有利于规划者掌握规划区的具体情况，明确旅游区的资源赋存状况及类型。旅游资源调查及评价的具体内容详见本教材的第三章。在明确规划区资源分布状况及类型的前提下，规划小组应根据旅游资源调查及评价的内容，如旅游资源的类型、等级、疏密程度及特色等进行合理的功能分区规划，如生态旅游资源较为富集的区域可划为生态旅游休闲区，文化旅游资源较为集中的区域可划为文化体验区。

2. 明确区内自然要素

首次进行旅游规划与开发的区域往往是人类活动不曾涉及的地方。旅游功能分区的规划很大程度上受制于规划区内的自然要素，这里的自然要素主要指山、川、河、流等。山地型的旅游区地形起伏较大，旅游资源较为分散，此时如何对山地型的规划区进行功能分区，做到既考虑交通、环境保护等因素，又能让游客获得最优化的旅游体验就是一个难点。

3. 实现资源优化重组

旅游功能分区的主要目的之一是要实现区域旅游资源的优化重组，我国旅游资源数量丰富、类型多样。因此，规划者在进行功能分区和定位时应综合考虑旅游资源的特色和分布，注重对旅游资源实现优化重组，即通过功能定位有效盘活旅游资源，促进旅游区旅游业的发展；除了盘活丰富的自然旅游资源外，还要盘活丰富的文化旅游资源和生态旅游资源等特色资源，旅游功能的定位与分区布局要体现“资源整合”这一特征，实现旅游资源的优化组合，实现旅游资源的合理利用与品质的提高。

4. 确定功能分区形式

旅游功能分区一般无固定的模式，在实际的旅游规划操作中，大多都是靠规划小组的智慧，根据旅游资源调查的结果、区域内自然要素等客观情况，再结合旅游区的发展目标加以创造和实施的。表 5.6 为国家旅游度假区的旅游功能分区概况。

表 5.6 国家旅游度假区的旅游功能分区概况

度假区名称	面积/km^2	功能分区	
		数量	名称
大连金石滩	13.6	8	综合服务区、度假别墅区、地质景观游览区、高尔夫球场、国际游艇俱乐部、游乐运动场、森林狩猎区、海上活动游览区
青岛石老人	10.8	6	综合服务区、度假别墅区、海洋公园及海上游乐区、啤酒文化城、高尔夫球场、休闲健身区
苏州太湖	11.2	6	综合服务区、度假别墅区、吴文化城、水上风情园、桥岛风光区、高尔夫球场
无锡太湖	13.5	5	综合服务区、度假别墅区、水上活动区、康复中心、高尔夫球场

表5.6(续)

度假区名称	面积/km^2	功能分区	
		数量	名称
上海佘山	20.5	19	综合服务区、大众别墅区、乡野别墅区、佘山主景区、农田观光区、水上漂流区、果林采摘区、环保教育区、生态核心区、休闲垂钓区、植物赏析区、爱心动物园区、野营烧烤区、主要入口区、快乐嘉年华、体育公园区、竞技比赛区、训练基地、攀岩蹦极区
杭州之江	9.88	5	综合服务区、度假别墅区、游乐购物区、高尔夫球场、大型淡水沙滩浴场
福建武夷山	12.0	6	综合服务区、度假别墅区、水上活动区、游览娱乐区、休闲区、武夷文化区
福建湄洲岛	13.5	5	综合服务区、度假别墅区、妈祖文化城、高尔夫球场、贸易中心
广州南湖	15.0	5	综合服务区、度假别墅区、东方野生世界、高尔夫球场、娱乐购物区
北海银滩	12.0	7	综合服务区、度假别墅区、海滩康复区、海上运动区、娱乐购物区、高尔夫球场、文化活动区
昆明滇池	10.0	9	综合服务区、度假别墅区、高尔夫球场、现代游乐园、大型淡水沙滩浴场、民族文化风情园、垂钓基地、水上娱乐园、珍稀动植物观赏园
三亚亚龙湾	18.6	7	综合服务区、滨海宾馆区、红霞别墅区、高尔夫别墅区、饮食购物区、环湖娱乐区、海滨浴场

拓展案例

峨眉半山七里坪旅游度假区空间布局规划

峨眉半山七里坪旅游度假区整体布局采用“一带两心两侧翼”的集中与分散式的组团布局结构。各个组团相对独立，又有机联系，分别赋予了度假区不同的主题，便于开发与管理。

一带——山地户外运动组团；

两心——北边温泉养生组团和南边山地商务运动组团为中心；

两侧翼——沿南部山地商务运动组团中心的西部北部侧翼为依靠，依次布置山地风情小镇东区、山地风情小镇西区、拆迁安置区南区、拆迁安置区北区、户外运动大本营组团、酒店及花园商务区及南部社区组团；沿北部温泉养生组团中心的东、西、北部侧翼为依靠，依次布置北部休闲配套区和北部社区。

一、布局方法

线型：以游览路线、主要道路或沿自然边界（山脊线、山脚线）为主要脉络，建筑群和各种娱乐设施沿一边或两边布置，线的形态可以是直线，也可以是曲线，或者是直线和曲线结合，以呈现出较强的方向性和动态感。

组团型：功能相关联的部分以组团方式组织到一起，形成一种较为紧凑的布局方式。各个功能部分分别采用组团布局，组团之间用道路相连。

核式组合型：类似于组团型，但有明显的中心，且其中心至外围有明显的层次性，往往主要建筑居于其中，次要建筑及娱乐设施分布其周围，呈辐射状扩展。

散点布置：布局灵活自由，不拘一格，各种设施分开布置，对保护环境有利，适合于地形复杂多变的基地。

综上所述，峨眉半山七里坪旅游度假区规划在风貌上与传统小镇保持接近的风格，使游客与到访者能够体验到度假区独特的风格与特色，同时丰富规划内涵，使度假区同时也可以承担现代山地居住小镇功能。

二、功能分区

依据规划空间结构形态，并结合现状自然地形和生态景观要求，在满足生态优先的原则下，合理布局各个功能组团，达到人与自然和谐发展的可持续休闲旅游区模式。

按照区内自然地形的要求，将度假区分为南、北两大部分。度假区南部包括南部山地商务运动组团、南部社区组团、酒店及花园商务组团、山地风情小镇组团、户外大本营组团和拆迁安置组团；北部地区包括温泉养生组团、北部休闲配套组团、北部社区组团和山地户外运动组团。

南部山地商务运动组团——借助自然山地环境、注入禅文化元素，打造特色山地休闲运动体验区，并依托运动区形成以乡村配套用房为主的山地运动物业聚集区。

温泉养生组团——以原生态自然风情为主题，集温泉洗浴、康体健身、保健养生为一体的综合性高端养生度假组团，为高端度假人群提供一站式、全方位的保健康疗、养生养心体验。形成北区的旅游服务中心。

酒店及花园商务组团——依托优美的生态环境和便捷的交通联系，形成区域会议、商务及高端消费中心。成为为山地商务运动和康体养生人士配套的公共性服务组团。

山地风情小镇组团——以综合旅游接待、风情体验、中端度假居住为主要功能的综合性居住组团。

山地户外运动组团——利用七里坪河水系、连绵起伏的山脉等丰富的户外运动资源，开发户外运动项目，兼具人工滑雪场、登山攀岩、野外探险等山地特色旅游，成为功能齐全、产品多样的户外运动基地。

北部休闲配套组团——依托北部温泉养生组团，配套布置部分山地特色高尚度假房。

南、北部社区组团——利用山势地形，依山就势，建设符合山地特色的居住社区。

拆迁安置组团——集中安置旅游区内原住村民，以置换宅基地的方式在拆迁安置组团建设兼具川西民居特色及现代化特色的安置住宿区。

户外运动大本营组团——利用地形，开发野战等户外运动项目。

图 5.5 为峨眉半山七里坪旅游度假区功能分区。

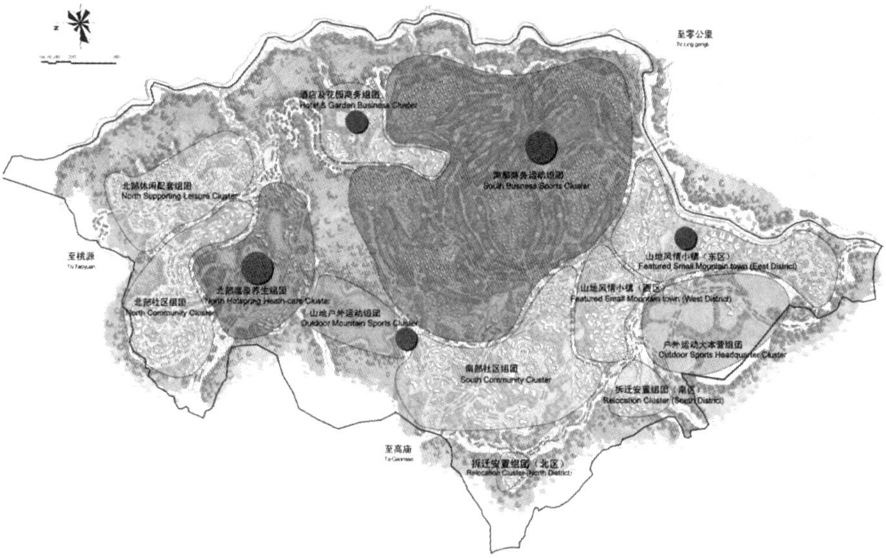

图 5.5　峨眉半山七里坪旅游度假区功能分区

案例来源：改编自四川旅游发展研究中心编制的《峨眉半山七里坪旅游度假区总体规划》。

本章小结

旅游空间合理布局是进行产品开发、项目策划和线路设计的重要前提，旅游区的功能分区是对旅游发展在时间和空间上的组织和安排。本章重点介绍了空间布局的原则和基本模式，并提供了不同地域类型的旅游区空间布局的案例，阐述了旅游功能区划的方法，以及主要包含的工作内容。

复习与思考

1. 什么是旅游空间布局？
2. 简述旅游空间布局的基本模式。
3. 简述旅游功能区划的方法。
4. 旅游功能区划主要包含哪些工作内容？

第六章 旅游产品与线路设计

第一节 旅游项目策划

旅游项目在塑造旅游景观、丰富旅游产品、提升旅游功能等方面扮演着重要的角色，是旅游地开发规划的重要研究内容。作为一个系统工程，成功的旅游项目离不开规划师的精心设计和打造，成功的项目策划和实施能够保证旅游地获取长久的竞争优势。

一、旅游项目的概念

关于旅游项目这一概念的界定，有许多学者提出了相关的看法，如旅游项目是指旅游开发者为了达到特定的旅游发展目标而临时调集到一起的资源组合（黄郁成，2002）；旅游项目是指借助旅游地的旅游资源而开发出的以旅游者和旅游地居民为吸引对象，提供休闲消遣服务，具有持续旅游吸引力，以实现经济、社会和生态环境效益为目标的旅游吸引物（马勇、李玺，2002）。苏格兰旅游委员会对旅游项目定义的大致解释是：旅游项目应该是一个长久的旅游吸引物，旅游项目的主要目的是让公众和旅游者得到消遣的机会，做他们感兴趣的事情，或者是受到一定的教育，而不应该仅仅是一个游乐场、一场歌舞剧或电影、一场体育竞赛等。旅游项目不仅应该吸引严格意义上的旅游者、一日游者，而且对当地居民也要具有一定的吸引力。

旅游主题是旅游目的地的核心竞争要素与核心竞争力，它是旅游发展的思路，决定着旅游项目的内涵和功能。因此，旅游项目是旅游主题实现的载体，是旅游主题的具体表现形式。同时，旅游项目是旅游产品设计组合的基础，是旅游产品的组成要素。

二、旅游项目的类型

按照不同的分类标准，旅游项目有不同的类型。

1. 从性质来划分

从性质上，旅游项目可以分为观赏性项目、娱乐性项目、活动性项目、休闲性项目。其中，观赏性项目主要以自然景观和人文景观为对象，向旅游者提供各种观赏性活动。娱乐性项目是以各种游乐、玩耍等设施为吸引要素，向旅游者提供各种娱乐活动的项目。活动性项目是以各种展览、会议、商务活动为需要要素，向特定的旅游者提供各种活动服务的项目。休闲性项目是以各种休闲设施为吸引要素，向旅游者提供业余时间活动场所或服务项目。

2. 从功能来划分

从项目的功能上，旅游项目可以分为旅游游览功能和旅游接待功能。旅游游览功能是项目的基本功能，也是旅游者购买旅游产品的原因，旅游产品设计的依据。旅游接待功能是旅游者顺利实现旅游活动的基本保障，也是旅游开发项目实现其经济价值的重要内容。

三、旅游项目策划的原则

旅游项目的规划设计优劣对旅游目的地开发的成败有决定性的影响，因为旅游项目既是对旅游资源利用整合的手段，又是旅游产品组成的基本要素。依据一定的原则设计旅游项目，实际上是要求设计旅游项目应遵循一些基本的理念。

1. 创新原则

创新原则要求旅游项目设计根据时代变换、市场需求趋势对旅游资源做出新的理解，提出新的开发方式。如水体旅游资源在早期可能主要设计为观光旅游项目，而在追求参与性体验性的旅游时代，则更多地设计为参与性旅游项目，当其作为旅游产品时就实现了旅游产品的升级换代。旅游项目的创新主要包括主题、内容和品质三个方面。随着时代的发展，旅游项目的同质化现象越来越严重，旅游项目的生命周期在不断缩短，只有差异化、个性化的旅游项目，才能在市场中站稳脚跟。所以，创新性是旅游项目设计中的核心原则。

2. 突出特色原则

特色是核心竞争力的重要组成部分。旅游在本质上追求一种异质体验，而特色正是旅游资源、旅游项目、旅游产品的异质所在。特色原则要求在旅游项目中将自己的独特性充分展示。旅游项目开发是从地方的资源评价与资源挖掘开始的，一般包括自然资源、历史文化资源两个方面，也可从地脉、文脉、人脉三个角度进行资源的挖掘，目的是寻求其特色性。特色性最核心的内涵是地方性。特色性的塑造不是简单地堆砌建筑材料和制造景观，而是创造性地适当改造固有的场所特征，使之适合新的使用方式，如开发作为旅游使用等。

3. 市场原则

旅游项目只有在被市场接纳认可后才能成为成功的项目、可行的项目。市场原则要求旅游项目规划应做市场调查分析，开展 SWOT 分析。市场决定着项目开发的方向、内容、层次和规模。市场导向原则主要体现在把握未来旅游市场趋势，立足竞争优势和地方性来设计旅游项目，满足市场需求。旅游项目策划是在市场调研、旅游市场总体把握的基础上，进行项目的市场定位，对应目标市场需求，进行创意策划、游憩方式设计和游线设计，最后进行市场核算与运作策划。这完全是为了利用有限的资源，使旅游项目获得市场收益的机会。

4. 整体性原则

旅游项目的设计要从全局均衡发展的角度出发，优先选择对区域发展有较大推动作用的项目类型。同时，旅游项目的设计要关注项目之间以及项目与资源、环境之间的相互作用与影响，从旅游地整体发展的角度来全面综合审视项目设计方案的可行性。

四、旅游项目策划的内容

1. 旅游项目的主题定位

主题定位是旅游项目的灵魂，反映了旅游项目的开发理念，也是其形成竞争优势并保持长久生命力的有力工具，项目建设和实施必须围绕目标和主题进行。旅游项目一般都需要主题，如果有了清晰独特、引人入胜的主题，并且项目能够体现主题，旅游吸引力就会得到极大的提升。因此，主题选择在旅游项目策划中处于关键地位，起到了凝聚要点、指明方向的作用，直接关系到项目策划的成功与否。一般来讲，主题的选择要做到特色与创新相结合。主题的选择一般基于旅游项目所在地的要素，结合当地的地脉、文脉、人脉等特征，运用各种方法和技巧进行充分论证、反复推敲和归纳总结。

2. 旅游项目的名称、风格和布局

在主题定位的基础上，命名旅游项目名称。旅游项目名称是旅游者了解该项目的第一信息。能否发挥项目的吸引力，名称起到至关重要的作用。有创意的名称能够激发旅游者的无限联想和向往。旅游项目风格涉及旅游者对旅游地的第一印象，是旅游项目发挥吸引力的重要载体。建筑风格主要涉及建筑与环境之间的风格协调性以及建筑自身风格的一致性。建筑风格的内容具体包括：旅游项目中主要建筑物的规模、形状、外观、颜色和材料；旅游项目中建筑物内部的装修风格，如建筑物内部的分隔、装修和装饰的材料；旅游项目相关的旅游辅助设施和旅游服务的外观、形状和风格，如旅游项目的路标、垃圾箱、停车场、购物商店、洗手间以及旅游餐厅所提供服务的标准和方式。在此基础上，策划还须确定旅游项目的具体地理范围和开放空间，并按照旅游六要素进行生产要素配置与布局。

3. 旅游项目产品体系和游憩方式

旅游项目是构成旅游产品的基本要素，因此，旅游项目的设计应同时考虑规划地区未来旅游产品体系的构成，确定旅游项目所能提供的产品类型以及主导产品或活动，进行游憩功能结构设计。产品体系的构思既指规划地区所有项目的不同组合，也指某一项目重复出现在不同的产品中。如苏州规划的传统美食区，既是购物休闲游产品的有机成分，也是美食游的主要品牌。同时，要设计整个系统的综合游憩模式，并按照观赏方式与观赏线路设计、游乐内容策划、故事编撰与场景布置策划、体验模式策划、特色餐饮策划、特色住宿策划，形成游程游线结构；落实“食、宿、行、游、购、娱”六要素互补镶嵌的系统结构。

4. 旅游项目的管理

这包括合理的人员搭配、充足的资金保障以及恰当的评价标准与监控体系。其中人员搭配是指环境、经济、市场、旅游及地理、园林等专业人才的组合；资金保障是指要有明确的资金来源渠道。同时，旅游项目实施是一个长期的、后效的、不稳定的过程，要建立一个连续且便于监控的经济、社会、环境目标评价系统，并根据旅游项目的特殊性，建立有效的政府或社会监控体系。

五、旅游项目策划的程序

1. 旅游开发地的环境分析

旅游项目的环境可分为旅游地内部环境和旅游地外部环境。旅游地内部环境分析，主要是分析旅游地的自然资源、人力资源、物力资源和财力资源；旅游地外部环境分析，主要是分析旅游市场的需求状况、旅游地之间的竞争状况和旅游市场上的旅游需求发展趋势等。在上述分析的基础上，旅游项目策划还要建立对旅游开发地的社会文化背景的认识以及对旅游市场的深入了解。

2. 旅游资源的特色分析

旅游项目的特色是由当地的旅游资源特色决定的。这是因为旅游项目布置于旅游地，需要与区域旅游环境和氛围保持一致。项目特色又是项目设计的灵魂，因此就需要旅游项目策划者在策划前对旅游资源进行详细调查，通过与竞争对手的比较，发现本地旅游资源与众不同之处，挖掘旅游资源特色，以此作为设计该旅游项目的基调。

3. 旅游项目的初步构思

在进行旅游项目设计时，设计者要提出旅游项目的大致思路。这个大致思路源于自创或借鉴，但只是一个概念性的构思，其可行性需要进一步论证。一般情况下设计者会提出几个思路，以供筛选。

4. 旅游项目构思的评价

在设计人员提供的数个可选择构思的基础上，从市场需求和资源特色等角度对其进行甄别，从经济可行性、社会可行性和环境可行性等层面进行分析，淘汰可行性小的构思，保留可行性大的构思。

5. 旅游项目的设计

在对已有的旅游项目构思进行甄别之后，就是旅游项目设计的最后一步，即将旅游项目的构思落实成为实实在在的旅游项目创意，并通过招标的形式吸引投资者来投资建设。

第二节 旅游产品开发

一、旅游产品的概念

旅游产品是为满足旅游者旅游活动需求而提供的旅游服务的总称，旅游产品和旅游活动安排实际上体现了策划者的创意及构思意图，旅游规划与开发的核心是设计具有吸引力，竞争力和生命力的旅游产品，为旅游者创造满意的体验。

旅游产品和旅游项目是两个不同而又相互联系的概念。旅游产品是将各种旅游项目和旅游服务以及基础设施组合起来，对外进行销售的无形产品。旅游产品可以被无限出售，基本上不存在磨损和折旧。旅游项目则是各种旅游吸引物的综合体，与旅游产品相比，包含的内容较少，但稳定性相对较大。

旅游产品体系是指旅游地根据市场需要而供给的旅游产品组合。旅游规划与开发过程中，通常对区域内可以开发的旅游产品种类进行规划，共同组成类型多样、功能完善的旅游产品体系。

二、旅游产品的类型

梳理旅游产品类型是做好旅游产品开发的基础和前提，本节将介绍一些在旅游规划与开发中具有实际意义的旅游产品类型。

1. 依据功能划分

旅游产品依据功能可分为观光旅游产品、度假与休闲娱乐旅游产品、商务会展旅游产品、特种旅游产品等。近年来，随着传统旅游产品的发展和新兴旅游产品的涌现，旅游产品的种类不断增多，甚至出现了交叉型和过渡型的旅游产品，于是提出了“旅游产品树”的概念。其中主要包括五大旅游产品类型，即观光益智旅游产品、休闲娱乐度假旅游产品、商务会展节事旅游产品、专项旅游产品和特殊兴趣旅游产品。

2. 依据国家标准划分

中华人民共和国国家标准《旅游规划通则》（GB/T 18971-2003）将旅游产品分为自然类、人文类和综合类旅游产品。自然类旅游产品主要包括以自然遗产地、自然度假区、自然风景区、自然保护区、森林公园、地质公园等为资源基础开发的旅游产品；人文类旅游产品既包括城市建筑、乡村古镇建筑、现代工程等人文景观类旅游产品，也包括民风民俗、文化艺术等非物质类旅游产品；综合类旅游产品指既有自然类特性，又有人文类特性的旅游产品。

3. 依据空间形态划分

旅游产品依据空间形态可分为点状旅游产品、线状旅游产品和面状旅游产品。点状旅游产品是指单项旅游资源或开发后形成的旅游吸引物；线状旅游产品是指旅游线路；面状旅游产品是指拥有多项旅游资源或旅游吸引物的旅游地经过规划、开发和设计后形成的产品。

三、旅游产品开发的影响因素

（一）资源基础

资源条件是旅游产品开发的基础。旅游产品开发必须依托旅游资源。通过调查和评价旅游资源，分清旅游资源的类型、归纳旅游资源的特色、评价旅游资源的级别、评估旅游资源的发展潜力。旅游资源的品位、特色、丰度直接影响旅游开发的方向、规模和旅游产品的魅力。旅游资源具有稀缺性的特点，旅游开发中忽视旅游资源和持“资源泛化”（如认为“处处都是旅游资源”等）的思想都是错误的。

（二）开发条件

开发条件包括区位条件、交通条件、市场条件、经济条件、社会条件等。

1. 区位条件

资源区位看结构，即旅游资源的丰度与搭配组合程度；客源区位看位置，即旅游地与外部客源市场、周边景区（点）的空间关联度；交通区位看线路，即客源市场与旅游目的地的线路通畅度。这三者构成的区位因素是旅游产品开发的重要影响因素。

2. 交通条件

交通条件影响游客的可进出性和旅游产品销售的可能性。规划者在进行旅游产品开发之前，要充分调查交通条件。对于一些交通条件相对较差的地区，旅游产品开发成本较高，线路组织更加困难。

3. 市场条件

市场需求是进行旅游产品开发、实现旅游供给的前提。目标市场应该成为引导产品开发方式、规模、层次以及调整产品结构和开发策略的重要依据。

4. 经济条件

经济条件影响旅游产品开发的投资规模与质量。旅游开发和地方经济的发展背景息息相关。对于经济条件较好的地区，不仅政府、相关组织和个人的消费规模大，投资能力强，而且旅游开发容易吸引投资、扩大规模、改善质量，其市场前景好，难度远远低于经济落后地区。

此外，社会条件等也会直接或间接地影响旅游产品的开发。

（三）旅游需求

需求决定供给，旅游需求是旅游产品开发的主要依据。旅游需求包括类型与数量、空间分布、时间分配等。不同时间、空间和类型的旅游需求特征，直接影响旅游产品开发类型、经营策略与市场战略等。通常情况下，影响旅游产品开发的旅游需求因素有消费者欲望、经济能力、旅游者偏好、旅游目的地等。

（四）产品竞争

产品竞争包括项目竞争（同类与异类）和空间竞争。产品竞争直接影响旅游开发决策与品牌战略。旅游产品开发要考虑市场竞争的程度，对于替代性产品要做深入的分析，在空间竞争中要考虑“景区效应”可能带来的负面影响。

四、旅游产品开发的原则

1. 依托资源原则

旅游产品开发，尽管需要创意和分析市场，但最核心的还是以当地的旅游资源为基础。在旅游产品组成的各要素中，旅游资源是最核心的要素。离开旅游资源，设计出的旅游产品容易失去地方特色，在市场竞争中处于不利地位。因此，在旅游产品的规划设计中，先要摸清规划区域的旅游资源家底，找出特色，然后再进行旅游产品开发。在现实中，为什么主题公园类旅游产品的竞争特别激烈？许多主题公园开业后不久就出现难以为继的现象呢？其根本原因就是，主题公园不是依托旅游资源生产出来的旅游产品，没有独占性和垄断性，很容易被模仿。

2. 面向市场原则

许多旅游区的旅游资源数量和类型众多，不能简单地将这些旅游资源全部设计成旅游产品。因为在目前的旅游市场上，可供人们选择的旅游产品琳琅满目，简单地将旅游资源加工成旅游产品，市场的认可度不高，旅游开发的效益就不好。因此，将哪些旅游资源转化为旅游产品就有一个选择的问题，选择的标准主要就是对市场的分析和判断。市场不认可的旅游产品，尽管它在某一方面有很高的价值和地位，在开发时也要十分谨慎。比如，重庆市巫山猿人化石，距今大约 200 万年，属于全国重点文物保护单位，在国际考古界引起巨大震动，但能否将其开发为旅游产品应十分慎重。因为市场对这类专业性强的旅游产品的认可度并不高。

3. 突出主题原则

旅游产品的设计与开发要围绕一个主题，体现出鲜明的特色，才容易吸引目标客源。特色鲜明、主题突出的旅游产品便于形成规模效益，便于进行市场营销，提高整体竞争力。比如，竹海旅游区可以设计出竹海览胜（游），夜宿竹楼（宿），竹荪、竹笋等竹类宴席（食），乘坐竹滑竿（行），竹海休闲（娱），竹制工艺品（购）等系列产品。这些旅游产品均突出了翠竹景观、竹文化等主题。

4. 注入文化原则

只有具有文化内涵的旅游产品，才有长久的生命力和吸引力。旅游产品的设计不能只是简单地将旅游资源、旅游设施、旅游服务组合在一起，而应在有形的旅游资源之外，尽可能注入文化内涵，使旅游产品更具有独特性。

5. 形成系列原则

旅游产品在突出主题的前提下，应尽可能形成系列。系列化的旅游产品容易给旅游者留下深刻的印象，增强旅游产品的市场竞争力。例如，以茶园为主体的旅游区可以规划设计出以茶园风光、采茶制茶、茶文化为中心的系列旅游产品。

6. 塑造品牌原则

目前，人们的消费已从实物消费进入品牌消费的时代。品牌是一种购买导向，只有在设计出的众多旅游产品中有一个或一类产品成为品牌旅游产品，才有利于市场推广。

第三节 旅游线路组织

一、旅游线路的概念

一个旅游区域内的若干景观（区、点）在不同的空间位置，旅游活动的先后顺序也有多种不同的串连方式，由此组合成不同的旅游线路。旅游线路是旅游规划者以旅游交通线将一定区域内的旅游景点、旅游设施、旅游活动项目、旅游服务等因素串联起来的，方便旅游者游览的空间组合形态。

二、旅游线路的类型

（一）按空间尺度划分

保继刚、楚义芳等指出，从空间尺度划分，旅游线路分为两种基本类型：一是大尺度的旅游线路设计，它实际上包含了旅游产品所有组成要素的有机组合与衔接，旅行社或其他旅游经营部门，在特定区域内，利用交通为外来旅游者设计的联结若干旅游点或旅游城市并提供一定服务的相对合理的线性空间走向，将区域内各种单项旅游产品有机地组合在一起，并涵盖旅游者在旅游目的地区域内食、宿、行、游、购、娱等各个旅游活动环节，通常是以城市和旅游区为线路上的节点，以航空线、铁路线、公路线、水路线串联，涉及的空间范围较大；二是小尺度的线路设计，即在旅游景观区或风景名胜区范围内，旅游者参观游览所要经历的路线。也就是说，其含义是指在一个具体的旅游景观区内，旅游者参观游览的必经之路，它是一个行动的轨迹，涉及的空间范围较小。旅游区规划中的区内旅游线路多为此类。

（二）按运行轨迹划分

1. 两点往返式

两点往返式，在远距离旅游时主要表现为乘坐飞机往返于两个旅游城市之间；在旅游城市内表现为住地与景点的单线联系。

2. 单通道式

单通道式，远距离以乘火车进行旅游为典型，在旅游城市中表现为若干景点被一条旅游线路串联，旅游者一路上可以观赏不同的旅游项目。

3. 环通道式

环通道式是单通道式旅游线路的变化形式。这种线路没有重复道路，基本不走回头路，接触的景观景点也较多，游览行程最划算。

4. 单枢纽式

这种线路以一个旅游城市为核心，其他所有旅游目的地都与之连接，形成一个辐射系统，有明显的集散地，便于服务设施的集中和规模效益的发挥。

5. 多枢纽式

这种线路以若干重要的旅游城市为枢纽连接其他旅游目的地，几个枢纽旅游城市间由线路直接连接。

6. 网络分布式

这种线路通过公路将区域内景点覆盖其中，可供旅游者任选景点与道路，是理想的旅游线路。

（三）按旅游目的划分

1. 游览观光型

游览观光型线路以丰富多彩的自然风光和民族风情为主，以此来满足多数旅游者观光游览的需要，属于旅游中的基本层次。它包含的旅游点多，但在每个旅游点停留的时间较短。由于旅游者重复利用同一线路的可能性较小，因此这种类型的旅游线路成本较高。

2. 休闲度假型

休闲度假型线路多用于满足游客休闲、度假的需要，旅游线路串联的旅游点少，但旅游者在每个旅游点停留的时间长，旅游线路重复利用的可能性高。

3. 专题型

专题型线路是以某一主题内容为基本思路串联各点而成的旅游线路。全线各点的旅游景物（活动）有比较专一的内容或属性，因而具有较强的文化性、指示性或趣味性。

三、旅游线路设计的内容

旅游线路设计主要包括两个方面的内容：一是空间顺序安排，将不同的旅游节点、旅游活动安排在旅游线路的恰当空间；二是时间顺序的安排，要在确定的整个旅游线路的总时间的基础上细化，甚至要精确到以分钟为单位。当然，在时间安排上，既要精确，也要有意识地留有一定余地，方便旅游线路的实施。另外，需要说明的是，设计旅游线路定价主要针对旅行社推出的旅游线路，旅游规划编制者设计的旅游线路和旅游区内的游览路线，一般不考虑定价问题。线路编排完后还需要进行多方案比对，对设计出来的多条旅游线路进行评估，将符合要求的旅游线路选择出来作为正式的旅游线路。

（一）空间顺序的安排

1. 选择旅游节点

旅游线路中的节点就是旅游景点、旅游景区、旅游城市，是构成旅游线路的主要组成部分。选择旅游线路节点的主要因素包括：旅游线路的主题、旅游线路的客源市场、旅游线路的交通通达状况、旅游线路的时间。

2. 选择交通线路

交通线路是旅游线路的具体表现形式，选择恰当的交通线路和方式是实现旅游线路各项目标的基础。选择交通线路和方式时，既要考虑与交通线路的现状，也要考虑缩短空间距离（选择空间距离最短的交通线路）和时间距离（使用最快捷的交通方式），应将两者兼顾。

3. 选择住宿、餐饮、娱乐、购物

住宿、餐饮、娱乐、购物是旅游过程中的重要内容，是不可或缺的。旅游线路规划在选择这些旅游产品时，应着重考虑以下因素：一是价格，根据旅游线路消费对象的经济承受能力进行选择，豪华旅游线路可选四星级、五星级饭店住宿，选择高档的娱乐场所；二是便利性，这些旅游产品一定要在旅游线路的恰当位置，位于交通线附近；三是与旅游线路的主题相一致，住宿、餐饮、娱乐、购物可以强化旅游线路。

（二）时间顺序的安排

1. 旅游者的总体时间安排

要对应旅游者的总体时间安排来进行线路规划。首先是旅游者从出发地到旅游目的地的时间，当然越短越好。随着交通条件的改善，这部分时间会逐步调整。更重要的问题是，旅游者从出发地到旅游目的地的时间和游览时间的比例关系。一般说，这个比例关系的底线是1∶1，旅游者去旅游目的地的途中花费一个小时，往返累计两个小时，在这个旅游目的地的游览时间至少应该是两个小时。很多地方的资源都受旅游者路途时间的约束，存在是否适宜开发和市场范围的问题。在时间规划中，旅游者的总体时间安排是核心问题。

2. 游览时间的安排

游览时间的安排首先要解决的是游览时间从哪里开始，即到哪个地方算是进入景区。现在一般是到了售票处以后才算开始进入，这是一个特大的误区。一般来说，离开干线公路，到了支线公路，就应该算进入景区，但由于普遍存在误区，所以支线路的状况不是很好。干线要求通畅，而支线已经进入景区，这对旅游者来说，游览就变缓慢了，在规划设计方面，这条路的主要功能除了交通以外，应该是景观路、文化路、生态路，应该尽可能使旅游者感觉兴奋，这就需要在一路上规划设计一些景观。而不是只有到了景区门口看到一块大牌子，才觉得到了景区。这个问题在全国各地普遍存在，而且在景区的规划设计里也是一个薄弱之处。

从进了景区门口开始，要规划设计旅游者的活动，争取达到每5分钟有一个兴奋点，每15分钟有一个高潮。兴奋点就是旅游者看了有意思，高潮就是旅游者到这里会欢呼，并停下来拍照。如果在整个的游览过程中始终有这样的感觉，旅游者就会说这个地方真好。爬山时这样的感觉最典型，山上的风景很好，但是路上很枯燥。所以沿途必须要安排一些景观，否则虽然景色很好，但再好的景色也会被一路的枯燥抵消。

3. 综合消费时间安排

综合消费时间就是以游览时间为主体，加上其他消费时间的时间总和，包括排队、买瓶矿泉水、坐下来抽支烟、吃点东西、看看热闹等消费时间。

综合消费时间安排的大体概念是3个小时有一顿饭，6个小时可以住一个晚上。很多景区之所以摆脱不了单一的门票经济，就是在时间规划上没有下功夫。旅游者走马观花，行色匆匆，经营者没有其他的收入来源，只好在门票上做文章。如果增加一些综合消费项目，就会增加一些停留时间，在增加了收入来源的同时，最终也要累计到综合消费时间上。而综合消费时间一旦超过了3小时、6小时的临界线，收入就会上一个台阶。

四、旅游线路设计的原则

设计者在进行旅游线路设计时应遵守以下原则：

1. 市场需求原则

成功的旅游线路设计，必须首先对市场需求进行充分的调研，以市场为导向，预测市场需求的趋势和数量，分析旅游者的旅游动机，根据市场需求对原有的旅游线路进行加工、完善和升级，并开发出新的旅游线路来满足旅游者的需要，以最大程度满足其需求，保持旅游线路对旅游者的持续吸引力。

2. 体验效果递进原则

旅游线路的设计，必须充分考虑旅游者的心理状态和体能，并结合景观类型组合、排序等，使旅游活动安排做到劳逸结合、有张有弛，遵循体验效果递进原则。在交通合理、方便的前提下，同一线路旅游点的游览顺序应由一般的旅游点逐步过渡到吸引力大的旅游点，把高质量的旅游景点放在后面，使旅游者的兴奋度一层一层地上升，在核心景点使其达到兴奋顶点。以此使旅游者对于下一个节目有一种迫不及待的感受并不断地处于兴奋状态，激发旅游者的兴趣，满足旅游者的审美要求，从而让旅游者感受到最佳的旅游效果。

3. 不重复原则

设计旅游线路，应慎重选择构成旅游线路的各个旅游点。最佳旅游线路是由一些旅游依托地和尽可能多的、不同性质的旅游点串联而成的环形线路，力避往返旅途重复，避免让旅游者感到时间和金钱的浪费。当依托地周围的旅游点之间距离较远，而且都与旅游依托地距离在一天行程之内时，为减少更换住宿地点的麻烦、增加旅游者的安全感，一般是重返原住宿处过夜，然后再前往其他旅游点，形成放射状旅游支线。

4. 多样化原则

组成旅游线路的各项内容，如旅游景点、旅游活动项目、餐饮、住宿、交通、服务的类型很多，完全有条件组合成多种类型的旅游线路以供市场选择。任何一次旅游中，交通费用和食宿费用均占相当大的比例。在具体的旅游线路组合时，可以选择不同类型的旅游点和不同等级的宾馆，分别组合成不同档次的路线供旅游者选用，以适应不同经济水平的旅游者的需求。

5. 时空优化原则

在时间上，旅游线路设计时要根据其联结的景观特征、分布和确定的主题，安排在什么季节最为理想，多长时间最佳以及具体活动日程安排的合理性，目的是让旅游者在线路上能获取最佳的旅游体验效果；在空间上应尽可能使整条线路有最便捷的走向，全程不走回头路，串起较多的旅游点，同时从区域整体出发，要求在不影响线路特色和不降低线路质量的前提下，根据旅游线路的主题和市场需求，有针对性地进行适当的冷、热点组合，以拉动整个区域旅游发展，体现区域旅游整体发展的思想。

6. 主题突出原则

主题和特色可以使旅游线路充满魅力、具有强大的竞争力和生命力。个性化旅游需求推动旅游走向主题化。旅游线路的特色或主题的形成主要依靠将性质或形式有内在联系的旅游点串联起来，并在旅游六要素方面选择与此相适应的形式。

7. 旅途安全原则

出门旅游，旅游者最担心的是安全问题。因此在设计旅游线路时，设计者应遵循

"安全第一"的原则。在旅游线路设计的过程中，设计者必须重视旅游景点、旅游项目的安全性，把旅游者的安全放在首要位置。常见的旅游安全事故有交通事故、治安事故（盗窃、抢劫、诈骗、行凶等）、不可控制的灾难、突发事件等。

第四节　旅游商品策划

一、旅游商品的概念

按世界旅游组织定义，旅游购物是指为旅游做准备或者在旅途中购买商品（不包括服务和餐饮）的花费，其中包括购买衣服 、工具、纪念品、珠宝、报刊书籍、音像资料、美容及个人物品等，不包括任何一种出于商业的目的所进行的购买，即为了转卖而购买的物品。这些旅游者在旅游活动中购买的、以物质形态存在的实物即是旅游商品，也被称为旅游购品。广义的旅游商品主要包括旅游纪念品、旅游日用品、各种土特产、各种工艺美术品、文物古玩及复制品以及各种旅游零星用品等。狭义的旅游商品是指旅游工艺品和旅游纪念品。

旅游商品不同于旅游产品，旅游产品是一个整体概念，它是由旅游资源、旅游设施、旅游服务和旅游商品等多种要素组合而成。而旅游商品主要是指旅游活动中人们所购买的有形产品，即旅游购物品。旅游商品的概念范围要小于旅游产品，旅游商品只是旅游产品的一部分，包含于旅游产品之中，或者也可以说旅游商品实际上只是旅游产品概念集合中的一个子集。旅游商品与旅游产品相比具有不同的特性，旅游产品有不可储存性、不可转移性的特点，所以旅游产品的价值和经济效益受外界的影响比较大，而旅游商品则具有较大的独立性、灵活性和相对的稳定性。

二、旅游商品的分类

根据不同的分类标准，旅游商品可以划分为不同的类型。我国的旅游商品品种繁多，有旅游食品、轻工业品、纺织工业品、手工业品、工艺美术品、文物、土特产、旅游纪念品等。其中许多商品驰名中外，如烹调技术高超、风格独特的各种食品菜肴，技艺精湛的工艺美术品，独具一格的金石字画和文房四宝，丝绸刺绣，文物古玩，名贵的中药材，反映传统特色的日用小商品和纪念品等，不同的国家和地区往往根据自己的情况对旅游商品做出不同的分类。根据旅游者购买的实际用途状况进行分类，旅游商品可分为旅游工艺品、旅游纪念品、文物古玩及其仿制品、土特产和旅游日用品。

1. 旅游工艺品

这主要是指用本地特色材料制作的，具有独特的工艺、精美的制作、新颖的设计的艺术品，它是传统文化艺术宝藏的重要组成部分。旅游工艺品主要包括雕塑、金属、刺绣、花画工艺、蜡染、各种玩具等艺术品，如宜兴紫砂陶、洛阳唐三彩、景德镇瓷器、绍兴越瓷、耀州青瓷、四大名绣（苏绣、湘绣、蜀绣、粤绣）等。

2. 旅游纪念品

这主要是指以旅游区的人文景观和自然景观为题材，体现地方特色传统工艺和风格的、带有纪念性的工艺品。这类商品的品种多、题材丰富、数量大、纪念性强，具有很强的艺术性、收藏性、使用性和礼品性，其中艺术性是最基本、最重要的特性。这种类型的旅游商品一般样式精美且价格适宜，利于馈赠或留作纪念，以给旅游者带来美好的回忆，如少数民族旅游区的服饰、上海东方明珠电视塔模型等。

3. 文物古玩及其仿制品

这主要是指国家允许出口的古玩、文房四宝、仿制古字画、出土文物复制品、仿古模型等。这类旅游商品真品相对比较昂贵，适宜于豪华型游客的购买。而仿制品则价格适宜，深受广大游客的欢迎。

4. 土特产

这类旅游商品种类十分丰富，而且具有很强的地方特色，深受旅游者的喜爱，成为旅游者必购的自用品和礼品，如茶叶（西湖龙井、碧螺春、铁观音、普洱）、中药材（人参、虫草、鹿茸、阿胶、天麻、贝母等）、土产品（阳澄湖大闸蟹、金华火腿、南京板鸭等）。

5. 旅游日用品

这主要是指旅游者在旅游活动中购买的生活日用品，包括鞋帽、洗漱用具、箱包、地图指南、化妆品、防寒防暑用品以及常用的急救品等。

三、旅游商品的特性

旅游商品通常具备七大特性。一是纪念性。开发出的旅游纪念品应当具有浓厚的地方特色或民俗风情，能让旅游者在游览后睹物思景、睹物思人，唤起旅游者的美好回忆。二是定价合理性。在旅游中，由于旅游者离开了自己习惯的生活环境，对陌生的旅游地会产生怀疑、无助等心理，因而大多数旅游者不会在普通摊点购买价格太昂贵的纪念品，旅游商品定价一定要合理。三是文化性。旅游商品尤其是旅游纪念品是地方文化的载体，能够传播旅游地文化、起到很好的景点宣传和推广作用。因此，旅游商品开发应将地方文化视为产品灵魂。四是艺术性。旅游商品应具有独特的创意和美感，旅游者对旅游商品的审美要求是美观、新颖和精致，尤其是中高等收入阶层的旅游者会不惜重金买下具有独特审美情趣的旅游商品。五是实用性。实用性主要指旅游商品的使用和消费功能，旅游者尤其是中低收入阶层的旅游者，在旅游过程中购买旅游商品时主要看重商品的经济实惠、经久耐用特征。六是便携性。由于旅游者的游动性及邮购旅游商品带来的风险不确定性，大多数旅游者会购买体积、重量、包装等方面均便于携带的旅游商品。七是礼品性。礼品性主要指旅游者在结束一次旅游活动后，总是期望把一份精美的旅游商品带回家馈赠给亲朋好友，以加深与亲朋好友的感情，融洽社会关系。

总之旅游商品只有综合考虑上述七个特性来进行开发和营销，才能赢得广大旅游者的青睐。

四、旅游商品策划的原则

基于旅游商品特性的分析，旅游商品的策划需要满足以下基本原则。

1. 市场导向原则

在旅游商品设计前期，首先，规划者需要进行旅游商品现状分析，即对规划区域旅游商品的现状进行实地调查和分析。重点应对旅游商品的种类、生产情况、销售情况、与相邻旅游目的地旅游商品的对比、旅游商品的满意度等进行调查分析，找出规划区域旅游商品生产、销售中存在的突出问题。其次，规划者需要花大力气研究旅游者的购物动机和购物心理，根据市场需要策划旅游商品，只有这样，设计出来的旅游商品才会得到旅游者的认可，才会产生经济效益和社会效益。

2. 特色原则

特色是对旅游产品的基本要求，旅游商品也不例外。只有具有地方性、民族性特色的旅游商品，才会对旅游者产生吸引力，才具有纪念价值、馈赠价值。带有浓厚地域色彩的旅游商品往往能够以其特有的地域暗示，唤起旅游者对旅游经历的美好回忆而为广大旅游者所喜好。地域性的旅游商品往往具有地域垄断的特点，如果在该地区错过，再在别处购买就会比较困难，在特殊消费心理的作用下，旅游者一般对此类旅游商品情有独钟。因此，旅游商品的开发应充分挖掘地方特色，找出当地特有的物品或者某一元素开发成旅游商品，独树一帜。

3. 就地取材原则

就地取材可以使旅游商品的成本低、地方特色突出。旅游商品在设计、制作中的就地取材主要包括三个方面的内容：一是旅游商品的题材来自旅游目的地，如西安出售的兵马俑复制品、上海出售的东方明珠电视塔模型；二是原料来自旅游目的地，如云南大理生产出售的各种大理石工艺品；三是旅游商品的制作工艺来自旅游目的地，如贵州少数民族地区出售的各类蜡染工艺品。

4. 创新原则

在旅游商品竞争日趋激烈的今天，旅游商品的规划设计必须贯彻创新原则，打破常规，打破惯常思维，规划设计出符合旅游者需要的旅游商品。旅游商品规划设计中的创新主要包括题材创新、制作材质创新、生产工艺创新、外形创新、包装创新、产品形式创新等。

5. 轻便原则

旅游商品一般应较为精巧和轻便，因为旅游者在旅途中不希望携带笨重的物件，体积大、重量重的旅游商品不适宜旅游者携带，会影响旅游者的购买积极性。比如，对于石类纪念品，许多旅游者常常想买又不敢买。

五、现代技术在旅游商品策划中的应用

数字 IP 成为旅游商品策划的热点。数字 IP 融合当地文旅传统文化元素，帮助地方、景区景点、文博场馆等实现文化深度挖掘，更加立体地展示文旅品牌形象，传播当地文旅故事，弘扬中华优秀传统文化。

例如，2019年敦煌研究院与腾讯公司联合推出“敦煌诗巾”小程序，参与者只需用手机登录小程序，就能利用千变万化的敦煌风格元素DIY自己的专属“敦煌诗巾”。这样设计出来的独一无二的敦煌诗巾，不但可以保存为图片留作纪念或转发分享，还能依托腾讯云技术，实现云上DIY、AI试戴、一键下单定制实物。该项目并不旨在简单地售卖带有敦煌图案的丝巾产品，而是打通文创的线上线下体验平台，带来全新的创新型文化服务，让参与者在体验中感悟敦煌文化内涵，并获得古老文化与新时代创意共同加持的实物产品。

拓展案例

雷畅故居景区旅游产品与线路规划

四川省重点文物保护单位——雷畅故居，坐落于井研县千佛古镇，是川西南规模最大、布局最典型、保存最完整的私家府第，有着川西南民居建筑“活化石”的美誉。雷畅故居景区的规划范围为：由茫溪河、东林河和梅家堰河环绕的区域，包括千佛古镇、梅家湾村、民建村、千佛村三个行政村，总面积为1 120.59公顷；其中雷畅故居为规划的核心区域，面积为4 300多平方米。

一、旅游产品设计

（一）中国川西明清民居建筑博物馆

产品功能：了解和体验中国川西明清民居建筑艺术。

产品载体：雷畅故居整体以及中国川西明清民居建筑展示馆。

展示内容设计：

（1）川西民居发展演化历史（图文）；

（2）川西明清民居建筑的特点（图文）；

（3）川西明清民居建筑的典型代表（图文、模型展示）；

（4）雷畅故居的独特性与价值（制作展示沙盘、图片、研究文献等）。

（二）雷氏家族文化展示馆

产品功能：了解井研雷氏家族历史与人物，成为雷氏祭祖怀旧场所。

产品载体：雷畅故居整体、雷氏家族文化展示馆、雷氏祭祖厅。

展示内容设计：

（1）井研雷氏家族源流与族谱（图文）；

（2）今雷氏族人分布图（图文）；

（3）雷氏族训、族规（图文）；

（4）雷氏人物与大事记（图文）；

（5）雷氏遗址遗迹简介（图文）。

（三）川西民风民俗、农耕文化展示馆

产品功能：了解和体验川西（尤其是井研县）民风民俗与农耕文化。

产品载体：川西民风民俗展示馆、农耕文化展示厅。

展示内容设计：

（1）井研民间艺术展示，包括竹编工艺、劳工号子、农民书画、女子龙灯、剪纸、扭扁担等（图片、实物、文字、场景表演等方式）；

（2）川西农耕器具展示（实物、文字）；

（3）川西婚俗展示，包括洞房、花轿、新娘新郎服装、迎亲娶亲过程展示（图文、实物展示）；

（4）川西传统节庆民俗展示，包括春节、元宵节、端午节、中秋节等传统节庆（图文展示）。

（四）井研盐史展示馆

产品功能：了解井研盐业发展历史与文化。

产品载体：井研盐史展示馆。

展示内容设计：

（1）井研盐业发展历史（图文）；

（2）井研盐业的历史地位与价值（与四川知名盐业县市比较）（图文）；

（3）井研盐业遗址遗迹分布（图文）；

（4）卓筒井深钻汲制工艺流程展示（图文、模型）；

（5）井研盐业发展相关历史事件与故事（图文、书籍）。

（五）槐盛号王氏家族展示馆

产品功能：了解槐盛号王氏家族及其在井研盐业发展中的地位。

产品载体：槐盛号王氏家族展示馆。

展示内容设计：

（1）王氏家族购买雷家大院的背景（图文）；

（2）王氏家族族谱（图文）；

（3）王氏家族对雷家大院的扩建（图文）；

（4）王氏家族在井研盐业发展中的地位（图文）。

（六）川西石雕艺术长廊

产品功能：了解井研石雕石刻艺术与历史文化。

产品载体：川西石雕艺术长廊。

展示内容设计：收集和展示井研县内的石刻石雕艺术品（图文、实物）。

（七）酿酒坊

产品功能：了解和体验传统手工酿酒技艺。

产品载体：酿酒坊。

展示内容设计：通过实物、场景、图文展示传统手工酿酒流程。

（八）生态植物园

产品功能：了解井研县乡土植物，进行科普教育。

产品载体：生态植物园。

展示内容设计：栽种井研特有的乡土植物，完善解说牌，展示井研自然生态之美。

（九）体验性旅游活动设计

产品功能：强调参与性，增强游客体验。

产品载体：活动性旅游产品。

活动内容设计：

（1）雷畅故居摄影大赛（鼓励游客拍摄、投稿）；

（2）雷畅故居民居建筑设计师大赛（吸引建筑设计爱好者参与）；

（3）井研民俗场景表演；

（4）以"刘晓庆式知青生活体验"开展知青农业生活体验；

（5）以"认种旅游"体验改革开放后的承包农业生活；

（6）雷畅故居文化旅游节。

二、旅游商品设计

本处的旅游商品是指旅游纪念品和土特产。根据规划区的实际，可开发和设计的旅游商品如表 6.1 所示。

表 6.1 旅游商品设计

依托景区（点）	旅游纪念品类	土特产
千佛古镇	打井工具——圜刀模型 千佛模型、佛珠等佛教文化纪念品 千佛古镇风光明信片、光碟 千佛古镇风光钥匙扣、T 恤等 恐龙模型	千佛酒 井盐
雷畅故居	雷畅故居立体拼插图 木雕艺术品 农民画 雷畅故居风光明信片、纪念戳等 井研历史文化研究书籍	翰林酒
千佛村	—	有机蔬菜、其他农产品
民建村	—	四季花卉、水果、其他农产品
梅家湾村	台柚雕刻	台柚、其他农产品

三、旅游线路设计

雷畅故居的旅游线路设计（近期）：荷花池—大门（游客中心）—川西明清民居建筑博物馆—川西民风民俗展示馆—雷氏家族文化展示馆—井研盐史展示馆—槐盛号王氏家族展示馆—文革历史馆—雷畅故居围垣—川西石雕艺术长廊—后山生态植物园—鸣鹤亭—古榕树、雷母胡太淑人墓—映日亭—马房—老酒坊—农耕文化展示馆—大门。

雷畅故居的旅游线路设计（远期）：游客综合接待中心—茫溪河风光带—荷花池—大门（游客中心）—川西明清民居建筑博物馆—川西民风民俗展示馆—雷氏家族文化展示馆—井研盐史展示馆—槐盛号王氏家族展示馆—雷畅故居围垣—川西石雕艺术长

廊—后山生态植物园—鸣鹤亭—古榕树、雷母胡太淑人墓—映日亭—马房—老酒坊—农耕文化展示馆—大门—雷氏宗祠—游客综合接待中心。

图 6.1 为雷畅故居旅游景区项目规划。

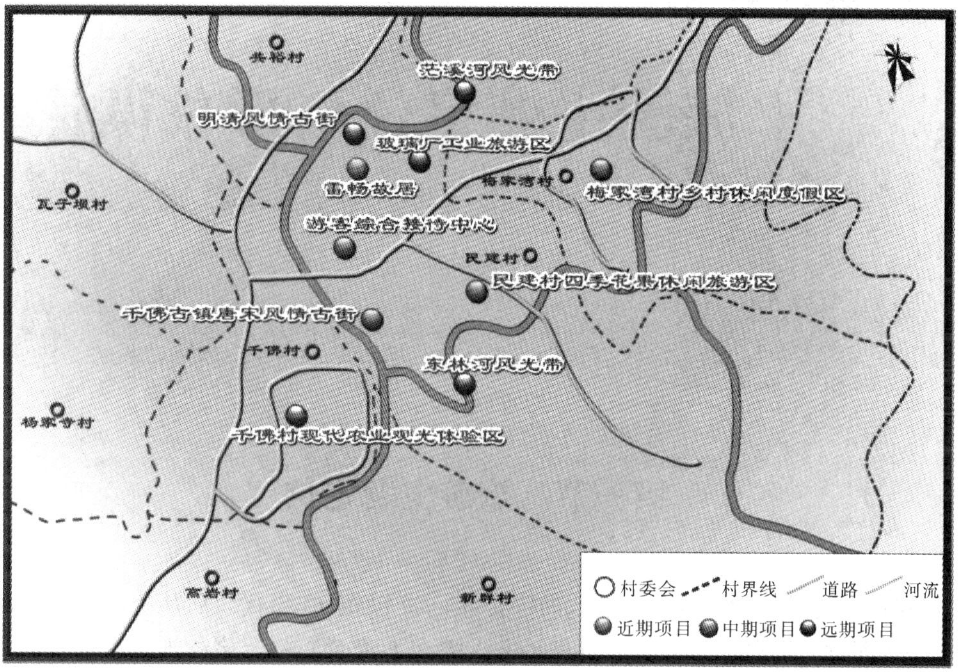

图 6.1　雷畅故居旅游景区项目规划

案例来源：改编自四川旅游发展研究中心编制的《雷畅故居景区建设发展规划》。

本章小结

作为旅游规划与开发的重要组成内容，旅游产品策划的创新是否符合旅游者需求是衡量旅游业能否成功的重要指标。本章从旅游项目、旅游产品、旅游线路、旅游商品的概念入手，重点介绍旅游项目策划、旅游产品开发、旅游线路组织、旅游商品策划等内容。

复习与思考

1. 了解旅游项目、旅游产品、旅游线路的概念及三者之间的关系。
2. 请阐述旅游项目策划的原则、内容和程序。
3. 旅游产品开发主要包含哪些内容？
4. 简述旅游线路设计原则，并设计一条主题旅游线路。
5. 旅游商品策划应遵循哪些原则？

第七章 旅游主题定位与形象设计

第一节 旅游主题定位

“定位”起源于20世纪60年代的广告界，20世纪70年代以后从美国开始广泛应用于商品领域，强调通过定位促使商品进入潜在消费者心中。旅游规划的主题，简单地说，就是要将旅游目的地塑造成什么样的文化、精神或人文价值。旅游主题是旅游规划设计者从旅游资源分析评价中提取出的、反映旅游目的地特色并符合旅游需求的基本思路，是旅游目的地开发规划所依托的中心思想。旅游主题应是旅游目的地着力要展现给旅游者的一种理念或价值观念，目的在于创造鲜明的个性、树立独特的形象，使旅游主题成为旅游形象建设的方向。

一、旅游主题定位的内涵和意义

（一）旅游主题定位的内涵

旅游主题定位是研究旅游目的地发展战略的前提和基础，也是其品牌营销的核心。主题定位实际就是在旅游规划时确定旅游地针对什么样的旅游市场进行开发，在旅游者心目中树立什么样的形象。鲜明的旅游主题有助于旅游者根据自己的需要在众多的旅游地中选择能满足其需要的旅游产品。

（二）旅游主题定位的意义

旅游主题定位是在旅游资源特色分析和旅游市场划分的基础上，对目的地旅游发展的全面的形象化表述。主题定位是进行形象设计的前提，为形象设计指明方向。主题定位应该是对目的地旅游资源及产品特色的高度概括，既体现地方性，又给旅游者留下深刻的印象，激发旅游者出游或重游的欲望。综观世界旅游发展史，我们可以发现，凡是取得成功的地区，都十分重视其旅游主题定位并且树立了牢固的形象，如“水城”威尼斯、“啤酒城”慕尼黑、“艺术之都”巴黎、“天使之都”曼谷，“音乐之都”维也纳、“一千零一夜的故乡”巴格达、“东方古都长城故乡”北京等，这些形象会在旅游者脑海中迅速出现一个概念，甚至浮现一幅画面，并因为这种感知而触发旅游动机，由此而形成旅游经济。

1. 主题定位是国家对旅游规划的规范要求

中华人民共和国国家标准《旅游规划通则》（GB/T 18971-2003）是适用于编制各级旅游发展规划及各类旅游区规划的国家标准。该标准在“5.3 规划编制阶段”提到“在前期准备工作的基础上，确立规划区旅游主题，包括主要功能、主打产品和主题形象。”

2. 主题定位是充分挖掘地方特色资源、形成特色旅游产品和特色旅游目的地的需要

一个地区有众多资源，以此为基础可以开发系列的产品。但是，它的核心与特色是什么，必须通过凝练的主题反映。也只有通过主题，才能将旅游地的资源和产品整合为一个整体，以便向市场传递鲜明、独特、统一的信息，帮助他们树立其旅游地预期的形象。

3. 主题定位是旅游地开展市场营销的需要

现代旅游已进入一个竞争非常激烈的买方市场时期，各地也纷纷将旅游业确定为自己的重要产业培育，不断开发自己的旅游资源。旅游业的发展处在和有形商品定位时代相似的社会背景中：一方面，游客可以选择的旅游地越来越多，旅游点之间的发展竞争也越来越激烈；另一方面，旅游本身还要面临与其他娱乐活动的替代竞争冲击。因此，如何提高旅游点的市场占有率，吸引更多的游客，成为每个旅游规划师和经营管理人员所必须面对的且日益突出的严肃问题。这就要求旅游目的地必须开展旅游主题定位。

二、旅游主题定位的组成要素

（一）旅游功能定位

旅游功能定位是在旅游发展目标的指导下，以当地拥有的历史文化和资源条件为基础，对旅游地功能的系统设计和安排。具体表现为选择确定旅游目的地或旅游项目从哪个或哪些方面满足旅游者需求，如普通观光旅游型、度假旅游型、探险体验型等等。如墨西哥的坎昆和古巴的巴拉德罗都在海边，海水特别蓝，海岸线较长，沙滩平缓，沙质柔软，热带树木很多，年均气温 20 ℃，阳光高照却不炎热，全年无冬，非常适宜旅游度假，因此它们都定位为海滨旅游休闲度假区。通过正确定位和严格科学规划建设，这些旅游目的地都成为世界著名度假旅游胜地。

（二）主打产品定位

旅游目的地主打产品是根据其功能来确定的，通过旅游主打产品的销售和消费实现旅游目的地的主题功能。如厦门确定以“温馨厦门、休闲之都”为首要主题，以“闽台通道”“人文闽乡”“山海绿岛”“商展之城”为基本主题发展旅游业，把厦门建成一个有一定知名度的全球性旅游目的地、中国南方最重要的旅游中心城市之一、中国生态质量最好的滨海旅游城市之一。厦门通过旅游主打产品实现休闲度假的主题功能，观光是辅助于休闲度假的次要功能。

（三）主题形象定位

旅游形象是公众对旅游目的地总体的、抽象的、概括的认识和评价，是旅游区的

历史、现实与未来的一种理性再现。因此，旅游目的地主题形象是在分析本地资源特点基础上，针对市场需求确定的适合整体市场或某一细分市场概括性的个性特点塑造。它在文化层次方面满足旅游者追求个性化差别需求。主题形象需要通过一系列技术方法设计完成，这种设计也称为旅游地形象战略（destination image strategy，DIS），是企业 CI 理论①在旅游规划中的引申应用。它是在旅游市场和旅游资源分析的基础上，结合对地方性的规划研究和受众特征的调查分析，提出明确的区域旅游形象的核心理念和外在界面。通过系统化的设计、公众参与、各种活动与传播媒介的力量，以强化旅游地的精神理念，旅游目的地可以累积其形象价值并增强目的地的凝聚力和吸引力，改善目的地发展的内外环境。

第二节　旅游主题形象定位

时下，人们对形象的依赖已经成为一种生存常态。社会学认为，现代社会里消费者的观念不同程度地带上了情感消费或者形象消费的特点，其最基本的心理和行为特征就是形象导向思维和形象消费模式，即越来越依靠主观感觉购买产品。旅游产品也不例外。研究证明，旅游主题形象既是旅游主体对自身的理解和诠释，也是旅游者对旅游主体的感知。旅游形象对于旅游的选择和后续活动起着非常重要的作用。旅游形象是基于旅游主体的资源禀赋和产品特色，按照市场性原则，综合运用各种形象定位原则、方法及现代传媒手段，构建的包含旅游理念、语言、标识、视觉、行为、服务等方面的印象体系；而旅游主题形象更偏重理念和语言，优秀的旅游主题形象更是对旅游发展有起死回生的功效。

一、旅游主题形象的特点

（一）内容的综合性

1. 内容的多层次性

区域旅游形象表征可分为物质表征和社会表征。外观设计、环境氛围、服务质量、园林绿化、地理位置等构成物质表征的主要内容；人才储备、技术力量、工作效率、福利待遇、公共关系、管理水平和方针政策等构成社会表征的主要内容。在社会表征中，旅游区与公众的关系是一个重要因素，协调二者关系是塑造良好形象的有效途径。

2. 心理感受的多面性

每个游客受其文化背景、旅游信息的获取方式与充分程度、旅游经历与旅游偏好等众多因素影响，会对同一旅游目的地产生不同的感知认识，从而在心中形成独特的形象。但是，对旅游规划和旅游地来说，大量的个体形象形成的类型化的公共或公众形象才是有意义的。因此如何抓住人们对旅游区认识的共性，使人们对旅游区有一个趋同的看法是值得重视的。

---

① CI 理论是指为确定企业宗旨规范企业行为，设计企业统一视觉识别系统而形成的对企业形象的总体设计。它包括三个子系统：企业视觉识别系统（VI）、企业行为识别系统（BI）、企业理念识别系统（MI）。

（二）形象的稳定性

旅游区形象一旦形成，便会在旅游者心目中产生印象，一般来说这种印象所积累成的形象具有相对的稳定性。其实质是旅游地的独特性文化内涵受到某类市场上共同稳定的认可，使“旅游目的地成为该类市场的身份区”。

（三）形象的可塑性

甘恩认为，除了亲身的旅游经历外，还可通过长期的人的社会化过程形成关于某地的“原生形象”，通过旅游地的促销、广告、公关活动等有助于旅游者形成对该地的“诱导形象”。事实上旅游的预先销售性质决定了通过旅游地信息的筛选传递能对旅游者实施诱导，对新兴旅游目的地更是如此。旅游地形象的可塑性表明，必须高度重视和科学塑造旅游地形象，重视正面和积极形象的树立，同时对于旧有的、过时的形象以及负面的坏形象必须进行重新塑造。

二、旅游主题形象的内容构成

（一）旅游形象确立的影响因素

马勇、李玺认为旅游地主题形象是由其历史形象、现实形象和发展形象构成的，影响因素众多（见图 7.1）。

总指标层　次指标层　子指标层　组类指标层　基础指标层

- 区域主题旅游形象
  - 历史形象
    - 待发掘
      - 政治：历史人物、历史事件
      - 经济：历史上的成就与地位
      - 文化：历史人物、文化古迹
    - 已发掘
      - 政治：历史上的重要地位
      - 经济：历史上的成就与地位
      - 文化：历史人物、文化古迹、历史知名度
  - 现实形象
    - 内在实力
      - 资源基础：自然与人文旅游资源
      - 环境：经济实力、投资环境
      - 经济条件：综合发展、工业、农业、交通
      - 文化底蕴：文化传统、人文底蕴
      - 技术环境：人力资源、科技环境
      - 区位条件：地理位置、旅游市场区位
    - 外显活力
      - 管理水平：政府管理素质与制度
      - 传媒形象：对外交往、对外信息沟通
      - 地区文化：文化宣传、文体事业建设
  - 发展形象
    - 发展战略
      - 战略思想：依据、口号
      - 战略目标：经济目标、社会目标
      - 战略重点：旅游相关产业的位次
      - 战略步骤：阶段划分、阶段目标
      - 战略布局：旅游产业地带、服务体系
    - 发展潜力
      - 基础设施：旅游相关产业基础设施
      - 教育科技：科技潜力、人才筹备
      - 政治社会：民主与法制
      - 资源环境：自然资源、环境保护

图 7.1　区域旅游形象的构成体系

资料来源：马勇，李玺．旅游规划与开发［M］．北京：高等教育出版社，2002.

结合 CI 理念，旅游地形象的影响因素可归结为以下四类：

第一，旅游吸引物：旅游资源等级及其组合成的产品，是旅游者最核心的需求与感知对象。

第二，地脉与文脉：旅游形象的理念基础和核心，是旅游地地方性的集中表征。

第三，旅游者的旅游偏好：根据目标市场选择并定位旅游形象。

第四，旅游目的地各类主体的行为：包括旅游目的地政府、旅游企业及其员工、居民等主体的行为对游客所造成的影响与感受印象。

（二）旅游形象的内容组成

旅游形象涉及的内容繁多，从 CI 理论角度而言可分为三部分：

第一，理念识别系统，是指一个旅游地独特的文化个性、精神内涵、发展目标、口号、价值观、伦理道德水平等，是旅游地形象设计的灵魂和核心。

第二，行为识别系统，是旅游地理念识别的具体化，主要表现为旅游地的政府行为、民众行为和企业行为。

第三，视觉识别系统，是最直观有形的形象识别系统，包括旅游地的建筑造型、公共标志牌、交通工具、员工制服、标准字体、标准色、象征图案及宣传口号等。从旅游形象建立的基本程序看，视觉识别系统包括前期的基础性工作和后期的显示性工作，各期研究的框架内容如图 7.2 所示。

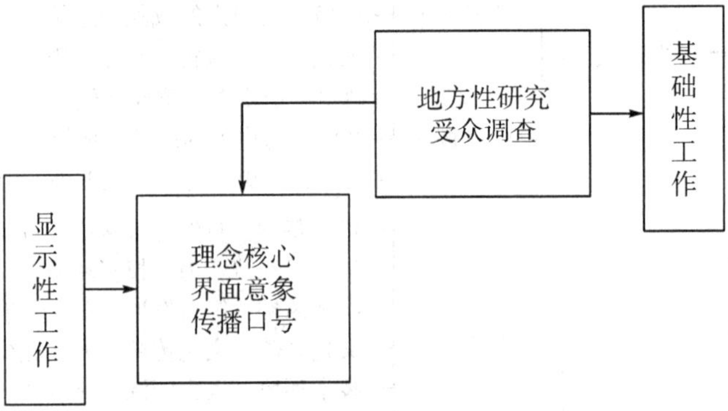

图 7.2　区域旅游形象建立的基本程序

资料来源：吴必虎. 区域旅游规划原理［M］. 北京：中国旅游出版社，2001.

（三）旅游形象的感知研究

地方性研究或地格研究的主要任务是通过对规划区域的自然地理特征、历史文化特征和民族民俗文化的分析，即对区域地脉文脉的把握，总结提炼出一地的基本风格。受众调查的基本目的之一是了解人们对旅游地的形象感知。这种感知包括旅游者对旅游地的风景名胜等地理环境实体的感知和对当地人文社会的抽象感知，并可通过满意度调查了解游客对人文社会环境的感知情况。旅游地形象的定量评价指标主要有知名度和美誉度。李蕾蕾认为，旅游地的知名度是指旅游者（包括潜在的旅游者）对旅游目的地的识别、记忆的状况。其计算公式如下：

$$知名度=\frac{知晓旅游地的人数}{总人数}\times100\%$$

美誉度是指旅游者（包括潜在的旅游者）对旅游目的地的褒奖、赞誉、喜爱情况。其计算公式如下：

$$美誉度=\frac{称赞旅游地的人数}{知晓旅游地的人数}\times 100\%$$

三、旅游主题形象定位的原则

（一）资源特色和市场导向相结合

旅游者对旅游地形象的认知，主要取决于当地的自然和人文资源的独特性，因此具有独特旅游吸引力的资源是确立旅游地核心形象的主要依据。旅游地资源特色是旅游主题形象定位的基础，旅游产品市场需求是旅游主题形象定位的导向。一个旅游地形象的树立，必然要深层次挖掘其自然特色与文化内涵，使两者相互融合。旅游地形象的树立终究是为市场服务的，所以旅游主题形象的定位只有从旅游者的角度去透视和设计，才能做到客观定位，并最终获得成功。在旅游产品竞争日益激烈的今天，旅游主题形象定位更应考虑市场的需求。深圳华侨城便是市场导向的成功案例。

（二）易识别性和难替代性相结合

易识别性指人们通过地区旅游形象（地标）便能判断出这是哪一个旅游地，实际上就是地方性。所定位的旅游主题形象只有体现出地方性，才有生命力，才有深刻的文化内涵，给公众更丰富的情感体验。难替代性与地方性息息相关，一般具有地方性的往往就是难替代的产品。但也有例外，比如，同一文化圈内的各旅游地之间，往往会有形象间的相互替代现象。这就要在定位前抓住特质，运用特殊的语言、标志、文化来加以区分。近些年来，各种“休闲之都”的定位出现了雷同，这对市场开发是不利的。

（三）整体性和层次性相结合

旅游主题形象作为一个地域的整体形象，内涵较为复杂，可以看作是多层次、多方面形象的复合体。为了提高旅游地形象在不同细分市场上的号召力，还必须针对不同的细分市场群体，分别对旅游地形象进行定位。例如，江西省旅游形象对外为“世界瓷都、白鹤王国”，对内则为“红色摇篮、绿色家园”；河北的“彩环京津，休闲河北”明显是定位于北京、天津两大目标市场。

四、旅游主题形象定位的策略

（一）领先定位

旅游者依据各种不同的标准和属性，在头脑中建立旅游目的地形象的阶梯。领先定位是最容易进入旅游者旅游地形象阶梯的方法。这种方法适用于独一无二、不可替代的旅游资源，如泰山、黄山、长城、故宫等，都是世界上绝无仅有的自然美景和人类奇迹，处在旅游目的地形象的最高阶梯，可以保持长久不变的形象地位。这类资源具备独特品质和强大的文化支撑，采用领先定位法彰显大气和自信，如桂林的“桂林山水甲天下”；西藏的“世界屋脊，神奇西藏”；泰山的“五岳独尊”。

领先定位法适用于独一无二的、处于绝对垄断地位的旅游资源，并且需要有广泛的市场知名度，产品的市场领导者地位要得到消费者的认可，否则会给旅游者造成不切实际、盲目狂妄的印象。

（二）比附定位

比附定位是一种“借光”的定位方法。这种方法借用著名景区的市场影响来突出、抬高自己。从实践来看，与原有的处于第一品牌的旅游景区进行正面竞争非常困难，而且大概率会失败。比附定位避开第一位，但抢占第二位。例如，海南三亚定位为“东方夏威夷”，由于与美国夏威夷形成区位间隔，尽管在各方面都不可比拟，但对东半球旅游者仍很有诱惑性；又如，传说郭沫若先生的一句“桂林山水甲天下，不如武夷一小丘”给了武夷山旅游形象很好的比附定位，因为“桂林山水甲天下”先于武夷山闻名于世，所以武夷山就很快进入旅游者心中，成为人们向往的一个旅游目的地；再如，宁夏的“塞上江南，神奇宁夏”、腾冲的“中国的北海道”都是通过借用比附对象的市场影响来设计和传播旅游形象。

比附定位法应注意三点。其一，确实具备攀附的条件和特色，切忌乱学乱仿。现实中很多中小城市竞相模仿国际旅游大城市定位，动辄打出“东方小瑞士”“小上海”之类的名号，或以小攀大，或以次充好，甚至无中生有，不切实际，这样的定位显得不伦不类。其二，已经出名的旅游景区和具有独特风格的旅游景区不宜采用比附法，以免让自己失去品牌、降低格调，使其丧失长远的影响力和感召力。其三，与比附对象的空间距离不可太近，因为这种设计方法属于区域性定位，目的是吸引远离比附对象的旅游者。

（三）逆向定位

逆向定位是从心理上突破常规，打破消费者一般思维模式，以相反的内容和形式标新立异地塑造市场形象。逆向法运用在旅游领域，就是避开与强有力竞争者直接对抗，设计和提供该旅游市场上目前没有的特色旅游产品。逆向定位法强调并宣传定位对象是消费者心中第一位形象的对立面和相反面，同时开辟了一个新的、易于接受的心理形象阶梯。例如，河南省林州市林虑山风景区以“暑天山上看冰堆，冬天峡谷观桃花”的奇特景观征服市场；宁夏回族自治区镇北堡影视城推出的主题定位是避开繁华，“出售荒凉”。再如，加拿大的广告用语是“越往北，越使你感到温暖”。

（四）空隙定位

空隙定位是从新角度出发提出新的立意，创造鲜明的形象。比附定位和逆向定位都要与游客心中原有的旅游地形象阶梯相关联，而空隙定位全然开辟一个新的形象阶梯。与有形商品定位比较，旅游目的地的形象更适于采用空隙定位。例如，山东以山东人豪爽好客的性格为支撑，打造“好客山东”的品牌，推出“文化圣地、度假天堂”的旅游形象，目前“好客山东”的旅游形象口号已经深入人心。

（五）多头定位

多头定位指一个旅游目的地从不同的角度同时确定好几个针对性强的形象，而且不同的定位之间的差异是互补（而非相互矛盾）的。多头定位有利于全面认识旅游目的地，不失为明智的定位选择，它既注重综合化，又注重特色化，一般包含两个以上的资源特色。例如，苏格兰的“花格子呢和威士忌之乡”，突尼斯的“空气、阳光、海水浴”，南宁的“绿城寻歌壮乡情”，重庆的“山城、雾都”，兰州的“黄河明珠、山水城市、丝路重镇、水车之都”，淄博的“齐国故都、聊斋故里、足球故乡、陶瓷名城”，都精准地概括了旅游地的特色。另外，多元化定位有时可能有不同的形象主题语，如新加坡——尽情享受，难以忘怀；新亚洲，新加坡，新感觉；新加坡——说得完，玩不完。这是从旅游主题的不同侧面和角度进行的全方位审视。

（六）重新定位

重新定位不是一种严格意义上的定位方法，仅仅是对原有旅游区域形象的重新塑造，用新形象替代旧形象，从而达到保持或扩大市场份额、在旅游者心目中占据有利位置的目的。很多旅游地的形象主题需要与时俱进，根据不同时期的市场需求及其变化对主体旅游产品、项目性质做必要的调整，因此旅游目的地需要采用重新定位法，使其旅游主题形象既能延续景区的文化链条，又能巩固景区的市场影响，还能引领景区主题的深化完善。例如，中国香港每隔几年就会推出一个新的旅游主题，香港的旅游形象由20世纪的“万象之都”调整为“动感之都”，广告口号也变为“香港，爱在此，乐在此”，反映了香港的形象定位由20世纪的繁华气象变为如今好客城市的形象。又如，新版海南形象紧扣国际旅游岛的定位，进一步塑造“阳光海南，度假天堂”的形象，其“海南深呼吸”的旅游宣传口号则极贴切地迎合了旅游者渴望回归自然、放松身心的心理感受。

第三节　旅游主题形象设计

一、旅游形象口号提炼

形象定位的最终表述，往往以一句主题口号加以概括。口号是旅游者易于接受的了解旅游地形象最有效的方式之一。旅游形象口号亦即广告宣传口号，作为旅游主题形象的衍生品和最佳传播载体，其在旅游规划和营销实践中的重要性日益凸显。旅游形象口号作为整合营销传播的一部分，必须采取恰当的策划方法，系统性地整合品牌设计元素与形象标识，达到感性和理性的融合，并在营销时机、旅游资源、景区产品、细分市场的互动分析中，凝练景区的特色和风貌，然后运用富有冲击力的语言将其表达出来。旅游形象口号反映了旅游地对自身的理解，同时通过信息传达，反映了受众的感知，可使旅游者在短时间内产生形象化的联想，因而对品牌、形象、行为的传播具有十分重要的作用。

主题形象和形象口号是共存共生的，口号用语建立在主题形象之上，并成为旅游主题形象的关键部分，因此，它不可能游离于形象定位之外，而应该涵盖属于这个景区主题形象的相关信息，否则便无法“落地”。同时，旅游形象口号的提炼是抽象的，在宣传过程中必须是旅游者易于接受的，因此，旅游形象口号的设计在遵循前述旅游主题形象定位的原则和策略之外，还要考虑旅游形象口号的语言设计特点。一个有特色、有品位、朗朗上口、韵味十足的口号，往往能产生神奇的广告效果，对旅游目的地的形象塑造与传播具有十分重要的作用。提炼旅游形象口号通常有以下几种方法。

（一）引用名人名句

名人、名句、著名事物、权威评价等本身就有较好的传播深度和可信度，稍加改进或直接引用，即可收到很好的形象宣传效果。

1. 名人效应

旅游实践中依托名人效应设计的主题形象很多。例如，印度——探索圣雄甘地的生平；曲阜——孔子故里，东方圣城；诸暨——西施故里，美丽诸暨；富阳——富春山水，孙权故里；莆田——妈祖故乡，福建莆田。此外，天津盘山的“早知有盘山，何必下江南”的形象设计借助了乾隆皇帝的威名，乾隆第一次巡幸盘山就发出了如此的感叹。

2. 文化效应

古往今来流传的名句很多，有古诗、名言、民谚俚语。例如，“上有天堂，下有苏杭”“新疆是个好地方”是广为流传的名句；安徽天柱山的“天柱一峰擎日月，洞门千仞锁云雷”直接套用了白居易的诗句；八达岭长城则套用了毛泽东的“不到长城非好汉”的诗句；江苏扬州“烟花水都，诗画扬州”借用的是孟浩然的“烟花三月下扬州”的诗句；山东泰山“登泰山而小天下”则是孔子的名言。

好莱坞电影《阿凡达》轰动全球后，张家界借此推出“阿凡达的故乡，神仙居住的乐园”主题形象；河南登封市利用少林寺的名气，定位为“中国少林武术之乡”；河南开封市的清明上河园依照张择端《清明上河图》按 1∶1 比例建设，在表演、体验、服务等方面，立体地构筑了清园完整的宋文化主题公园形象，确立了“一朝步入画卷，一日梦回千年”的形象理念，使理念、视觉、行为得到完美统一。

3. 权威效应

一些权威机构的权威评价对旅游主体的宣传效果是显著的，一些景区形象直接由此设计，简单易行，立竿见影。例如，联合国最佳人居奖“烟台——最佳人居城市”；公众评选的“杭州——最具幸福感的城市”；联合国教科文组织评选的“西递宏村——世界遗产，世外桃源”。

（二）点出历史文脉

旅游本质上是一种休闲，我们不能过多地将历史考辨带进旅游，而应尽量用最浅易、最通俗的语言方式点出历史文脉。设计者在设计旅游形象口号时，应使用易懂、易记的语言，将历史变得时尚化，让文化变得生动化。

1. 释义法

有些景区名称带有特定的意义，往往可以通过释义法诠释某种理念，概括特定形象，这正注解了景区名称。例如，“黄山——黄帝之山”，既从字义延展开来，又契合了轩辕文化发源地以及皇帝在黄山布道之说；福州——福山福水福州游，则昭示了求福的文化特性。类似的还有：中国五千年“德”文化发祥地——德山；景德镇——景象万千，德广无垠，镇动世界；张家界——境界张家界，止于神奇；高邮市——天下第一邮（游）；徐州云龙湖——云中龙，城中湖。

2. 谐趣法

有些景区在诠释其自身内涵之外，为增加传播力，借用谐音进一步突出景区的主题形象。例如，山西——晋善晋美，既借助了“尽”的谐音，又突出了大善大美之意。再如，四川广元——广结良缘；钦州—亲亲钦州，亲和之都；河北阜平——抚平困顿之旅；韩城——足以撼动世界；宜宾——宜宾旅游最宜宾；风景独好，江西会昌——荟萃会昌；温岭——中国温馨之岭；中国洋县——洋洋大观；荥阳——行在阳光下；河北井陉——景真行。

3. 文饰法

文饰法就是用文化渲染烘托主题形象，即通过挖掘资源特色，赋以文化主题，形成文化品牌。例如，湖北荆州的“楚国古都，三国名城”主打三国文化；江西鹰潭的“华夏道都”主打道教文化；“龙在中国，根在西安”强调的是华夏文化发源地；“丝绸之路起点——西安”反映的是丝绸之路文化。

（三）体现地方特色

在进行旅游形象口号设计时，设计者要在充分进行地方性研究和受众调查的基础上，提炼反映地方特色与个性的形象元素并融入宣传口号之中，其表述必须有特色、有新意、易识别，最忌简单比附和套用。因此，语言设计务必要抓住特质，运用特殊的语言来区分。例如，九寨沟——童话世界，人间天堂。“童话”和“天堂”概念极贴切地诠释了景区的特色意境和旅游者的惬意感受，彰显了景区个性。绍兴——梦幻水乡，人文绍兴。作为首批联合国人居奖城市、著名水乡、桥乡，“梦幻水乡”名不虚传；作为首批中国历史文化名城、著名酒乡和书法之乡，拥有诸多名人故居和文化遗迹，在江南城市中“人文绍兴”可谓实至名归。又如，浙江义乌——小商品的海洋，购物者的天堂；河南登封——中国少林武术之乡；江西——红色摇篮，绿色家园，均提炼了地方特色。

（四）突出语言艺术

设计者设计旅游形象口号，在赋予其文化内涵的同时，还要运用多种修辞手法和技巧，增加艺术色彩和审美情趣，形成浓缩的语言、精辟的文字和绝妙的组合，使口号用语简洁、生动、凝练、优雅、新颖，具有感染力和吸引力，语言的艺术化还可以使主题形象及口号产生特有的文学价值和独特艺术魅力。

1. 以对仗表现对称美

形象口号中并列对仗形式最为常见，由于上下两句的音节字数相等，布局匀称，念起来上口，具有优美的节奏和韵律。例如，世界的重庆，永远的三峡；云上金顶，天下峨眉；避暑之都，休闲胜地——中国贵阳；威海——拥抱碧海蓝天，体验渔家风情；拜水都江堰，问道青城山。

2. 以排比表现整齐美

排比结构相同，句意相类，句式整齐且富有气势，给人以整齐划一的美感。例如，法国——浪漫之都，魅力国度，优雅之都。再如我国的成都市——成功之都，多彩之都，美食之都；乐山市——乐山，乐水，乐在其中；新赣州，新旅游，新感受；山东省——一山、一水、一圣人。

3. 以回环表现节奏美

有些形象口号句式排列讲究，用回环的手法展现了特有的节奏，给人留下深刻的印象。例如，深圳的世界之窗——您给我一天，我给您一个世界；宋城——给我一天，还你千年；乐山——佛是一座山，山是一座佛；黄山——天地之美，美在黄山；人生有梦，梦圆徽州；新疆富蕴——来富蕴，福运来；贵阳——避暑之都、森林之城，城中有山、山中有城。河南栾川鸡冠洞景区的著名景点“情侣石”的形象口号是“千年一吻，一吻千年”，既有主题的意蕴美，又有语言的回环美。

二、视觉形象设计

对于旅游者而言，旅游目的地是一块充满视觉感性的地方。在长期的旅游发展中，旅游的基本内涵都是以愉悦于风景观赏为主。新兴的商务、度假、娱乐、会议、修学、购物等专门旅游，都要依托于地理空间上的旅游地和旅游地独特的视觉景观。开发、设计、美化、发展旅游地景观的视觉因素及形象力，是旅游地形象设计的重要组成部分。

视觉识别系统的设计原则是体现地方特色，简练、艺术性强、识别度高。旅游地形象的视觉识别是一个不断发展和生长的系统。目前从国内的发展现状和要求来看，视觉体系一般包括视觉符号识别设计和视觉景观形象设计。其主要包括以下设计要素：旅游目的地的名称、徽标、标准字体、纪念品、交通工具、户外广告、当地人的视觉形象、象征性吉祥物、象征人物、旅游企业的视觉形象（见图 7.3）。

图 7.3　四川省文化和旅游形象标志

来源：四川省人民政府网站. https://www.sc.gov.cn/10462/12771/2019/4/16/cdaaab2acd214ab19de30479d73ade41.shtml.

2019 年四川省文化和旅游厅在新闻发布会上，发布了两项重要“新品”，即“天府三九大，安逸走四川”新口号和集四川人文历史、自然风光、熊猫 IP 为一体的四川文化旅游新版标志。

“天府三九大”包含了当地特色文化和旅游资源。“三九大”是四川最有代表性的三张名片，“三”指三星堆，是古老神秘的巴蜀文明的象征；“九”指九寨沟，是四川神奇瑰丽自然风光的精华；“大”指大熊猫，是家喻户晓、人见人爱的国宝。对于“安逸走四川”的提法，四川省文化和旅游厅相关负责人表示，四川历史悠久、文化底蕴深厚、风光秀美、旅游资源富集，享有“天府之国”美誉。“安逸”一词正表现了四川人对生活的最高赞美，也最能展示成都文化旅游形象的城市特质。

四川文化旅游新版标志上的三条黄色彩带取义三星堆的“三”字，寓意天府悠远的历史；红色飘带代表红色辣椒，寓意四川美食；绿色山水寓意九寨沟、大熊猫在山水之间嬉戏。标志整体表达为“四川”二字，又有金沙太阳神鸟的意象，优美灵动、简约时尚，表现出文创天府的魅力。新版旅游形象的标志和宣传口号集天府悠远的历史文明、自然风光、熊猫 IP、文化旅游指数于一体，是对四川文化和旅游形象的概括与包装，是四川文化和旅游的张扬与展现，也是撩动旅游者内心感知四川欲望的因素。同时，“天府三九大，安逸走四川”广告宣传片，在中央电视台和四川电视台等媒体同步播出。

三、行为形象设计

行为形象表现的是对内具有统一性和整体性，对外具有区别性的行为方式。行为形象设计主要包括政府形象设计、旅游服务形象设计和居民行为形象设计。政府形象设计主要体现在旅游景区的规划与发展方向、旅游节事活动的组织与策划、旅游市场的发展动态、旅游活动的开展、旅游政策的制定和实施、有关旅游业部门的办事效率及是否公正至上等方面。政府部门应构筑“公正、高效、廉洁、无私、务实、敬业”的政府形象，推动旅游管理的法治化、健康化。旅游服务形象是旅游目的地形象的一面旗帜，包括旅游目的地的旅游接待服务质量和景区服务质量。旅游目的地居民的性格、行为、生活方式、语言、服饰等都是旅游目的地形象的内容，因此，旅游目的地要树立“人人都是旅游形象”的理念，加强当地居民的主人翁意识，倡导他们以一种平易近人的姿态与旅游者进行交流，在旅游者面前树立友好、热情的主人翁形象。

四、其他感官形象设计

其他感官设计包括听觉形象设计、味觉形象设计、嗅觉形象设计三个主要方面。其中，听觉形象一般包括旅游目的地的语言、民歌、地方戏曲、背景音乐、旅游主题曲和宗教音乐等。如云南省旅游宣传中的一首《远方的客人请你留下来》，此歌生动、传神地塑造了云南省良好的旅游形象。

味觉形象中最普遍的是对食品气味的感受。食是旅游活动六要素中非常重要的一个方面，旅游者满意度往往主要体现在食物享受的水平上。新疆的葡萄和哈密瓜、海滨城市的海鲜、川渝地区的川菜等，这些旅游目的地都是借助特色美食来强调其味觉形象的。

在嗅觉形象设计中，一个强调自然气息（如森林气息、花香等）的自然风景区或森林公园，或佛香缭绕的庙宇，也能给予旅游者较深的印象。反之，诸如污染水体的气味等，就会严重损坏旅游目的地的形象。

案例分析

醉氧天街旅游主题与旅游形象规划

一、主题功能定位

（一）总体功能定位：沐川县及其周边区域的旅游集散与休闲景区

第一，连接沐川五马坪景区、桃源山居景区、龙洞漂流休闲旅游区、沐川竹海景区等景区之间的旅游集散地景区。

第二，成都（重庆）—乐山（宜宾）—犍为—沐川—金沙江旅游带（包括马湖、溪洛渡、向家坝、西部大峡谷等）旅游线上的主要旅游集散地景区。

第三，沐川县居民休闲景区。以沐川县沐溪镇居民为主辐射全县居民的日常生活休闲景区。满足现代休闲旅游中景城一体化功能需求、旅游者与居民共商旅游休闲需求。

（二）主题性质：旅游服务为主的商业休闲街区

主题性质即以满足外来旅游者中转集散的住宿、餐饮、娱乐、购物为主，兼具景区观光休闲度假的需要。其中醉氧天街区是主题性质体现最充分的区域。醉氧公园、沐溪河、古街区风貌具有一定的观光功能。老年活动中心、青少年活动中心、醉氧天街步行设施等具有一定的休闲功能。

（三）主题产品定位

主题产品是主题功能和主题性质的承载与直接体现。综合集散中心要在主题产品上满足旅游者的食、宿、购、娱、游的需求。从商业休闲街区的角度，主要产品要兼具浓厚的商业氛围和旅游休闲氛围。有鉴于此，其主题产品包括：

1. 客栈式住宿产品

醉氧天街没有大型酒店式客房建筑。最大型的住宿是其中的四合院酒店住宿设施，可暂称为“醉氧客栈”或者称“氧吧酒店”。另外再选其他建筑规划2~3处作小型主题客栈。总床位达到200张左右。

2. 特色主题餐饮

提供具有沐川特色和主题的餐饮服务满足旅游者市场需求，使餐饮本身成为旅游产品、旅游吸引物，实现达到旅游者“为吃而来”的目的。醉氧天街景区可统一研究开发特色餐饮菜系，然后提供给各个商业业主分店以不同的特色主系列菜品经营；也可鼓励各商业业主自己研究开发，如沐川乌骨鸡养生特色菜。

3. 休闲养生饮品

品茶休闲、酒吧娱乐休闲、沐川果蔬鲜榨品饮休闲。开发灵泉品饮、竹露品饮、猕猴桃品饮、苦笋品饮、慈竹鲜笋品饮、樱花品饮等沐川特色茶、蔬菜和水果品饮系列。

4. 文化与运动休闲养生产品

该类主题产品以青少年宫为主要依托开展少儿文化产品，以醉氧天街大型画室和老年活动中心为依托开发艺术文化产品，以老年文化活动中心开发运动休闲养生产品，依托醉氧公园及醉氧天街滨河路可开展太极、晨跑夜跑与散步休闲运动。

5. 水体活动类体验旅游产品

沐溪河醉氧天街段在不影响防洪的前提下，通过河道整治渠化两端河段，各河段蓄水水深 1~2 米。一段以游船、竹筏为主旅游；一段以水上充气器具娱乐为主。近期可在街区小广场布置小型充气玩水设施。醉氧天街瀑布帘景观欣赏、醉氧公园通灵老井戏水体验、放河灯许愿体验。

二、旅游形象

（一）主题形象：沐心氧家

旅游形象是主题功能和主题性质的一种理念表达，给予旅游者一个总体消费期待和心理暗示，或者说是旅游者消费后应该得到的一个总体印象评价。如江苏周庄的主题形象是“梦里水乡”。

根据绿色沐川的优越生态环境、醉氧公园与醉氧天街本身的“醉氧”中提出的“负氧离子”的市场所求，以及作为旅游集散休闲景区的功能，拟确立醉氧天街的主题形象为：沐心氧家。

沐心氧家。沐即代表“沐川”，也代表醉氧天街处于沐川新老城区接合部，是沐溪镇今后中心区域和城市生态绿心。现代休闲旅游是一种心灵放松，“沐心”既是洗去心的劳累得到精神的放松，也是洗去心里结下的尘垢，让心亮堂向正。“心”为情之源，“沐心”也代表人与人之间的真情相待，时刻保持真心朋友的感情。“氧家”即体现沐川和醉氧天街负氧离子丰富，同时与“沐心”结合构成的“沐心氧”，以此表示旅游者到本景区休闲，能够以氧洗心洗肺，通过呼吸新鲜空气达到健康身体的作用。“氧家”通过谐音代表“养家”，契合现代旅游更多的是一种家庭式出游方式，本景区适合一家子来休闲旅游。这“家”是你的旅途之家、健康之家、心灵之家、情感之家，当然也是商户们的兴业之家。醉氧天街是仿古川西民居建筑。古建筑与现代建筑的最大区别之一就是旅游者看见古建筑有一种亲切感和自然的心灵放松，始终散发着一种“家”的感觉。

“沐心氧家”就是基于企业、商户、旅游者三方的关系、理念、诉求与自然环境要素和古镇街区的集成提炼。

（二）主题形象宣传口号

醉氧天街，沐心之家。宣传口号是主题形象含义的概略解释，应简洁明了。

（三）醉氧天街形象标志（logo）

1. 印泥树龙标志（见图 7.4）

总体含义：以印承诺，山水美景富养（氧）之家、诚信商街、财兴家盛。

图 7.4　印泥树龙标志

各部分的主要含义如下：

——标志采用传统印泥外形，也如一棵葱郁的大树，代表优美的“醉氧”环境。

——色彩以绿、蓝为主，绿色部分代表山地林木，蓝色部分代表沐溪河水体。

——“九字龙”腾跃于山水之间象征沐川特有的草龙文化，九是最大的阳数，在中国风水文化中水代表财运财富，因此二者代表达到极致与长久兴旺。

——建筑外形采用川西民居简化形式，代表醉氧天街的建筑体，依山傍水，诠释天街特有的自然环境，并与“九字龙”一道象征醉氧天街发达兴旺，飞凌九天。

——标识整体造型，自然简洁、稳重大方、动感十足，易于记忆。

2. 水绕古街标志（见图 7.5）

总体含义：以“醉氧天街”印款结合古建筑和绿蓝色彩直观呈现“醉氧天街”的核心环境和核心元素。该标志表示是环境优美的古建街区，形成民俗古街印象，并寓意财源兴旺发达。

图 7.5　水绕古街标志

各部分的主要含义如下：

——层叠建筑与印章款识示意天街外形。

——水流环绕，代表沐溪河顺天街流淌，且色彩采用渐变形式，搭配建筑外形，采用两点透视手法处理，给人以强烈的立体视觉冲击，呈现天街的整体画面感。其中蓝绿色同时代表优美的环境和生机健康，同时用水代表财运财富。

3. 山水古街标志（见图7.6）

总体含义：古建天街存于青山绿水间生态醉氧，沐溪河如龙盘流财兴家旺。

各部分的主要含义如下：

——以古建、青山、绿水等元素勾勒出“醉氧天街”旅游logo，紧扣“陶醉负氧生态、天街川西民居”旅游格局；以古建为核心，以水文化、草龙文化、川西传统民居建筑文化为重要支撑，通过卧龙盘旋、情韵沐水、醉氧天街等设计元素，凸显风生水起、醉卧于山水间的灵动与闲逸；以青山与其倒影形成背景图和主色调，代表优美环境和“醉氧优生态”。整体外形采用会徽形式，色彩则采用蓝绿渐变形式，造型简单明快，塑造旅游景区品牌。

——中间白色飘带代表沐溪河，以弯曲绕流方式呈现也似沐川草龙盘旋灵动，代表财运不竭、财富兴旺。

——古建筑简图代表天街。

图7.6 山水古街标志

案例来源：四川旅游发展研究中心编制的《沐川县醉氧天街旅游景区开发规划》。

本章小结

旅游主题定位和形象策划是旅游地根据自身特色确定特定的客源市场并形成针对性旅游吸引的关键。开展旅游地的主题定位和形象设计是旅游规划的一个必要环节和核心内容。本章主要介绍旅游主题定位、旅游主题形象定位、旅游主题形象设计等内容。

复习与思考

1. 简述旅游主题定位的内涵和意义。
2. 旅游主题形象定位有哪些策略？
3. 旅游形象口号提炼有哪些方法？
4. 选择一个你熟悉的旅游地进行旅游主题形象定位。

第八章 旅游保障体系规划

旅游保障体系规划是旅游发展的辅助性规划，作为旅游运行体系的重要基础，包含了规划区域旅游业得以有序运营的各个关键环节，其中包含旅游基础设施规划、旅游服务设施规划、旅游人力资源保障规划、投资与效益规划。这些规划设计从人、财、物、境四个层次进行旅游相关环节的体系保障。

第一节 旅游基础设施规划

一、交通设施规划

旅游目的地的开发与其可达性建设休戚相关。对于所有的旅游目的地来说，旅游者采用的交通方式类型及交通技术状况，很大程度上决定了旅游的容量、流量、细分市场、价值与特征。进行旅游交通规划时需要重视的问题是对交通的合理布局及价格进行控制。寻找一种最便捷的交通方式对于旅游者非常重要。只要时间允许，旅游者就会选择最便宜、最方便的旅游路线。旅游交通设施规划包括区域旅游“大交通”和景区（点）“小交通”规划，“大交通”解决规划区域与客源地的外部交通，而“小交通”解决规划区域内各景区景点的内部交通。

（一）“大交通”设施规划

1. 航空港和航线

航空服务对旅游业至关重要，且其发展变化总是牵涉旅游业的发展态势。旅游交通设施规划应以机场为主干，集散国际客流和国内干线客流；积极开拓支线航空服务；开通直升机航线和直升机观光游览项目等。

2. 铁路

在国民收入水平较低的时期，铁路对于发展国内中长途旅游具有不可替代的作用。随着我国城际高速铁路的大量建设，客源城市与旅游地之间旅游交通将更加便捷。旅游基础设施的规划应注意旅游业与铁道运输业的合作，增加连接各主要旅游城市和景区（点）的旅游专列；在旅游旺季优先安排旅游专列或加挂旅游车厢；提高旅游列车豪华度、舒适度；提高和改善车站为旅游团队服务的功能。

3. 公路

公路是近程旅游的主要交通方式，尤其是高速公路的建设和开通为旅游发展创造了新的机遇。我国“五纵七横”国道主干线总规模约3.5万千米，贯通我国首都、各省省会、直辖市、经济特区、主要交通枢纽和重要对外开放口岸。从总量上看，我国高速公路基本能满足经济发展和人民生活需求。汽车运输摆脱了火车、飞机、轮船等停靠站港的限制，可以最大限度地满足旅游者上、下车的需求，实现了旅游区点串联的最佳配置。公路规划建设应当完善以城市为中心的主干廊道，重点完善旅游区干线廊道和门户廊道，缩短旅游区与旅游集散地的时间距离。景区外的公路规划较重要，因为它是进入景区的引景空间。

4. 水路

游船是20世纪国际上的重要旅游交通工具和新兴旅游方式。我国的水路运输主要在长江黄金航道和沿海地区。旅游规划应充分发挥港口作用，开通水上旅游线路。水域周围生态环境的改善是至关重要的，沿海、岛屿、湖泊、河流的旅游景区（点）的水上旅游线的通畅及安全尤为重要。

5. 交通组合

旅游交通组合主要是指旅游活动中的交通工具及其有关设施的有效连接。旅游者对旅游交通组合的基本要求是“准时、安全、舒适、有效衔接”。旅游交通组合不仅仅是简简单单选择和组合交通工具的问题，而是一个增加游兴和增长知识、使娱乐性和参与性相结合的过程。

（二）“小交通”设施规划

1. 公路

旅游目的地要规划通往各旅游景区（点）的旅游道路，规划旅游车/观光巴士数量、档次，规划指路牌、停车场和加油站等辅助设施。

2. 水路

水上运输既是交通工具也是旅游项目。在内河和湖泊等水域可配备游船、码头等设施，开发游船、游艇、人力船、竹筏、橡皮船、乌篷船、羊皮筏子等旅游项目。

3. 开发具有民族特色、本地风情的交通工具

在旅游景区内，它们既是交通工具，又是游览观光项目。在景区内可开发索道、自行车道、马车、牛车、黄包车、三轮车、滑竿、溜索等交通方式，如在古城，游客可骑自行车体味古城风貌；在林海雪原，可以坐马拉雪橇。在景区内建设索道要慎重选址，力求把对景观的负面影响降低到最低程度。

二、通信/信息设施规划

通信/信息设施规划方面，旅游目的地应注意填补主要旅游区的移动通信盲区，优化游客集中区公用电话的有效配置，加强智慧旅游目的地管理系统建设。

三、城市建设

旅游规划应把旅游开发建设融入城市规划建设中。城市建设规划方面应注意集中布局特色商业、饮食、娱乐设施；城市设计兼顾旅游功能和城市的整体景观形象。旅游区的规划必须与依托城市的规划衔接。

第二节　旅游服务设施规划

一、住宿设施

规划住宿设施应充分考虑游客不同层次的消费需求。同时，不同地区消费也存在差异，应经过充分调研、评价，规划出不同档次结构、不同类型的饭店，同时不断完善每个饭店的娱乐、保健等项目，增加综合服务功能。同时住宿设施还要考虑“居住组合”的问题，突出本民族和本地区的特色，以吸引众多的旅游者。

一个旅游区的住宿接待设施的预测、规划受制于以下几个要素：一定时间内的游人总人次、平均过夜时间、这段时期内的总过夜数、客房出租率。

其计算公式如下：

$$\text{所需床位数}=\frac{\text{一定时间内的游客总人数}\times\text{平均过夜时间}}{\text{该最时间内的总过夜数}\times\text{客房出租率}}$$

同时，要确定客房的档次和饭店类型，这涉及今后投资规模的大小，与投资预算直接相关。客房的档次、饭店的类型是由游客的需求所决定的，这要求我们根据具体情况研究客源的结构、消费水平等，正确估算低档、中档、高档客房的数量。同时客房和饭店都要有很好的景观设计，这些设计都会成为旅游的吸引物之一。

二、餐饮设施

餐饮服务设施的提供和规划设计，应充分挖掘饮食文化内涵。中国是个饮食文化丰富的国家，餐饮方面应注意开发地方特色的菜肴，引导和建设旅游城市特色餐饮街区，举办以美食为主题的旅游节活动，利用地方特色资源，开发旅游保健食品。具体到餐饮服务点的规划，规模大小则可根据以下公式求得：

$$\text{餐饮服务部座位数}=\frac{(\text{接待总人次}-\text{总人数}\times\text{未入座率})\times\text{入座次数}}{\text{日平均周围率}\times\text{高峰系数}}$$

三、购物设施

旅游商品购买离不开特定的购物设施，旅游商品与购物设施的不同组合会给旅游者完全不同的心理感受，可增加魅力、强化经历、促进产品销售。对游客而言，在旅游目的地陌生的环境中游览、寻找、发现并购买称心如意的地方特色商品，将是一次难得的人生体验，也是了解当地风土人情的一个重要途径。旅游购物设施的规划着重从两方面努力，一是推动具有地方特色及深刻文化内涵的旅游小商品的开发、生产和销售网络；二是在重点旅游城市和景区建立旅游购物中心或旅游商品街。

四、娱乐设施

从旅游规划的角度来看，娱乐场所的设立需要具备以下条件：娱乐场所的选址应该考虑社会条件的限制；有与其提供的娱乐项目相适应的场地和器材设备等；娱乐场所的边界噪声必须符合国家规定的标准；娱乐场所的安全、消防设施和卫生条件要符合国家规定的标准，这些标准包括《中华人民共和国消防法》，国务院颁布的《公共场所卫生管理条例》，公安部发布的《公共娱乐场所消防安全管理规定》等。旅游过程中的娱乐氛围越来越受到旅游者的重视，娱乐氛围的营造是景区规划管理的重要内容。不同的客源市场对休闲娱乐的环境有不同的表现。以用餐环境为例，美国游客喜欢“Dine Drink Dance”，所谓的边吃、边喝、边跳舞；而欧洲游客追求浪漫情调，将酒（wine）、女人（woman）和喜悦（wonder）完美地结合起来，即3W；中国人表现的则是3C（Cheers Chat Chow）特征，就是在敬酒、喧闹、用餐过程中制造热闹场面（吴克祥，1998）。

在旅游景观区规划中，我们应加强宾馆娱乐配套设施建设；结合地方资源，建设大型综合娱乐基地；发展高尔夫等新型娱乐项目。

五、救援系统

旅游救援是指在游客发生意外事故后，为其提供的紧急救护和援助。旅游救援成为现代旅游业不可或缺的配套服务。旅游救援包括医疗救援和非医疗救援两类，涉及保险、医疗、公安、武警、消防、通信和旅游接待单位等。旅游景区要注重旅游救援系统的规划建设。

第三节　旅游人力资源保障规划

旅游人力资源保障规划是围绕旅游区或旅游企业未来的战略目标，经过人才供需分析，对所需人员从数量、质量到结构的预测和规划。

一、人力资源需求预测

（一）人力资源需求预测的内容

旅游人力资源需求预测主要是根据旅游发展总体规划确定的规划目标及长远利益出发，对所需的人力资源的质量和数量进行科学分析，并给出符合发展需求的预测结果。旅游景区的人力资源需求预测主要包括以下几个方面：

1. 人力资源存量与增量的预测

这种预测主要是根据旅游区的人力资源现状，对未来拥有的不同层次人力资源数量的推测与判断。预测人力资源存量，主要是指景区人力资源的自然损耗（如自然减员）和自然流动（如专业转移、变动）引起的人力资源变动；预测人力资源增量，主要是指随着景区经营规模的扩大等发展带来的人力资源的新需求。通过存量与增量的分析，再依据人力资源再生能力，可以进行预测，以便当科技发展和产业结构发生调整时，企业能够根据需求补充新的不同层次的人力资源，及时满足旅游发展的需要。

2. 旅游区人力资源结构预测

人力资源结构应当合理。进行人力资源结构预测，正是为了防止出现结构问题，以保证景区在任何情况下都具有较好的人力资源结构的最佳组合，从而以避免出现不同层次的人力资源组织不配套或者结构比例失调等情况。

3. 旅游区特种人力资源预测

这是针对旅游景区对特种人才和资源的需求而进行的预测，具有极强的针对性。通过对专业特种人力资源的预测，旅游景区可以采用一些特殊的手段与方法，加快对专业人才的开发和培养。

（二）旅游景区人力资源预测技术

旅游景区的人力资源预测受不确定因素的影响比较大，方法多种多样，分类也各不相同、比较常见的有以下几种：

1. 专家评判法

专家评判法又称专家经验预测法，属于定性预测。它是按照一定的理论，建立在逻辑思维和逻辑推理基础之上的预测法。专家评判法是应用历史比较长且普遍的预测方法之一。这种预测技术通常是预测者在对景区人力资源状况进行深入调查的基础上，对所获得的资料进行加工整理，然后根据所掌握的情况和数据，凭借预测者的经验、知识和综合分析能力，对景区人力资源发展的前景规模、方向、速度等进行比较接近实际的分析和判断。这类预测的质量主要取决于预测者的业务水平、分析能力、对各类有关资料数据的掌握程度，以及当时外部环境对预测者的心理影响等。专家评判法具体包括函询调查法、专家会议法、德尔菲法三种。

2. 趋势外推法

趋势外推法又称为时间序列法，是定量预测技术的一种。此方法是将历史资料和数据按时间顺序排列成一系列，根据时间顺序所反映的发展过程、方向和趋势，将时间顺序外推或延伸，以预测未来所需人力资源。

3. 描述法

旅游景区人力资源管理计划的制订者通过对将来某个时期的景区发展的诸因素进行假定性的描述、分析和综合，预测景区人力资源的需求量。由于这是假定性的描述，景区人力资源需求有多种可供选择的方案，日的是适应和应对环境及其他因素的变化。

二、教育培训规划

对人力资源的培训体系和经费也要作出规划，培训体系包括学历教育、职业教育、公众旅游教育、岗前培训、短期培训等。教育项目的规划应突出重点，分层次、有针对性地进行教育培训。教育培训主要针对旅游管理人员、旅游区人力资源管理者、旅游区从业人员和旅游相关行业人员的培训。

（一）旅游管理人员

要有效保证旅游人力资源开发与管理能够健康有序地发展起来，并且逐渐形成体系、创造品牌，那么政府的宏观指导、管理以及在政策上的扶持都是十分重要的。相关政府人员应进行旅游管理多方面的培训，如战略规划、开发、市场营销、调研、旅游行业标准和旅游执法。对于派遣到我国特殊地区或周边的文化和旅游部的培训，可以实施系统的代培计划。

（二）旅游区人力资源管理者

旅游景区的人力资源管理应实现从传统人事管理到现代人力资源管理的转变，这种转变归根结底要靠一批既懂旅游理论、又懂实践的人力资源管理专门人才来完成。人力资源管理者肩负着为旅游景区选才、育才、用才的重任，其自身必须具有较高的素质，才能胜任工作。首先，这批人要通过各种形式的进修，提高自身的学历档次，丰富其专业知识，提升其专业技能；其次，要从多方面深入了解旅游景区的实际情况，以顺利地完成从“行政管理”到“策略性筹划及设计者”的转变。

（三）旅游区从业人员

旅游从业人员是旅游人力资源开发的核心所在，他们的教育培训应把着力点放在综合素质的培养上。对这批人的培训制度应严格建立岗前培训、岗位培训、资格认证考核、登记认证考核等制度。加强管理知识和业务知识的培训。对上岗职工进行岗前严格培训，并结合晋升、奖惩等激励手段，提高职工工作技能与综合素质。培训方式可由景区内部培训向参观学习、脱产进修等转变，以充分挖掘人力资源潜力，使整个景区从业人员结构、人力资源储备进入良性循环状态。与各地区有关旅游院校联合开办成人教育系列的各种学历教育班，鼓励、支持并组织景区在岗在职人员采取脱产或半脱产的形式参加学习，让更多的员工有接受系统教育的机会，使其在职业道德意识、政治理论素养和专业技能水平等方面有明显的提高；委托有条件的中等、高等职业学校开办景区服务与管理专业职业教育培训班，景区可与学校联办“旅游职业技能培训中心”“旅游职业技能鉴定所”，充分利用学校现有教育资源开展景区从业人员的技能培训，并积极创造条件，建立景区人才培训基地。不定期地组织行业高级管理人员进行培训，特别是对那些专业背景与本行业无关的人员更应加大培训力度。此类培训有两重意义：首先，它能帮助管理者树立新的管理理念，改变其对待服务与培训的态度；其次，它可以让从业人员了解现代的管理理论、掌握先进的经营管理技术。

（四）旅游相关行业人员

对于那些不直接从事旅游服务工作，但与旅游行业密切相关的各行业服务人员，如出租车司机、商店售货员、餐馆服务员等，我们应通过积极宣传、正面引导，培养他们的旅游意识，使其自觉规范自己的言行，以维护景区旅游的整体形象。

三、旅游组织管理规划

旅游组织管理是指设置与旅游相关的行政部门、企业及组织，并对旅游业在市场引导、秩序维持、行业服务与协调等方面，采用行政、经济法律等手段进行宏观调控、监督、指导和管理。旅游组织管理的主体有两类：一是政府管理部门，二是旅游行业组织。

（一）建立旅游产业发展的决策/协调机构

这是各类旅游业发展规划所涉及的内容，特别是在省、市级旅游业发展规划中，应成立类似的组织管理机构。地方旅游产业发展的决策协调工作应由党委和政府共同承担，因为无论旅游部门还是旅游企业都无法独立承担这种协调工作。目前，我国许多省级行政区成立了由本地党政主要领导牵头的旅游产业决策协调机构，取得了很好的效果。

（二）健全和完善各级旅游行政机构关系

行政管理机构按行政隶属关系分为国家级、省级、地市级和县（市）级旅游行政管理机构。本着管理权限与管理范围相一致的原则，各级行政管理机构要适度调整各管理层次之间的关系，分清各自的主要职责，形成上下通畅、层次分明、职责明确的旅游行政管理体系。

（三）加快成立各级旅游行业协会

在市场经济条件下，行业组织是由企业自愿参加和组织起来的具有法人资格的社会团体。行业协调、监督、自律和自我保护的组织，是加强企业联系的纽带，是沟通政府与企业的桥梁，是一种市场中介性的组织。

我国的旅游行业组织分为全国性旅游行业组织和地方性旅游行业组织。其中，全国性旅游行业组织经过几十年的发展，已经基本完备，覆盖了主要的旅游行业，如中国旅游协会、中国旅游饭店业协会、中国旅行社协会、中国旅游车船协会、中国旅游报刊学会、体育旅游分会、旅游文化分会、旅游地学分会、生态旅游专业委员会等。

这些旅游行业组织要在当地民政部门和旅游行政主管部门的监督管理下，依据协会章程开展调查研究，协调联络，协助党和政府贯彻有关方针政策，向政府反映同行业企业的正当要求，制定行业规范，开展民间对外交流、宣传咨询、教育培训等工作。但是，地方旅游协会，特别是市、县级及其以下地方的旅游协会建立的情况还不够理想，很多地方甚至还没建立起来。因此，在各级旅游业发展规划中，我们应当明确提出建立与本地区旅游业发展紧密相关的旅游行业组织，如省级旅游行政区内要全面建立各类旅游行业组织，市、县级行政区主要建立与旅游企业、旅游景区相关的旅游行业组织。

（四）创新旅游景区（点）的管理体制

1. 旅游景区（点）管理模式

我国的旅游景区（点）主要包括风景名胜区、文博单位、森林公园、自然保护区、旅游度假区、林场、主题公园、各类康体娱乐场所等，不同类型的旅游区采取的管理模式是不一样的，凡是列入国家和省市级风景名胜区、文物保护单位、自然保护区、国家森林公园的资源，其所有权属于国家，管理权归属于各级行政管理部门。一般应按照各自的管理体系成立相应的行政管理机构，如风景名胜区管理局（委员会）、国家森林公园管理处、自然保护地管理处、文物管理委员会等。各管理机构作为国家资源所有者的代表依法实施管理权，其主要职责是执行有关法律法规，保护资源和环境，制定和审批项目的可行性报告和方案，代表政府管理区域内的民政事务等。除此之外的其他旅游景区，目前较为通行的做法是成立旅游管理委员会，将产权单位代表、旅游地行政部门、旅游行政管理部门都吸纳到旅游管理委员会中，协调相互关系，调整利益关系，保障旅游发展。

2. 旅游景区的经营模式

长期以来，我国许多风景名胜区、文物单位、森林公园存在管理权和经营权不分的现象，产生了诸多问题。在大力推进市场经济体制的今天，作为资源所有者代表的相关行政管理部门及其执行机构（如风景名胜区管理委员会等）不宜直接从事旅游经营活动，应实行政企分离制度。旅游经营单位应真正成为独立的法人实体，进入市场经济的轨道，自主经营。

原来由政府部门投资建设的旅游设施应作为国有资产，或委任法定代表人经营，或通过出售租赁、兼并等多种形式实行资产重组形成新的产权主体。

由于风景名胜区、文物、森林、地质等属于珍贵的稀缺资源，因此这些资源一般采取国家控股方式或实行社会事业体制、企业化经营的模式。

3. 旅游景区的监督体系

在旅游景区（点）推行三权分离（所有权、管理权、经营权）或两权分离（管理权、经营权）的同时，必须建立完善的旅游景区开发与保护的监督体系——国际组织和国际公约的监督、行政部门的监督、国家法律法规的监督、规划系统的监督、经济手段的监督和保障、社会公众和媒体的监督等。

第四节　投资与效益规划

一、旅游投资估算

对旅游规划所涉及的各项投资分别进行估算，然后加总。估算的依据主要有两种：一是相关国家标准和行业标准，如《建设工程工程量清单计价规范》（GB 50500-2013）；二是规划地区同类建设项目的现行价格。一般而言，大部分旅游规划的投资估算主要涉及以下几个方面的内容。

1. 旅游基础设施投资

旅游基础设施主要包括交通系统、通信系统、电力系统、给排水系统、燃气系统、供暖系统、治安管理系统、医疗救护系统、其他公用设施等。其中，交通系统对旅游规划实施的影响最大，投资额度最高，建设内容最多，包括机场、公路、铁路、航道、停车场、码头、索道等的建设投资。

2. 旅游专门设施投资

旅游专门设施主要包括旅游住宿设施、旅游餐饮设施、旅游娱乐设施、旅游购物设施等。其中，旅游住宿设施的投资额度最大。

3. 旅游景区建设投资

旅游景区是规划区域吸引力的源泉，是旅游规划实施的重中之重。旅游景区建设涉及的投资内容较多，主要包括景区内的道路（机动车道路、游道等）、游客中心、旅游解说系统、旅游景观设施、游憩设施、管理设施、员工食宿设施及景区内的旅游服务设施等。需要说明的是，凡是纳入景区投资估算的旅游基础设施和旅游专门设施投资，就不再计入前面的旅游基础设施投资和旅游专门设施投资中。

4. 旅游环境整治和生态环境保护投资

旅游目的地需要营造优美宜人的环境，涉及的主要投资项目包括绿化、城市（镇）风貌改造、民居风貌改造等。生态环境保护涉及的投资项目包括环境保护和教育、病虫害防治、环境卫生、垃圾处理、污水处理、地质灾害防治等。

5. 旅游市场推广投资

旅游市场推广也是旅游投资中的重要部分，涉及的投资主要包括品牌管理、市场调查、广告宣传、各类促销活动、旅游节庆活动等。对于该部分投资的估算，既可以按照旅游规划所涉及的旅游市场推广项目逐项估算，也可以按照旅游市场推广费用占旅游规划投资总额的一定比例推算。根据惯例，旅游市场推广费用占总投资的比例为5%~10%。

6. 其他投资

这部分是不可预见费用，一般按照总投资的5%，据具体的规划进行估算。有些规划区存在的社区居民搬迁费用，也包含在其他投资中。

二、分析旅游项目投资效益

（一）经济效益分析

经济效益分析主要是对旅游规划的投资可行性进行定量分析。任何投资活动，都需要分析其经济上的可行性，以便投资者做出正确的投资决策。所谓旅游投资决策，是指在旅游经济活动中依据一定的行为原则，为达到一定的目标，在资金投入方向上，存在多个方案的比较中，选择和确定一个最优方案或最接近于理想方案的过程。正确的旅游投资决策是建立在对旅游投资项目的财务评价基础上的。

1. 旅游产出估算

旅游产出估算主要估算规划区域开发的旅游产品一年的全部收入。常见的估算方法有两种：一是按食、宿、行、游、购、娱六大类产品分别统计；二是根据预测的年接待人次和游客的人均消费额进行估算。

2. 投资回收期

投资回收期是指一项投资收回全部投资额所需要的时间，自建设开始年算起，以年计。投资回收期就是计算投资返本年限。一般投资回收期越短，所承担的投资风险就越小，方案越可行。

3. 投资利润率

投资利润率是指每百元投资每年可创造的利润额。投资利润率越高，说明投资的经济效益越好。一般将投资利润率与同期银行贷款利率进行比较，投资利润率高于银行同贷款利率，在经济上就是合算的；反之，在经济上就是不可行的。投资利润率的计算公式如下：

$$投资利润率=年均利润率/总投资额\times100\%$$

（二）社会效益分析

社会效益分析主要分析的是旅游规划在实施后目的地社会发展、社会进步所得到的好处。不同的规划区域和不同类型的旅游规划所产生的社会效益是不一样的。一般而言，分析社会效益主要应从以下几个方面展开：①增加就业机会，消化当地剩余劳动力；②调整目的地产业结构，使其向合理化和高级化方向发展；③旅游基础设施的完善和旅游专门设施的增加，改善目的地居民的生活环境和生存条件；④改善投资环境，促进对外开发；⑤促进目的地民族文化的保护和传承；⑥有利于文化交流，促进社会进步。

（三）环境效益分析

环境效益分析主要是分析旅游规划实施后，生态环境所受的影响，既要分析其正面影响，也要客观地分析负面影响。分析的主要方面包括生态环境保护的意识、环境污染与治理、生态变异与保育、物种多样性等。

拓展案例

双埝村乡村旅游基础服务设施建设规划

一、道路设施

（一）乡道改造建设

近中期维修改造破损路面，在道路一定地段增设会车区域，提高通达性和流量。

远期争取县上立项改造为7米宽的两车道柏油路面。

（二）通村主干道路

通村主干道路宽3米、长度约3千米，现已基本建成，延续建设未完成部分。

（三）通村支线与入户道路

通村支线与入户道路宽2.5米、长度约10千米，现已建成部分，延续建设未完成部分。

二、旅游服务设施

（一）游客服务中心

地点：近期设置于村委会；远期设置于河坝子民俗区（乡愁乡府文化景点）。

主要设施：游客咨询服务室、旅游商品与电商销售室、厕所、停车场、游客休息场所或游客休息室。

（二）餐饮服务设施

蔡家湾：近期扶持1户贫困户开设家庭特色餐饮点或农家乐1家；中远期扶持2户脱贫家庭发展家庭特色餐饮。

乡府文化乡愁景点：中远期支持村民创业发展特色餐饮1家。建设红砖房小型酒吧1个。

新居民点：近期扶持1户贫困户开展家庭特色餐饮店1家，利用井荣公路的便利将其设为日常经营餐饮点，兼顾乡村旅游和交通通行客人餐饮需要。

北方蜜蔗园：中远期由业主投入在蜜蔗园现水塘旁建设1家主题特色农家乐，吸纳部分村民就业增收。

（三）住宿服务设施

蔡家湾：不单独设置，有乡村旅游需要时，村民根据自己情况腾出房屋提供服务。

乡府文化乡愁景点：在近期和中远期，利用原乡政府用房和原学校用房，改造一些房间或一定床数的青年旅舍或知青旅舍（10~20个床位）。

新民居点：整体搬迁新建设区，鼓励每户村民建设1间客房，用于交通旅舍和乡村旅游。

（四）休闲娱乐设施

新村委会：休闲小广场，兼用停车场。可以为村民和游客提供跳广场舞、简单体育健身、休闲娱乐的活动场所。

新蔡家湾：特色餐饮户或农家乐自助提供室内或室外棋牌娱乐，小型休闲广场兼用停车场。

新乡府文化乡愁景点：建休闲娱乐室1间（可与村文化活动室等）共用。

新水晶柑园综合服务点：双埝竹溪竹林休闲茶园，提供喝茶、果汁热饮、棋牌娱乐等服务。

新双埝竹溪：沿岸主要休憩点设置简单体育健身器材。

（五）主要休憩点

村委会：村委会小广场周边设置休憩椅凳作为休憩点。

北方蜜蔗园：凤鸣亭与富蜜亭休憩点。

水晶柑园综合服务区休憩点。

双埝竹溪南岸西休憩点。

双埝竹溪南岸东休憩点。

双埝竹溪蔡家湾桥北岸休憩点。

溪竹亭休憩点。

文孝亭休憩点。

（六）旅游购物服务

村委会：商品购物店与农副产品网络电商店1间（近期）。

乡府文化乡愁景点：游客中心配套建设购物店1处（中远期）。

水晶柑园综合服务点：配套建设购物店1处（中远期）。

新民居点：建设小型商店1个（兼顾日用品商店）。

（七）导览服务设置

在村委会、蜜蔗园、水晶柑园、民俗旅游点以及村内旅游环线主要交叉路口设施路标。在蜜蔗园、水晶柑园设施、双埝竹溪中段休憩场所、乡府乡愁文化体验区设施景点介绍牌。

三、旅游基础设施

（一）停车场

村委会：村委会院坝（已建），划设停车位。

乡愁乡府文化景点：建设小型停车场1个（中远期）。

水晶柑园综合服务点：建设停车场1个（中远期）。

新民居点：公共活动空间兼用停车场。

蔡家湾：公共活动空间兼用停车场。

（二）卫生室

村委会设置卫生室1间，兼顾村民与游客医用需要。

（三）厕所设置

村委会厕所（已有）、蜜蔗园厕所（与蜜蔗园特色餐饮点一道建设）、水晶柑园厕所（水晶柑园综合服务区）、乡府乡愁文化体验区厕所（游客服务中心）。

（四）环卫设施

村垃圾集中处理点。按双埝村的已有规划建设10个垃圾集中处理点，与主要游憩点和综合服务区，配套设置分类垃圾箱。

（五）通信服务设施

双埝村已实现移动通信全覆盖和互联网联通，完成两个方面的配套建设：第一，乡府乡愁文化景点、水晶柑园综合服务区的通信服务建设；第二，参与乡村旅游服务的各个农户、业主等自行建设Wi-Fi服务网络。

（六）供水服务设施

按现有规划完成入户自来水系统建设。

（七）天然气供给设施

双埝村没有天然气供气建设规划。近期以剪裁的果树枝干等为主要柴火，中远期开展乡村旅游经营活动的主要农户业主以罐装煤气为燃料。

案例来源：四川旅游发展研究中心编制的《井研县高凤乡双埝村乡村旅游扶贫富民发展规划》。

本章小结

旅游业的持续、高效、健康发展离不开旅游保障体系，旅游支持保障体系规划是旅游发展的辅助性规划，是旅游运行体系的重要基础。本章重点阐述了旅游基础设施规划、旅游服务设施规划、旅游人力资源保障规划、投资与效益规划的编制内容和操作方法。保障体系规划和前面章节中各项规划具有同样重要的地位。

复习与思考

1. 旅游规划开发保障体系的构成要素有哪些?
2. 简要说明旅游规划与开发中建立保障体系的意义。
3. 阐述旅游基础设施和服务设施的规划内容和方法。
4. 如何加强旅游业人力资源的开发与培养?
5. 投资与效益在规划中的作用及其主要内容?

▶▶ 参考文献

［1］方海川，郭剑英，张力．旅游资源规划与开发［M］．上海：上海交通大学出版社，2012．

［2］吴必虎．区域旅游规划原理［M］．北京：中国旅游出版社，2001．

［3］吴必虎，俞曦．旅游规划原理［M］．北京：中国旅游出版社，2019．

［4］邱云美，王艳丽．旅游规划与开发［M］．上海：上海交通大学出版社，2019．

［5］马勇．旅游规划与开发［M］．武汉：华中科技大学出版社，2019．

［6］韩勇，丛庆．旅游市场营销学［M］．北京：北京大学出版社，2006

［7］邹统钎．旅游开发与规划［M］．广州：广东旅游出版社，1999．

［8］张广瑞．旅游规划的理论与实践［M］．北京：社会科学文献出版社，2004．

［9］苏文才，孙文昌．旅游资源学［M］．北京：高等教育出版社，1998．

［10］喻学才．旅游文化［M］．北京：中国林业出版社，2002．

［11］崔延南．旅游文化新视野［M］．青岛：青岛旅游出版社，1999．

［12］谢彦君．基础旅游学［M］．北京：中国旅游出版社，1999．

［13］王湘．旅游环境学［M］．北京：中国环境科学出版社，2001．

［14］辛建荣．旅游区规划与管理［M］．天津：南开大学出版社，1999．

［15］林越英．旅游环境保护概论［M］．北京：旅游教育出版社，1999．

［16］丁季华．旅游资源学［M］．上海：上海三联书店，2000．

［17］甘枝茂，马耀峰．旅游资源与开发［M］．天津：南开大学出版社，2001．

［18］肖星，严江平．旅游资源与开发［M］．北京：中国旅游出版社，2000．

［19］郭跃，张述林．旅游资源概论［M］．重庆：重庆大学出版社，1998．

［20］杨桂华．旅游资源学［M］．昆明：云南大学出版社，2001．

［21］辛建荣．旅游区规划与管理［M］．天津：南开大学出版社，2003．

［22］杨振之．旅游资源开发与规划［M］．成都：四川大学出版社，2002．

［23］韩杰．旅游地理学［M］．大连：东北财经大学出版社，2002．

[24] 赵黎明. 旅游景区管理学 [M]. 天津：南开大学出版社，2002.
[25] 印开蒲，鄢和琳. 生态旅游与可持续发展 [M]. 成都：四川大学出版社，2003.
[26] 陈安泽，卢云亭. 旅游地学概论 [M]. 北京：北京大学出版社，1991.
[27] 国家旅游局人事劳动教育司. 旅游规划原理 [M]. 北京：旅游教育出版社，1999.
[28] 黄羊山. 旅游规划原理 [M]. 南京：东南大学出版社，2004.
[29] 刘本培，蔡运龙. 地球科学导论 [M]. 北京：高等教育出版社，2000.
[30] 马勇，李玺. 旅游规划与开发 [M]. 北京：高等教育出版社，2002.
[31] 马勇，李玺，李娟文. 旅游规划与开发 [M]. 北京：科学出版社，2004.
[32] 马勇，舒伯阳. 区域旅游规划：理论·方法·案例 [M]. 天津：南开大学出版社，1999.
[33] 全华，王丽华. 旅游规划学 [M]. 大连：东北财经大学出版社，2003.
[34] 王大悟，毕吕贵. 旅游规划新论 [M]. 合肥：黄山书社，2002.
[35] 李蕾蕾. 旅游地形象策划：理论与实务 [M]. 广州：广东旅游出版社，1999.
[36] 黄山羊，王建萍. 旅游规划 [M]. 福州：福建人民出版社，1999.
[37] 黄郁成. 新概念旅游开发 [M]. 北京：对外经济贸易大学出版社，2002.
[38] 马勇，舒伯阳. 区域旅游规划 [M]. 天津：南开大学出版社，1999.
[39] 马勇. 旅游学概论 [M]. 北京：高等教育出版社，1999.
[40] 张超，陈丙咸，邬伦. 地理信息系统 [M]. 北京：高等教育出版社，2000.
[41] 爱德华·因斯克普. 旅游规划：一种综合性的可持续的开发方法 [M]. 张凌云，译. 北京：旅游教育出版社，2004.
[42] 戴维·A. 芬内尔. 生态旅游 [M]. 张凌云，译. 北京：旅游教育出版社，2004.
[43] 保继刚. 旅游规划案例 [M]. 广州：广东旅游出版社，2003.
[44] 冯学钢. 旅游管理容量理论、方法与实证研究 [D]. 南京：南京大学，1999.
[45] 崔凤军，刘加明，李巧玲. 旅游承载力指数及其应用研究 [J]. 旅游学刊，1998 (3)：41-44，63.
[46] 顾朝林. 旅游规划理论与方法的初步探讨 [J]. 地理科学，2003 (1)：52-59.
[47] 侯志强. 旅游发展规划理论探讨 [J]. 华侨大学学报（哲学社会科学版），2002 (4)：27-32.
[48] 刘锋. 旅游系统规划：一种旅游规划新思路 [J]. 地理学与国土研究，1999 (1)：57-61.
[49] 刘锋. 新时期中国旅游规划创新 [J]. 旅游学刊，2001 (5)：49-54.
[50] 刘益，陈烈. 旅游扶贫及其开发模式研究 [J]. 热带地理，2004 (4)：396-400.
[51] 唐顺铁. 旅游目的地的社区化及社区旅游研究 [J]. 地理研究，1998 (2)：34-38.
[52] 王小润. 如何防治旅游规划中的弊病 [N]. 光明日报，2001-07-20.
[53] 薛莹. 旅游规划与城市规划的协同发展 [N]. 中国旅游报，2004-10-15.
[54] 阎友兵. 旅游地生命周期理论辨析 [J] 旅游学刊，2001 (6)：31-33.
[55] 杨森林. 旅游产品生命周期论质疑 [J]. 旅游学刊，1996 (1)：45-47，79.
[56] 邹统钎，万志勇. 中国旅游规划思想的演变（上）：中国旅游规划 30 年回顾

与反思［J］. 北京第二外国语学院学报，2009（5）：1-7.

［57］邹统钎，万志勇. 中国旅游规划思想的演变（下）：中国旅游规划 30 年回顾与反思［J］. 北京第二外国语学院学报，2009（7）：13-22.

［58］周玲强，张文敏 .2000 年以来我国旅游规划研究领域热点问题综述［J］. 浙江大学学报（人文社科版），2010（2）：134-142.

［59］胡科翔. 旅游概念规划研究：理论与实践［D］. 重庆：重庆师范大学，2009.

［60］宋增伟. 旅游概念规划理论与实践研究［D］. 重庆：重庆师范大学，2010.

［61］王昱之. 概念性旅游规划理论初探［D］. 西安：西安建筑科技大学，2006.

［62］周晓霞. 旅游规划类型与编制内容研究［D］. 上海：同济大学，2008.

［63］李树山. 乡村旅游规划初探：以青岛乡村旅游发展为例［D］. 北京：北京林业大学，2009.

［64］陈梅. 乡村旅游规划核心内容研究［D］. 苏州：苏州科技大学，2008.

［65］黎泽媛. 会展旅游开发研究：以成都市温江区会展旅游发展为例［D］. 成都：四川大学，2005.

［66］李玉新. 节庆旅游理论及青岛市节庆旅游发展研究［D］. 青岛：青岛大学，2003.

［67］俞杨俊. 旅游节庆策划系统研究［D］. 上海：上海师范大学，2007.

［68］史春云，朱传耿，赵玉宗，等. 国外旅游线路空间模式研究进展［J］. 人文地理，2010（4）：31-35.

［69］徐福英. 滨海旅游可持续发展的基本框架与典型类型研究：以山东滨海为例［D］. 青岛：青岛大学，2010.

［70］李磊. 旅游产业宏观区位分布差异研究［D］. 大连：东北财经大学，2018.

［71］石丹. 基于生态位的区域旅游竞合发展理论与应用研究［D］. 长春：吉林大学，2014.

［72］赵传松. 山东省全域旅游可持续发展性评估与发展模式研究［D］. 济南：山东师范大学，2019.

［73］付晶. “3S”技术在旅游规划中的应用研究：以广东省南昆山七仙湖生态旅游区为例［D］. 上海：上海师范大学，2006.

［74］刘飞. 基于即时体验的虚拟旅游移动应用界面设计研究［D］. 呼和浩特：内蒙古师范大学，2017.

［75］蒋冰华. 旅游商品的特点和分类研究［J］. 安阳师范学院学报，2005（3）：60-62.